U0061895

老子
思維

錢旭紅　著

商務印書館

責任編輯：楊賀其
裝幀設計：郭梓琪
排　　版：肖　霞
印　　務：龍寶祺

老子思維

作　　者：錢旭紅

出　　版：商務印書館 (香港) 有限公司
　　　　　香港筲箕灣耀興道 3 號東滙廣場 8 樓
　　　　　http://www.commercialpress.com.hk

發　　行：香港聯合書刊物流有限公司
　　　　　香港新界荃灣德士古道 220-248 號荃灣工業中心 16 樓

印　　刷：嘉昱有限公司
　　　　　香港九龍新蒲崗大有街 26-28 號天虹大廈 7 字樓

版　　次：2024 年 7 月第 1 版第 1 次印刷
　　　　　© 2024 商務印書館 (香港) 有限公司
　　　　　ISBN 978 962 07 4704 5
　　　　　Printed in Hong Kong

中文簡體版由廈門大學出版社出版發行

老子，感恩有你，

讓板結的土地和心田，生長出自然燦爛之花！

目錄

自序

橫跨中和西，縱躍幾千年

　　道是中國文化、中華文明的第一原理。而老子所明確的「道」，則是這一原理內涵的主流與核心。

　　但是，人們常常看不懂老子的五千言，越註釋越看不懂，越註釋似乎離原意越遠，如同繞進了不確定、測不準的量子狀態。筆者希望老子的五千言（本書採用《老子五千言》，只在不能改變原出處的地方標為《道德經》）易於被當代人所理解。所以，本書沒有採用通常的古文比對註釋、單一觀點投影分析的方法去解析，而是用「橫跨中和西，縱躍幾千年」的多元全面視域，即「無影燈」的方法聚焦，返璞歸真地去理解老子原意。希望這短短五千言能成為億萬人每天的必讀書。

　　中國有許多遠古神話傳說，與古希臘神話類似。也許正因如此，我們古人自稱中華為神州大地！五千年中華文明史，貢獻給人類文明和全世界的最偉大思想之一，就是《老子五千言》。

　　老子是中華哲學的起源。2500 多年前，《老子五千言》在那個時代引發了在認知、思維、精神、靈魂領域的「大爆炸」，如同巨型核爆炸，並一直影響至今。老子的五千言開啟了中華民族在精神世界、靈魂世界的宏大建設和超限製造，構建了中華民族在精神世

界和靈魂世界的基石。21世紀第三個十年，處於動盪世界的我們，為了人類的福祉、每個人的幸福，就更需要在老子及其道德善信慈愛等信念指引下，開展服務全人類精神世界、靈魂世界的新拓展新探索。

東漢班固在《漢書·藝文志》中指出：老子出於史官，曆記成敗、存亡、禍福、古今之道。今天看來，《老子五千言》，既是它之前2500多年人類歷史的經驗總結，也得到了這2500多年的實踐和驗證，其同樣也將是今後幾千年乃至今後幾萬年有關人類言行舉止的箴言。老子的箴言，不僅對領導管理者有啟發，對從事各行各業者也有啟發，對芸芸眾生的為人處事更有啟發；老子的五千言，不僅具有歷史價值，也具有現實價值，更具有未來價值；老子的思維，不僅對中華文明有意義，也對西方文明有意義，更對未來人類文明的走向有意義。

就筆者本人安身立命的專業而言，我寫這本書，易被人們視為不務正業。但多年來一種自驅的使命感，讓我欲罷不能、廢寢忘食、矢志不渝。因為我實在不忍心眼看着2500多年前老子早已給出了「文明的解藥」，而現實中許許多多的人卻「無藥可治」。他們被無邊無際的慾望之海無情吞沒，也許在最後一刻覺醒，但連絕望的呼喊聲都無法發出，也根本不知道這世上竟然早有老子煉好的解藥。如此，他們不僅失去了創造的能力和享受幸福的能力，有的甚至失去了生活的信心和生存能力，如同不知目的地的一葉扁舟在風雨中漂泊。

我身邊一切「道」的語言和2500多年前老子的繞梁餘音，一直迴蕩在我的靈魂深處，提醒並促使我寫下這本書：一是為了表達對老子的崇高敬意；二是以寫書來踐行「道」的德行。筆者秉記《老

子五千言》的教誨：對每一個人而言，最好的人生旅程，就是尋道、悟道、用道；對自己關愛者、尊敬者的最好饋贈，就是送禮不如送道！

首先申明，本書不是一本有關老子及五千言的專業性的嚴謹學術著作，而是一本閱讀《老子五千言》的個人隨筆感想，至多算某種形式的科普寫作，或者算是一種閒談雜記，僅僅是為了啟發人們對《老子五千言》的理解。並在此鄭重聲明，筆者不是哲學家、歷史學家，只是一個具有人文思考的工程科技研究者和資深的大學管理者。數十年的科學研究與教書育人生涯，數十年的管理經驗積累，六十年的社會人生閱歷感悟，我用一輩子來讀懂、悟透老子及其五千言，迸發自內心地感恩《老子五千言》的教誨！此書依據個人理解、社會閱歷而寫成。書中定會有不少謬誤，望讀者閱讀時去其糟粕、取其精華，放過知識、留意思維，略去細節、關注框架。如閱讀此書，讓讀者勞神費力了，還請諸位原諒。

2022 年初，俄烏戰爭帶給世界極大振盪，上海因新冠肺炎疫情肆虐而丟失了春天。在此氛圍和背景中，我得以再次靜心思考、提煉、表達老子思維，希望這些感悟能對每個人重新思考世界、國家、機構、羣體、個人及其存在價值有所啟迪。筆者力求通過對《老子五千言》的多角度理解，通過 2500 多年來眾多人、事、物的歷史例證，通過當代最新的科學技術和社會科學的事實，來揭示老子理念、思維的深刻含義及其現代性、未來性。

本書與過去和現當代有關老子的書有所不同：一、不局限於對五千言的字面理解，尤其關注其「不學」、「絕學」的地方，關注字裏行間的含義，特別是老子的思維方式；二、不局限於某時某地某國某人對五千言的理解，而是涉及上下 2500 多年的眾多國家、

朝代和人們，關注跨越時空、跨越國家、跨越文明的多角度、多樣性的理解、應用、影響與效果；三、不局限於人文藝術、哲學社會科學領域對五千言的字面理解，更是從自然科學、技術與工程角度展現對五千言的理解、應用、影響與效果。

　　本書的主體框架部分，有關老子思維、思想、觀點的描述部分，及參考文獻等，均以宋體字呈現；有關輔助讀者理解《老子五千言》的人、事、物等具象描述部分，均以楷體字呈現。文中圓括號及其中的數字，意指語句或者大意源自《老子五千言》通行本的所在章節。為便於初讀者理解，閱讀可以從第二章開始，然後再涉及其他章節。每章可以獨立閱讀。為便於加深理解《老子五千言》，各章之間文句表述可能不一樣，涉及的內容可能會有所重疊。

　　此書的源頭，倒推至 2015 年 11 月 21 日，我應邀兼任上海科普作家協會理事長，當時我作了一個涉及《老子五千言》的報告，時任上海科學技術文獻出版社社長的梅雪林先生對我理解老子的方式很感興趣，鼓勵我抽空寫下來交由他出版。我感動於梅社長的鼓勵和邀請，2016 年開始廣泛閱讀，收集資料。但隨後我忙於中國工程院「全球工程前沿」戰略諮詢項目等，2018 年 1 月又調任華東師範大學，就再也抽不出空，也就忘記了寫書這件事。

　　2022 年疫情再次爆發，封控中筆者有了些時間。動筆寫作此書時，好不容易聯繫上梅雪林先生。我試探着問他是否還記得我們曾經的約定，因為我估計他早就忘記。當然如果忘了則更好，我就可順水推舟將書稿交我們華東師範大學出版社出版。不承想，梅先生說，從沒忘記，天天念叨着，就是不好意思催我，知道我忙。當天早上他還想起這件事情呢。他已從原出版社卸任，現兼任廈門大學出版社顧問。他的一席話讓我羞愧難當，當即表示，為兌現承

諾，一定在今年完成此事，並交由他安排出版。

2022 年伊始，筆者開始寫作此書，這是難忘的顛覆性的一年。這一年筆者年屆花甲、外孫女出生、冬奧舉辦、俄烏衝突、東航空難、校園疫情、上海靜默、台海危機、黨的二十大召開……眾多非常之事交織在一起，2022 年人們一再見證歷史。這一年也成了我再次集中所有業餘時間和精力研究《老子五千言》的一年。很高興在寫作此書的過程中，2022 年諾貝爾化學獎授予了夏普萊斯等人，而他是第二次獲得此獎。幾十年來，他對老子的思想和思維方式理解頗深，令人敬佩。他認為《老子五千言》中的「有之以為利，無之以為用」，就是他獲獎成果「點擊化學」的哲學內涵。

感謝中國工程院院士、西北有色金屬研究院院長張平祥研究員，中國科學院院士、上海交通大學樊春海教授，上海第二工業大學副校長徐玉芳教授，華東理工大學李忠教授，上海科學技術文獻出版社原社長梅雪林先生，華東師範大學傳播學院的武志勇教授、哲學系的朱晶教授、學校辦的李彥壘博士，感謝他們認真閱讀了此書的文稿，並提出了許多寶貴的修改意見。此外，本書在寫作過程中，參考了多位專家學者的研究成果，在此一併致謝。

過去帝王將相、財主富豪夢想千秋萬歲，可是事實上，人生不過天年。在可以展望的未來，人類自然年齡也無法超越天年。但如果我們能回溯過去、明白歷史，就能更好地處理好當下，憧憬好未來。如果明晰了五百年的歷史並汲取經驗教訓，一生知足或者功成身退，就相當於增壽五百年；明晰了千年、萬年的歷史並汲取經驗教訓，一生知足或者功成身退，就相當於增壽至千歲、萬歲。所謂聖人，大致如此。所以，了解老子，了解其五千言及其思維在東方、西方的影響力和傳承創新，在幾千年歷史上各行業、領域、學科、

專業的影響力和傳承創新，就相當於讓我們每個讀者增壽幾千年。

老子歷經天下苦難，宣揚大道，倡導「德善信慈愛」，為後世留下了永世的指路明燈！筆者不禁感悟老子的教誨：

上善若水，上德若谷，儉樸若石；

處下虛靜，敦信如嬰，敬天愛生；

大道如一，有無如一，榮辱如一；

去貪知足，地無棄物，世無棄人；

輔天而為，慈憐悲憫，不戰而勝。

對社會和讀者而言，筆者寫這本隨筆的最終目的，是希望請老子來輸水灌溉植菌種肥，讓板結的土地和心田，生長出自然燦爛之花！

就這樣我從年初寫到年底，又將新年。

錢旭紅

2022 年 11 月 28 日

原文參照
《道德經》校核本

本的基本大意和思維方式是一致的，大同小異。本書《老子
五千言》採用的是通行版，鑒於此版本比較容易獲得，所以在此不
再單列。

本書內文會出現兩組注釋，大括號如：(1)、(2)、(3)，這一類
是屬於以下《道德經》校核本的原文引述。而另一組注釋如：[1]、
[2]、[3]，這一類則是筆者所援引的參考文獻，讀者如有興趣，可於
正文部分之後查閱。

基於《道德經》的戰國郭店楚簡各版、西漢馬王堆帛書各版、
流傳的東漢王弼通行版、當代陳鼓應校訂版 [44]、當代楊鵬校訂版
[45]、湯漳平及王朝華譯注版 [46]，依照我所理解的老子原意，進行
各版本的對照甄別取捨，儘量核定復原出可能接近原始意義的《道
德經》版本，可為筆者校核本，文責自負。全文如下：

(1) 道，可道，非恆道；名，可名，非恆名。無名，天地之始；
有名，萬物之母。故，恆無欲，以觀其妙；恆有欲，以觀
其徼。此兩者，同出異名，同謂之玄，玄之又玄，眾妙
之門。

（2）天下皆知美之為美，斯惡已；皆知善之為善，斯不善已。有無相生，難易相成，長短相形，高下相盈，音聲相和，先後相隨。是以聖人處無為之事，行不言之教，萬物作而弗始，為而弗恃，功成而弗居。夫唯弗居，是以弗去。

（3）不尚賢，使民不爭；不貴難得之貨，使民不為盜；不見可欲，使民不亂。是以聖人之治，虛其心，實其腹；弱其志，強其骨。常使民無知無欲。使夫智者不敢為而已。為無為，則無不治。

（4）道沖，而用之或不盈。淵呵，似萬物之宗。銼其銳，解其紛，和其光，同其塵。湛呵，似或存。吾不知其誰之子也，象帝之先。

（5）天地不仁，以萬物為芻狗；聖人不仁，以百姓為芻狗。天地之間，其猶橐籥與？虛而不屈，動而愈出。多聞數窮，不若守中。

（6）穀神不死，是謂玄牝。玄牝之門，是謂天地根。綿綿若存，用之不勤。

（7）天長地久。天地所以能長且久者，以其不自生，故能長生。是以聖人退其身而身先，外其身而身存。不以其無私與？故能成其私。

（8）上善若水。水善利萬物而不爭，居眾人之所惡，故幾於道。居善地，心善淵，予善天，言善信，政善治，事善能，動善時。夫唯不爭，故無尤。

（9）持而盈之，不若其已。揣而銳之，不可長保。金玉盈室，莫之能守。富貴而驕，自遺其咎。功遂身退，天之道也。

（10）載營魄抱一，能毋離乎？專氣致柔，能嬰兒乎？修除玄覽，能毋疵乎？愛民治國，能無為乎？天門開闔，能為雌

乎？明白四達，能毋智乎？生之畜之，生而弗有，為而弗恃，長而弗宰。是謂玄德。

（11）三十輻共一轂，當其無，有車之用；埏埴以為器，當其無，有器之用；鑿戶牖以為室，當其無，有室之用；故，有之以為利，無之以為用。

（12）五色使人目盲；五音使人耳聾；五味使人口爽；馳騁畋獵，使人心發狂；難得之貨，使人行妨。是以聖人之治也，為腹不為目，故去彼取此。

（13）寵辱若驚，貴大患若身。何謂寵辱若驚？寵為下也，得之若驚，失之若驚，是謂寵辱若驚。何謂貴大患若身？吾所以有大患者，為吾有身。及吾無身，吾有何患？故，貴為身於為天下，若可以託天下矣；愛以身為天下，若可以寄天下矣。

（14）視之不見，名曰微；聽之不聞，名曰希；搏之不得，名曰夷。此三者不可致詰，故混而為一。一者，其上不皦，其下不昧，尋尋呵不可名，復歸於無物。是謂無狀之狀，無物之象，是謂惚恍。隨之不見其後，迎之不見其首。執古之道，以禦今之有。以知古始，是謂道紀。

（15）古之善為士者，必微妙玄達，深不可識。夫唯不可識，故強為之容：豫乎，其如冬涉川；猶乎，其如畏四鄰；儼乎，其如客；渙乎，其如釋；混乎，其如樸；沌乎，其如濁。孰能濁以靜者，將徐清。孰能安以動者，將徐生。保此道者不欲盈，是以能蔽而新成。

（16）致虛恆也，守靜篤也。萬物並作，吾以觀其復也。天道芸芸，各復其根。歸根曰靜，靜曰覆命。覆命曰常，知常曰明。不知常，妄作凶。知常容，容乃公，公乃王，王乃天，

天乃道，道乃久，沒身不殆。

（17）太上，下知有之；其次，親而譽之；其次，畏之；其次，侮之。信不足，安有不信，猶乎其貴言也。成事遂功，而百姓曰我自然也。

（18）故大道廢，安有仁義；智慧出，安有大偽；六親不和，安有孝慈；邦家昏亂，安有正臣。

（19）絕智棄辯，民利百倍。絕偽棄詐，民復孝慈。絕巧棄利，盜賊無有。三言以為辨不足，或令之有所屬：視素抱樸，少私寡欲。絕學無憂。

（20）唯之與呵，相去幾何？美與惡，相去何若？人之所畏，亦不可以不畏。恍呵，其未央哉！眾人熙熙，若饗於太牢，而春登臺。我獨泊，其未兆，若嬰兒未孩；累呵若無所歸。眾人皆有餘，而我獨若遺。我愚人之心也，蠢蠢呵！俗人昭昭，我獨昏昏。俗人察察，我獨悶悶。忽呵其若海，望呵其若無止。眾人皆有以，我獨頑以鄙。吾欲獨異於人，而貴食母。

（21）孔德之容，唯道是從。道之為物，唯恍唯忽。忽呵恍呵，其中有象；恍呵忽呵，其中有物；幽呵冥呵，其中有精；其精甚真，其中有信。自今及古，其名不去，以順眾父。吾何以知眾父之然？以此。

（22）曲則全，枉則正；窪則盈，敝則新；少則得，多則惑。是以聖人執一，以為天下牧。不自見，故明；不自視，故彰；不自伐，故有功；不自矜，故能長。夫唯不爭，故天下莫能與之爭。古之所謂「曲則全」者，豈虛言哉！誠全歸之。

（23）希言自然。飄風不終朝，驟雨不終日。孰為此者？天地。天地尚不能久，而況於人乎？故從事而道者，同於道；德

者，同於德；失者，同於失。同於德者，道亦德之；同於失者，道亦失之。

（24）炊者不立，跨者不行。自見者不明，自視者不彰，自伐者無功，自矜者不長。其在道也，曰：餘食贅形。物或惡之，故有道者弗居。

（25）有狀混成，先天地生，寂呵寥呵，獨立不改，可以為天下母。未知其名，字之曰道，吾強為之名曰大。大曰逝，逝曰遠，遠曰返。道大，天大，地大，人亦大。國中有四大，人居一。人法地，地法天，天法道，道法自然。

（26）重為輕根，靜為躁君。是以君子終日行，不離輜重。雖有環觀，燕處超然。奈何萬乘之主，而以身輕天下？輕則失根，躁則失君。

（27）善行無轍跡，善言無瑕謫，善數不用籌策，善閉無關楗而不可開啟也，善結無繩約而不可解也。是以聖人恆善救人，而無棄人，恆善救物，故無棄物。是謂曳明。故善人者，善人之師；不善人者，善人之資。不貴其師，不愛其資，雖智大迷。是謂要妙。

（28）知其雄，守其雌，為天下溪。為天下溪，恆德不離，復歸於嬰兒。知其榮，守其辱，為天下谷。為天下谷，恆德乃足，復歸於樸。知其白，守其黑，為天下式。為天下式，恆德不忒，復歸於無極。樸散則為器，聖人用之，則為官長。故大制無割。

（29）將欲取天下而為之，吾見其不得已。天下神器，不可為也，不可執也。為者敗之，執者失之。物或行或隨，或噓或吹，或強或挫，或培或墮。是以聖人去甚，去奢，去泰。

（30）以道佐人主者，不以兵強天下，其事好還：師之所居，楚

棘生之。善有果而已，毋以取強焉。果而弗矜，果而弗伐，果而弗驕，果而不得已，是謂果而不強。物壯則老，是謂不道，不道早已。

（31）夫兵者，不祥之器。物或惡之，故有道者弗居。君子居則貴左，用兵則貴右，故兵者不祥之器，非君子之器，不得已而用之，恬淡為上。勝而勿美，若美之者，是樂殺人。夫樂殺人，則不可得志於天下矣。吉事尚左，凶事尚右。偏將軍居左，上將軍居右，言以喪禮居之。故殺人眾，則以悲哀泣之；戰勝，則以喪禮居之。

（32）道恆無名。樸雖微而天地弗敢臣。侯王若能守之，萬物將自賓。天地相合，以降甘露，民莫之令而自均安。始制有名，名亦既有，夫亦將知止。知止所以不殆。譬道之在天下也，猶川谷之於江海。

（33）知人者智，自知者明；勝人者有力，自勝者強；知足者富，強行者有志。不失其所者久，死而不亡者壽。

（34）大道泛呵，其可左右。萬物恃之以生而不辭，成功遂事而弗名有。衣養萬物而弗為主，則恆無欲，可名於小。萬物歸焉而弗為主，可名為大。是以聖人之能成大也，以其不為大，故能成其大。

（35）執大象，天下往。往而不害，安平太。樂與餌，過客止。故道之出言，淡呵其無味也，視之不足見，聽之不足聞，用之不足既也。

（36）將欲歙之，必固張之；將欲弱之，必固強之；將欲奪之，必故予之；將欲去之，必故與之。是謂微明。柔弱勝剛強。魚不可脫於淵，國之利器不可以示人。

（37）道恆無為，侯王能守之，萬物將自化。化而欲作，吾將鎮

之以無名之樸。夫亦將知足。知足以靜，萬物將自定。

（38）上德不德，是以有德；下德不失德，是以無德。上德無為而無以為，上仁為之而無以為，上義為之而有以為。上禮為之而莫之應，則攘臂而扔之。故失道而後德，失德而後仁，失仁而後義，失義而后禮。夫禮者，忠信之薄，而亂之首。前識者，道之華，而愚之始。是以，大丈夫居其厚，不居其薄；居其實，不居其華。故去彼取此。

（39）昔之得一者：天得一以清，地得一以寧，神得一以靈，谷得一以盈，萬物得一以生，侯王得一以為正。其致之也。謂天毋已清，將恐裂；地毋已寧，將恐廢；神毋已靈，將恐歇；谷毋已盈，將恐竭；萬物毋已生，將恐滅；侯王毋已貴以高，將恐蹶。故必貴而以賤為本，必高矣而以下為基。夫是以侯王自謂曰孤、寡、不穀。此其賤之本與？非乎？故致數譽無譽。是故，不欲琭琭如玉，硌硌如石。

（40）返也者，道之動也；弱也者，道之用也。天下之物生於有，有生於無。

（41）上士聞道，僅能行之；中士聞道，若聞若無；下士聞道，大笑之。弗大笑不足以為道。是以建言有之曰：明道若昧，進道若退，夷道若類。上德若谷，大白若辱，廣德若不足，建德若偷，質真若渝。大方無隅，大器慢成，大音希聲，天象無形。道隱無名。夫唯道，善始且善成。

（42）道生一，一生二，二生三，三生萬物。萬物負陰而抱陽，沖氣以為和。人之所惡，唯孤、寡、不穀，而王公以自稱也。物或損之而益，或益之而損。故人之所教，我亦教人，強梁者不得其死，吾將以為學父。

（43）天下之至柔，馳騁乎天下之至堅。出於無有，入於無間。

吾是以知無為之有益也。不言之教，無為之益，天下希能及之矣。

（44）名與身孰親？身與貨孰多？得與亡孰病？甚愛必大費，厚藏必多亡。故知足不辱，知止不殆，可以長久。

（45）大成若缺，其用不敝。大盈若沖，其用不窮。大直若屈，大巧若拙，大辯若訥。燥勝寒，靜勝熱，清靜為天下正。

（46）天下有道，卻走馬以糞。天下無道，戎馬生於郊。罪莫厚乎甚欲，咎莫險乎欲得，禍莫大於不知足。故，知足之為足，此恆足矣。

（47）不出於戶，以知天下；不窺於牖，以知天道。其出彌遠者，其知彌少。是以聖人不行而知，不見而明，弗為而成。

（48）為學者日益，為道者日損。損之又損，以至於無為。無為而無不為。將欲取天下，恆無事；及其有事，不足以取天下矣。

（49）聖人恆無心，以百姓心為心。善者，善之；不善者，亦善之：得善。信者，信之；不信者，亦信之：得信。聖人之在天下，歙歙焉，為天下渾心。百姓皆注其耳目焉，聖人皆孩之。

（50）出生入死。生之徒，十有三；死之徒，十有三；而民生生，動皆之死地之十有三。夫何故也？以其生生。蓋聞善執生者，陵行不避兕虎，入軍不被兵革。兕無所投其角，虎無所措其爪，兵無所容其刃。夫何故也？以其無死地焉。

（51）道生之而德畜之，物形之而器成之。是以萬物莫不尊道而貴德。道之尊，德之貴，夫莫之爵而恆自然。道生之，德畜之，長之育之，亭之毒之，養之覆之。生而弗有，為而弗恃，長而弗宰，是謂玄德。

（52）天下有始，以為天下母。既得其母，以知其子。既知其子，復守其母，沒身不殆。塞其兌，閉其門，終身不侮。啟其兌，濟其事，終身不救。見小曰明，守柔曰強。用其光，復歸其明，無遺身殃，是謂習常。

（53）使我介有知，行於大道，唯施是畏。大道甚夷，而民好解。朝甚除，田甚蕪，倉甚虛，服文採，帶利劍，厭飲食，貨財有餘，是為盜誇。盜誇，非道也！

（54）善建者不拔，善抱者不脫，子孫以祭祀不絕。修之身，其德乃真；修之家，其德乃餘；修之鄉，其德乃長；修之邦，其德乃豐；修之天下，其德乃博。故以身觀身，以家觀家，以鄉觀鄉，以邦觀邦，以天下觀天下。吾何以知天下然哉？以此。

（55）含德之厚者，比於赤子。蜂蠆毒蛇弗螫，攫鳥猛獸弗搏。骨弱筋柔而握固，未知牝牡之合然朘怒，精之至也。終日號而不嚘，和之至也。知和曰常，知常曰明，益生曰祥，心使氣曰強。物壯則老，是謂不道。不道早已。

（56）知之者弗言，言之者弗知。塞其兌，閉其門，銼其銳，解其紛，和其光，同其塵，是謂玄同。故不可得而親，亦不可得而疏；不可得而利，亦不可得而害；不可得而貴，亦不可得而賤。故為天下貴。

（57）以正治邦，以奇用兵，以無事取天下。吾何以知其然也？夫天下多忌諱，而民彌叛；民多利器，而邦滋昏；人多智，而奇物滋起；法物滋章，盜賊多有。是以聖人之言曰：我無事而民自富，我無為而民自化，我好靜而民自正，我欲不欲而民自樸。

（58）其政悶悶，其民淳淳；其政察察，其民缺缺。禍，福之所

倚，福，禍之所伏。孰知其極？其無正也。正復為奇，善
復為妖。人之迷也，其日固久！是以，聖人方而不割，廉
而不刺，直而不肆，光而不耀。

（59）治人事天，莫若嗇。夫唯嗇，是以早服，早服是謂重積德。
重積德則無不克，無不克則莫知其極，莫知其極，可以有
國。有國之母，可以長久，是謂深根固柢、長生久視之
道也。

（60）治大國，若烹小鮮。以道立天下，其鬼不神。非其鬼不神，
其神不傷人。非其神不傷人，聖人亦不傷人。夫兩不相
傷，故德交歸焉。

（61）大邦者，下流也，天下之牝也，天下之交也。牝恆以靜勝
牡，為其靜也，故宜為下也。故大邦以下小邦，則取小邦；
小邦以下大邦，則取於大邦。故或下以取，或下而取。大
邦者不過欲兼畜人，小國不過欲入事人。夫兩者皆各得所
欲，故大邦者宜為下。

（62）道者，萬物之主。善人之寶，不善人之所保。美言可以市，
尊行可以加人。人之不善，何棄之有？故立天子，置三
卿，雖有拱璧以先四馬，不若坐進此道。古之所以貴此道
者何也？不謂「求以得，有罪以免」與？故為天下貴。

（63）為無為，事無事，味無味。大小多少。圖難乎於其易也；
為大乎於其細也。天下之難，作於易；天下之大，作於細。
是以，聖人終不為大，故能成其大。夫輕諾者必寡信，多
易必多難。是以，聖人猶難之，故終於無難。

（64）其安也，易持也。其未兆也，易謀也。其脆也，易泮也。
其微也，易散也。為之於其未有，治之於其未亂。合抱之
木，生於毫末；九層之台，作於累土；千里之行，始於足

下。為之者敗之，執之者失之。聖人無為，故無敗；無執，故無失。人之敗也，恆於其且成而敗之。臨事之紀，慎終若始，則無敗事矣。是以，聖人慾不欲，不貴難得之貨；學不學，復眾之所過。是故聖人能輔萬物之自然而弗敢為。

（65）故曰：古之為道者，非以明民，將以愚之也。民之難治，以其智多。故以智治邦，邦之賊；不以智治邦，邦之福。恆知此兩者，亦稽式。恆知稽式，此謂玄德。玄德深矣遠矣，與物反矣，乃至大順。

（66）江海所以為百谷王，以其善為百谷下，是以能為百谷王。聖人之在民前，以身後之；其在民上，以言下之。其在民上，民弗重；其在民前，民弗害。天下樂推而不厭。以其不爭，故天下莫能與之爭。

（67）天下皆謂我道大，大而不肖。夫唯不肖，故能大。若肖，久矣其細也夫！我恆有三寶，持而葆之：一曰慈，二曰儉，三曰不敢為天下先。夫慈故能勇；儉故能廣；不敢為天下先，故能成事長。今舍其慈且勇，舍其儉且廣，舍其後且先，則必死矣。夫慈，以戰則勝，以守則固。天將建之，若以慈垣之。

（68）善為士者不武，善戰者不怒，善勝敵者不與，善用人者為之下。是謂不爭之德，是謂用人之力，是謂配天，古之極也。

（69）用兵有言：「吾不敢為主而為客，不敢進寸而退尺。」是謂行無行，攘無臂，執無兵，乃無敵矣。禍莫大於輕敵，輕敵近喪吾寶。故抗兵相若，則哀者勝矣。

（70）吾言甚易知，甚易行。天下莫之能知，莫之能行。言有宗，事有君。夫唯無知也，是以不我知。知我者希，則我者貴。

是以聖人被褐而懷玉。

（71）知不知，尚也。不知不知，病也。聖人不病，以其病病，是以不病。

（72）民不畏威，則大威至。毋狎其所居，毋厭其所生。夫唯毋厭，是以毋厭。是以聖人自知不自見，自愛不自貴。故去彼取此。

（73）勇於敢者則殺，勇於不敢者則活。此兩者，或利或害。天之所惡，孰知其故？天之道，不爭而善勝，不言而善應，不召而自來，姍然而善謀。天網恢恢，疏而不失。

（74）若民恆不畏死，奈何以死懼之？若民恆是畏死，而為奇者，吾得而殺之，夫孰敢矣？若民恆且必畏死，則恆有司殺者。夫代司殺者殺，是謂代大匠斲也。夫代大匠斲者，希有不傷其手矣。

（75）人之饑，以其上食稅之多，是以饑。百姓之不治，以其上之有為也，是以不治。民之輕死，以其上求生之厚也，是以輕死。夫唯無以生為者，是賢貴生。

（76）人之生也柔弱，其死也恆仞堅強。萬物草木之生也柔脆，其死也枯槁。故曰：堅強者死之徒，柔弱微細者，生之徒。是以兵強則不勝，木強則恆兢。強大居下，柔弱微細居上。

（77）天之道，其猶張弓也，高者抑之，下者舉之；有餘者損之，不足者補之。故天之道，損有餘而益不足；人之道，則不然，損不足以奉有餘。孰能有餘而以取奉天下乎？唯有道者乎？是以，聖人為而弗恃，功成而弗居，若此其不欲見賢也。

（78）天下莫柔弱於水，而攻堅強者莫之能先，以其無以易之也。弱勝強，柔勝剛，天下莫不知，莫能行。故以聖人之

言云：受邦之垢，是謂社稷之主；受邦之不祥，是謂為天下王。正言若反。

（79）和大怨，必有餘怨；報怨以德，安可以為善。是以聖人執左契，而不以責於人。故有德司契，無德司徹。夫天道無親，恆與善人。

（80）小邦寡民。使有十百人之器而毋用，使民重死而不遠徙。雖有車舟，無所乘之；雖有甲兵，無所陳之。使民復結繩而用之。甘其食，美其服，安其居，樂其俗。鄰邦相望，雞犬之聲相聞，民至老死，不相往來。

（81）信言不美，美言不信。善者不辯，辯者不善。善者不多，多者不善。知者不博，博者不知。聖人不積，既以為人，己愈有；既以與人，己愈多。故天之道，利而不害；聖人之道，為而弗爭。

第一章

萬里悟老：
尊崇老子的當代西方賢哲

　　從現當代西方著名人物的角度回看萬里之遙遠、幾千年之古老的東方老子，對理解和把握老子的思維會有很大幫助。儘管這些理解不一定全面完整系統，但其是來自 2500 年前老子心聲的另一種迴響。

1. 兩獲諾獎的夏普萊斯：非銳、無鋒、守拙

　　卡爾・巴里・夏普萊斯（Karl Barry Sharpless）於 1941 年 4 月生於美國費城，是不對稱催化和點擊化學兩個重要領域的開拓者和奠基人，分別於 2001 年和 2022 年獲得諾貝爾化學獎。

　　夏普萊斯是 21 世紀第一位「兩次諾獎得主」，他非常喜歡中國文化，其英文名字「Sharpless」，直接翻譯的意思就是「非銳」、「無鋒」，頗有點中國道家哲學「守拙」的意味。如同老子說：「揣而銳之，不可長保。」(9) 夏普萊斯非常尊崇老子，也十分欣賞老子的一句話：「故有之以為利，無之以為用。」(11) 他認為這句話道出了「點擊化學」中的哲學真諦。他的高足董佳家研究員，當初收到了夏普萊斯有關實驗結果的英文感想，在查閱核對資料後，才知道那是源

自中國老子的原話，不禁十分感慨並深受啟發。

早在 2016 年，夏普萊斯就與中科院上海有機化學研究所簽約非全時研究崗位。《文匯報》當時報道，他的化學研究已進入哲學境界，他能幫助人們認清甚麼才是真正的原創思維，將會給人們帶來深刻的影響，從而鼓勵人們敢於大膽否定自己過去的成就，啟發人們在被普遍忽視無視、被認為不可能的和沒有意義的地方，尋找出能改變世界的新發現。若干年前，大家都認為他很可能第二次獲得諾貝爾獎，而這在 2022 年果然成為現實。

當夏普萊斯於 2001 年獲得諾貝爾獎時，人們認為他已功成名就。可實際上，他早在 1998 年左右就改變了學術方向，向無人問津的「無人區」開拓推進，歷經許多坎坷和誤解，2001 年終於在主流學刊上發表了其新開拓領域的第一篇論文，並起名「點擊化學」，從此一發而不可收。儘管是一篇來自年屆 60 歲的諾貝爾獎獲得者的論文，投稿時也是命運多舛、一波三折，一開始被 3 位盲審專家全部予以否定，幸虧主編力排眾議才得以發表。當時少有人看到這篇論文的偉大意義。此後近 20 年，他是孤獨的，少有人跟隨他做研究，人們認為這一領域不吸引人，沒有希望，再加上他年歲已大，研究經費很少，最困難時幾乎沒有研究助手；但他樂此不疲，終於花費 20 年，又一次獲得了諾貝爾獎。新成果的意義更顯著、影響更廣泛、作用更深遠，除了推動化學，同樣推動了藥學、材料學等的跨越式發展。

在 1998 年開始的新領域開拓過程中，夏普萊斯從老子的五千言中尋找共鳴，曾經每天讀一小時《老子五千言》[1]，玩味其中對他產生深刻影響的哲理。他將「萬物生於有，有生於無」(40) 這句話的中文印在文化衫背面，在研究組聚會時，讓每個教授、研究生都

穿着這件文化衫。他非常喜歡中國文化，如團結眾人、壯大力量、多事善成的家族理念。他喜歡強調「連自己的觀點都應質疑，更何況別人的」。所以，他明確不喜歡也不理解中國文化中論資排輩的習慣，擔憂年輕人的想法容易被位高權重者、資歷深厚者所扼殺。

2. 羅素訪華及對老子的感想

伯特蘭・阿瑟・威廉・羅素（Bertrand Arthur William Russell，1872 年 5 月—1970 年 2 月），英國哲學家、數學家、邏輯學家、歷史學家、文學家，分析哲學的主要創始人，劍橋大學教授，1950 年獲諾貝爾文學獎。一百多年前他訪問中國，獲得非常禮遇，成為轟動全國的事件，他說：「此前我一直不曉得，一個有教養的中國人會是世界上最有教養的人。」

1920 年 5 月至 6 月，羅素訪問蘇聯一個多月，其間突然接到了北京大學的邀訪電報，蔡元培、梁啟超等邀他前來中國講學一年。羅素讀過《道德經》和《莊子》，對中國文化有所了解。同年 8 月，羅素在勃拉克女士陪同下，乘客輪漂洋過海於 10 月來到中國。在上海、杭州、南京、長沙、北京受到了各界名流的熱烈歡迎。

羅素百年前的訪華，是探索之旅，目的是為探索如何跳出一戰陰影，思考如何解決歐洲紛亂和解救西方工業文明。當時國內軍閥直皖戰爭爆發，李大釗在北京建立第一個共產主義小組，中國處於百年未有的動盪時期。國人對羅素的訪問同樣充滿期待，無論是激進派還是保守羣體，都希望能從他那裏找到更多的救國良方。

孫中山先生認為羅素是真正理解中國的人：「偉大的哲學家羅素……有着很遠大眼光，他一到中國來，便看出中國文化超出於歐

美，並讚美中國。」羅素去長沙演講，題目是「布爾什維克與世界政治」，協助趙元任、楊端六翻譯的書記員及參與公開發表文稿整理的是毛澤東。1920 年 10 月 31 日，長沙《大公報》刊登了一篇《和羅素先生的談話》，署名「楊端六講，毛澤東記」。

羅素於 1921 年回國，1922 年寫成並出版了《中國問題》。他的書在西方社會引發「中國熱」。書中說，其他國家國民思考十年後的事情，而中國國民考慮百年後的事情。中國國民是世界上忍耐性最強的國民，本質上是不滅的國民、不急不躁的國民。中國人發現了會使全世界幸福的生活方式，並且已經實踐了許多世紀。[2]

1920 年羅素在華訪問期間，極其驚奇讚歎於老子在幾千年前就具備的前瞻性、超越性認知，而這些認知對第一次世界大戰後滿目瘡痍的歐洲有重要意義。「沒有為佔有而進行的生產，沒有自以為是所主張的行為，沒有無奈受壓被支配的發展」，就是羅素對老子「生而不有，為而不恃，長而不宰，是謂『玄德』」(10)的深刻理解。

老子的理念，以抑制自我妄欲與調和衝突為核心。老子指出大道高德鑄就了「天道」的特性，也是「人道」所應該遵循的，如此能緩和人類社會衝突，而無休無止的衝突源自普通個人的貪慾、統治階層的妄欲「有為」。老子揭示「無為」、「質樸」、「無欲」、「謙退」「不爭」等概念，以沖抵人類的佔有衝動。老子的「為」、「生」等概念，並非甚麼也不做或者固守現狀，而是強調：生而不據為己有，做而不居功自持(2)。老子的觀念是愛養眾生，悲憫救世。在五千言裏，反對戰爭和力勸慎殺的語句出現多次，反覆強調多點「德、善、信、慈」，多些「愛」。

羅素認為，小災難來自固執，大災難來自狂熱，「醫治百病的靈丹妙藥、畢其功於一役的社會革命」是人類一直以來的幻想，並

給人類帶來最大、最多的災難。人類社會受佔有欲的驅使，世世代代各種有形、無形的爭奪衝突從來沒有停止過。羅素還進一步指出，歐洲人與中國人不同，歐洲人的生存方式中有強烈追求鬥爭、榨取、多變、不滿、破壞的行為，這些充斥着人類的文明史，其中尤為慘烈的是戰爭帶來的殺戮及屠城，犧牲了無數善良天真的無辜人類；這些如同最可怕的病毒，是由個人意氣和統治者貪婪的野心所致。擅長破壞的上述效率主義，恐怕要到人類滅亡時才能終結。如果西方繼續輕視東方智慧，西方文明將使人類走向徹底毀滅。

羅素認為，西方文明是有缺陷的文明，雖然在科學領域佔有優勢，但是在人生的終極目標和意義的洞察方面，遠不如中國深刻，老子的「道論」便是明證。中國人只追求正義和自由，嫻靜而優雅。在服務人類追求幸福方面，中華文明比歐洲文明更出色。中國當時正發生着年輕改革家們的強勁運動，如果再給他們點時間，將能使中國重新煥發生機。比起西歐人標榜的、像已經磨損的研磨機那樣的機械文明，中華將創造出不可預測的更為偉大的文明。他認為西方文化並不比中國文化優異，他寫道：「中國的不幸在於，中國文化缺失科學這一面。在藝術文學、禮儀風俗方面，中國至少可以同歐洲等量齊觀……是科學才讓西方人與中國知識分子在知識觀念的比較中顯現出有所區別。」筆者不禁感歎，在百年後的今天，中國科學技術已經相當發達、工業規模已居於全球前茅，此時再回味羅素當年的觀點，不得不敬佩他目光的深遠、精準和透徹。

羅素認為，老子這類中華文明的傳統智慧，能夠救贖西方文明，因為西方早已染上了「信仰進步」和「產業主義」的病毒。百年前，羅素離開中國時，給出了當時中國的救世藥方：一是防止全盤西化，不要陷入西方浮躁好鬥的漩渦，因為工業化和軍事化正折

磨着這個不幸的星球；二是防止丟棄自己的文化，對外來的可以借鑒、吸收但是不能放棄原有。百年前的羅素認為，中國的未來發展將會受到美國阻撓，因為美國人相信自己的文明才是最完美的。羅素提醒中國要警惕日本的野心，日本保守而激進，喜爭而好陰，須處理好對日關係。羅素訪華後一個世紀所發生的史實，已經充分證明了他預言的準確性，正在發生的新世紀大變局，也進一步證明了其預言的前瞻性。

羅素認為，中華文明以「寬容與友好」為基本特性，西方文明以「佔有、主張自我、支配」為基本特性。羅素相信，未來的一兩個世紀，美國會變得更重要，但隨後將轉至中國。「我認為，這將是美國非常擔心的」，「中華若要保持自己的文化獨立，服務於人類的福祉，就一定將建成與近代西方的物質文明不同的全新文明」。羅素堅信，1000年後的未來人類，求真的智慧和悲憫的大愛將大行其道，生命應該像河水一樣流過，世界充滿了活力與幸福。他的觀點與老子的「上善若水」(8)，非常吻合。

百年前的羅素訪華，他對老子的崇拜、對中國的過去和未來及人類未來的認知，於當代的我們而言充滿了啟迪意義。他堅信老子的睿智將救贖西方文明，人類的希望在中國。此外，羅素評價黑格爾對中國的認識：「對於中國，他（黑格爾）除了知道有這個國家之外一無所知。」

羅素認為，人性隱含着罪惡，世界常發生災難。他對人類苦難的同情心支配了他的一生。他忠告，幸福的秘訣是儘量擴大你的興趣範圍，對感興趣的人和物儘可能友善。幸福的生活就是指安靜的生活，只有在安靜氛圍裏才會產生真正的人生樂趣。放棄某些自己想要的東西，是追求幸福生活不可或缺的。

羅素認為，這個世界的問題是聰明人充滿疑惑而傻子們堅信不疑。在如何避免愚蠢方面，羅素見解獨特：一、親自觀察；二、檢查信念是不是有充足的證據；三、了解與你不同的觀點，削弱你的偏見；四、想像着與論敵辯論，檢查自己的論據；五、經常提醒自己：天外有天，人外有人。

人們希望他給千年後的人們留下感悟，他回答：很簡單，就兩點，一是智慧，二是道德。關於智慧，永遠問自己，事實是甚麼，真相是甚麼。不要被自己更願意相信的東西所蒙蔽。對事實了解得越少，越容易動感情。恐懼是迷信的根源，也是造成殘忍的主因之一，智慧始於征服恐懼。關於道德，他認為，愛是明智的，恨是愚蠢的，必須學會容忍他人，因為總會有人說出我們不想聽的話，如果聽到相左的意見就發怒，表明你的看法理由不充分。

3. 湯因比訪華及對老子的感想

阿諾德・約瑟夫・湯因比（Arnold Joseph Toynbee，1889 年 4 月—1975 年 10 月），歷史學家。湯因比堅信研究歷史可以增長智慧，他用 27 年時間寫作出版了 12 卷巨著《歷史研究》，覆蓋人類 6000 年的 21 個文明的起源、生長、衰落、解體和滅亡。他批判「種族決定論」和「環境決定論」，反對宿命論，被譽為「近世以來最偉大的歷史學家」。他於 1929 年和 1967 年曾兩次訪問中國，對中國有着極高的評價。

在中國國力孱弱和經歷混亂內亂之時，他預言中華文明將引領世界。當時他能作出這樣的預言，可見其膽略和眼光獨特。他從紛擾、複雜、漫長的歷史圖卷中提煉總結出規律：分裂終將滅亡，統

一才能長存，西方國家一直走在分裂的路上。他甚至認為西方經濟繁榮是「一夜暴富」，並通過戰爭的不斷擴張而實現，其可以一時處於領先，但這種繁榮缺乏文化底蘊的支持，最終將被中國超越。

1968 年，日本創價學會會長池田大作問湯因比：「您希望出生在哪個國家？」湯因比回答，他希望出生在「公元 1 世紀佛教已傳入時的中國新疆」。1931 年，他出版了《中國紀行：從舊世界到新世界》。他將中國喻為「新世界」，將歐洲大陸喻為「舊世界」。1973 年，湯因比告訴池田大作等人：「西方文化行將就木，人類的希望的確在東方，但不是日本」，「東方的希望在中國，中華文明將一統全球」。與羅素的看法相同，湯因比認為，19 世紀屬於英國，20 世紀屬於美國，即將到來的 21 世紀將屬於中國。這些觀點收錄在《展望 21 世紀》一書中。

湯因比極其推崇中國的文化。他反對「西歐中心論」，他把「中國模式」與「希臘模式」並列，認為這兩者是理解一切人類文明的關鍵。希望將兩種模式的重要特徵融合，創造出以「中國模式」和「希臘模式」為基礎的通用標準普適性文明模式。「希臘模式」符合各大文明的早期階段，「中國模式」符合各大文明的後期階段。人類社會在起源、生長、衰落和解體的過程中，其中最基本的節奏就是「陰陽交替」。湯因比極其讚賞中國太極陰陽之說，稱其是「充滿了智慧的形象」。

他認為，西方不能引領人類未來文明。西方歷史發展的主線是民族主義和民族國家，思想狹隘，利益衝突導致災難與滅亡。從羅馬帝國分裂後，一直並一再四分五裂，就再也沒形成過永久和平整合模式的「天下主義」國家。過去的幾百年間，西方列強獨立或聯合對世界進行武力征服，西方價值凌駕於各方之上。西方用經濟和

技術影響征服了全球，卻留下政治上民族國家林立的超級難題。因利益追求造成的人類社會災難與滅亡在所難免。他甚至認為：僅依靠國家間、地區間、社會間的民主協調去解決問題，只能導致人類社會陷入無盡的爭端中，並最終走向衰落，雅典就是實例。要解決這一災難，唯有走向「世界國家」，而這一使命是西方社會無法完成的。這個真空將由中華文明來補足。儘管中國歷史漫長，也有過混亂和解體，但分久必合、合久必分，中國總體完整地守護了一個超級文明，通過文化、文明、情感的紐帶，融合成一個天下主義的文明型國家。

湯因比強調：人類必須不斷克服自身的弱點，努力適應宇宙萬物的自然性，將自我奉獻給宇宙萬物，實現自我與「終極存在」合體為一。「終極存在」不是宗教的人格神，而是自然存在，中國稱其為「道」；這也就是道家的「天人合一」。湯因比認為，中國道家思想對宇宙和人類的深刻、前瞻的認識，超越其他任何民族，其人與自然和諧相處的卓越偉大理念，為人類文明的永續發展提供了節制性與合理性發展的哲學基礎，符合新世紀人類社會整合的需求。他在《人類與大地母親》一書中評價：在人類生存的任何地方，老子的道家哲學都是最早的一種哲學。[3] 如此的人文主義價值觀，與新世紀人類社會的整合需求不謀而合。

有關人類的明天會怎樣？湯因比在其回憶錄中講了一句話：「人類和量子一樣，擁有同樣的任性與不穩定性。」湯因比認為，創造了「道」的老子，具有一種「奇妙的智慧」。所謂「一」非常強烈地表現於政治理論和道家形而上學中，湯因比稱中國古代尋求統一的思想，是博大精深之「道」。湯因比甚至把世界的希望寄託於中國。

4. 李約瑟訪華及對老子的感想

　　李約瑟（Joseph Needham，1900 年 12 月—1995 年 3 月），生物化學和科學史學家，劍橋大學教授。他先後四次訪問中國，可以說是繼馬可·波羅和利瑪竇之後，又一位全面探路中華的開拓者，從而讓 20 世紀的西方對中華文明和科技有了深刻了解和全新解讀。他逝世時，聯合國為他降半旗以示哀悼。

　　他的第二任妻子是中國學者魯桂珍，李約瑟受到她的影響極大。魯桂珍，金陵女子大學本科畢業，後在北平協和醫院深造，從事臨牀試驗研究，後來擔任上海聖約翰大學講師講授生理學和生物化學，並兼職在上海雷士德醫學研究所從事生化營養研究。她的未婚夫是空軍軍官，抗戰中犧牲在日軍炮火之下。三十三歲的她傷心欲絕，決心獨身。此時，她獲得李約瑟等人組織的英國基金會的資助，於 1937 年 8 月到達英國劍橋大學生物化學系學習。李約瑟晚年在夫人莫伊爾去世後，與魯桂珍結婚，那時兩人皆過了八十五歲。三人去世後先後葬在劍橋大學校園內緊挨着的同一處。

　　1937 年，李約瑟的夫人成了魯桂珍的導師。在此期間，魯桂珍向兩位英國導師講述了諸如麻沸散、氣象儀等中國古代發明，激起了李約瑟對古代中國科技與文明的好奇心，進而開始學習中文和漢字。魯桂珍與李約瑟合著了生物化學以外的多部關於中國科技與文明的專著，對李約瑟轉向中國科技史的研究起了決定性的作用。

　　抗日戰爭中，魯桂珍家鄉南京的淪陷和她的哭泣，深深地感染了李約瑟。1942 年，他親自押送英國公益組織善款物資到中國前線。1943 年，李約瑟查訪了戰亂中不斷搬遷的河南大學圖書館，

初識 5485 卷的《道藏》浩繁經典，其包含大量公元 4 世紀以來的煉丹術等道家著作，令他驚歎不已、大加讚賞，從而更深入地沉醉於道家學說。河南大學李俊甫教授向他介紹了《道藏》，給李約瑟留下了極為深刻的印象，促使他轉向中國古代文化研究，「這些不僅是中國的，而且也是世界的文化瑰寶。」

他自起譯名並姓李，因為老子姓李。他給自己起了一個道味十足的名字「丹耀」，別號十宿道人、勝冗子。他發覺道家「無為」的思想與他的看法和認識非常相似。許多當時的科學萌芽都能在道家思想中找到影子。他的胚胎學研究也在老子「一生二、二生三、三生萬物」(42) 中找到了契合點。李約瑟驚訝，早在幾千年前，中國人就認知到了宇宙的無限，只是用不同於西方數理幾何的方式去描述，而當時的西方竟然認為宇宙是個水晶球。中國古代無數材料、醫藥的貢獻超出了他的想像，強大的衝擊促使他放棄生物化學研究而轉向研究中國科學技術及其歷史。 1954 年，他的《中國科學技術史》第一卷著成，一經發表便獲得巨大反響。到 1986 年 11 月為止，他曾先後四次訪華。李約瑟在此書中描繪：中國人格中許多最吸引人的因素都源自道家思想。中國如沒有道家思想，就是一棵某些深根已爛的大樹。道家對中國科學史具有頭等重要性……道家對自然界的推究和洞察，完全可與亞里士多德以前的希臘相媲美，而且成為中國整個科學的基礎……道家思想既是宗教和詩人的，也同樣是方術的、科學的、民主的，而且在政治上是革命的。[4]

李約瑟在研究中明確了道家在中國科技史上的主要地位，發現了其思想的世界意義，高度讚揚其思想，極力宣揚其科學民主精神，對道家文化的世界傳播起到重大作用。因此，他於 1968 年獲得國際科學史和科學哲學聯合會授予的「喬治・薩頓獎章」， 1973

年獲得法蘭西文學院「儒蓮獎」，1994 年獲得聯合國教科文組織「愛因斯坦金獎」， 1995 年獲得中國國際科學技術合作獎。

第二章

老子猶龍：
歷史典籍、民間傳說和生平演義

　　回溯遙遠的春秋戰國時代，去了解 2500 多年前老子的人生經歷，會讓人們對老子思維有更深刻的理解與把握，也能明白為甚麼他的思維具有穿越歷史時空和跨領域的影響力。

　　由於年代久遠，再加上記載不全，包括《史記》在內的歷史文獻中有關老子的描繪，也是殘缺不全甚至相互矛盾的。所以，老子的生平經歷，讓人感覺撲朔迷離。有關老子身世的許多傳說，帶有明顯的神話色彩，再加上《老子五千言》本身超越了從古至今絕大多數人的認知極限，因此，老子的生平故事如同神仙飛天，讓人充滿遐想又實在難以信服。

　　筆者在此就根據自己閱讀收集的有關老子的眾多歷史文獻和著作，通過熟悉有關老子的傳記、故事、民間採風、傳說、電影電視劇本等，進行分析歸類、邏輯推理、刪減整理（具體參照的主要資料見本書參考文獻），依據五千言內涵，對老子可能的人生經歷、經驗進行推想，寫出老子的一生，供讀者閱研、討論、補充和糾正，以便人們從他的人生經歷中更好地理解老子思維。這些權可當作一種有一定依據的文學藝術再創作，主要目的是便於人們更容易理解老子思維和五千言。仍需特別說明並提醒，筆者的這些描述，無法

也不能代替歷史研究、歷史史實，真實的有關老子生平的原貌和原委，還請讀者憑據參照未來的考古和歷史新發現，而不要執着於本章提及的人、事、物等時空細節。

老子的一生有四條主線：一是他悲情坎坷的人生和家庭經歷；二是他歷經大周王朝覆滅導致天下大亂的爭位奪權和爭霸奪利；三是他傳學弟子而帶出各異人才並各領風騷；四是他大道學說體系的形成。這些讓人們對時空和人、事、物的道德善信慈愛規律有了認識和把握。

要了解老子，首先需要了解延續近 800 年的大周王朝。周朝時期的中華大地，是由天下共主周天子的大周王朝和眾多諸侯的屬國所組成的，這就是當時中原一帶的人們所認知的「天下」。這個大周天下，文化習俗相近，發音音調、書寫的文字、車輪軌距、度量衡等雖略有差異但基本相同，人們在不同國家間幾乎可以自由遷徙、任職為官、經商從業。大周王朝坐落在以洛邑（今河南洛陽）為首都的大周王朝直屬區域，除了能管理直屬區域以外，尚能協調其他屬國。

春秋時期周朝所轄的國家先後有 140 多個，有實力、有影響的主要國家有十幾個，如齊國、晉國、魯國、楚國、秦國、燕國、鄭國、陳國、宋國、吳國、越國、曹國等。這些諸侯國在秦朝統一天下時，被強行實現了車同軌、書同文、統一度量衡，因此在形式上銷聲匿跡，但至今仍依稀留下一些影子，譬如一些省份或者區域的簡稱、文字發音特點和社會家庭文化特徵等。

著名的歷史典故「烽火戲諸侯」，告知人們周天子的荒唐妄為直接導致了西周走向衰落和滅亡，歷史轉入東周時期。

公元前 774 年，諸侯國褒國進獻美女褒姒給周幽王，褒姒性格內向，不苟言笑，整日愁眉不展。周幽王愛憐心疼，被她迷得魂不守舍，無心問政，挖空心思討她歡心。大臣虢石父出了一個餿主意，說鎬京（今陝西西安）的驪山有傳遞突發戰事警訊的烽火臺，一旦烽火點燃，按照慣例，各諸侯國就會前來救援。褒姒看到瞎跑一趟而楞怔的各諸侯國國王們，定會開懷。周幽王猶豫了一番，架不住閒極無聊，真就無事生非，果然這麼幹了：點燃烽火，升起狼煙。諸侯們火急火燎趕來救援，到了驪山後方知受騙上當，只見城牆上嬉笑的周幽王和褒姒，諸侯們氣急敗壞，憤恨而歸。

烽火臺事後，周幽王與褒姒育一子，遂廢後改立太子；結果被廢太子的外公申侯氣憤地上書質問，周幽王以天子之名用武力懲罰了申國，種下了仇恨。公元前 771 年，申侯聯合其他諸侯與犬戎部落一起進攻鎬京，周幽王忙命人點起烽火求救，但各諸侯怕再次上當就沒有前來救援，直至周朝都城被攻陷，諸侯們才起兵救援，而此時周幽王已死於戰亂。後來，申侯簇擁着自己的外孫即原先被廢的太子當上了周平王，遷都洛邑，開始東周時代。

老子一生處於東周王朝的春秋末期，戰國正式開始之前。

進入東周時期，即進入春秋時代，周王朝衰弱不堪，周天子空有天下共主之名，喪失了對天下的掌控能力，各諸侯國為了成為天下實際的盟主霸主，或者為利益或者為自保，拉幫結派、你爭我奪。大國對小國橫徵暴斂，小國在大國間四處討好，進貢保命。而在這百年未遇的制度變革和國家變遷的權力衝突中，民眾如草芥炮

灰，被踐踏拋棄，血流成河。中華大地進入風雲變幻的春秋動盪時代，即戰國的前期。這非常像進入第一次世界大戰、第二次世界大戰、俄烏戰爭等大規模衝突的醞釀和初期階段，整個天下和各國內部均動盪衝突不斷。

1. 玉女破腹，老子出生

天降老子，父母雙亡

周定王九年（前598），陳國靈公被夏姬兒子夏征舒所殺，楚國擄走夏姬，滅陳國改置為縣邑，不久又恢復為陳國，但作為楚國的附庸國而存在。

前571年，周靈王元年，農曆二月十五早晨，在大諸侯國楚國附庸國的陳國苦邑（苦縣）屬鄉（今河南鹿邑，一說為安徽渦陽），老子誕生。老子出生時的中華大地，國家林立，以強凌弱，矛盾重重，衝突不止，諸侯爭霸，民不聊生……侯王貪心不足、肆意妄行，政客背道忘德、爭權奪利，百姓饑寒交迫、受苦受難。

老子的爺爺曾經是陳國官員，陳國被楚國吞併時，就告老還鄉 [5]。老子的母親，被後人稱為玄妙玉女，姓益壽名嬰敷。她懷上老子幾個月後，在宋國從軍帶兵的老子的父親李乾（又名李敬，字元果），酒後狂醉，溺水而亡。可憐老子是個遺腹子，說來悲慘，未出生，就已經沒了父親。

老子遲遲沒有出生，在娘肚中早已過了產期，後人傳說他

在娘胎裏待了 81 年，實際可能在娘肚裏待了 11 個月 [6]。益壽嬰敷在生老子時難產，萬般無奈之下，只好用菜刀割開自己的肚子，史書記載，她割左腋而生老子。生下了老子後，奄奄一息的老子母親，彌留之際給老子的爺爺和在她家做長工和保姆的老萊夫婦留下遺言，希望自己的孩子將來能為蒼生造福。老子生母葬在村後一里外和渦水之濱，即現在的大清後宮 [7]。

老子之為老子

剛出生的老子，頭髮卻有花白，眉毛有少許花白，上嘴唇有幾根微小白胡。此是被取名為老子的原因之一。因有一對福相的大耳垂，故被戲稱為「李大耳朵」，爺爺乾脆給他起名叫李耳，因為「耳口王」為「聖」（即「聖」的繁體字）。「李大耳朵」的號是「聃」，就顯得文縐縐了，「聃」也是表示他耳朵大得出奇。村民常親切地以李耳諧音叫他「狸兒」。

兒媳去世，孫兒出生，老子的爺爺真是悲喜交加。無措之際懇請老萊夫婦幫助。老萊夫人前些時候高齡生女，女嬰不幸夭折，剛剛失去自己孩子的老萊夫人，答應老子的爺爺當奶媽，以嬭娘的身份撫養照顧李耳。李耳生母生前對老萊夫婦一直非常照顧，老萊夫人對李耳母親也充滿感激，所以就將李耳視為己出，甚是疼愛。後來老萊夫人就順理成章地被公認為是李耳的養母，所以後人也就稱謂李耳為「老萊子」或者「老子」，而李家和老家更是樂於接受。在周朝春秋時代，老、李兩姓的發聲同音，所以，人們也稱呼李耳是姓老名聃，即老

聃。此是李耳被取名為老子的原因之二。

大愛之心萌發

在司馬遷《史記》中，關於老子出生地的描述是：楚國苦縣屬鄉曲仁里人也。[8] 楚、苦、屬、曲，都似乎暗示着痛楚、苦難、嚴屬、曲折等不幸將貫穿他的一生，而他依然淡定坦盪超然度過。李耳從未見過自己的親生父母，特別是從未見過被人們一直傳頌的善良賢德為他犧牲的母親。李耳長期和老萊夫婦生活在一起，慈愛奉獻的養母在情感上將老子視為己出，給予李耳無微不至的關心照顧。李耳成婚後，妻子早逝。她們使得李耳集對女性的崇拜、眷戀、感恩、內疚於一身，從而總結提煉出他的心得：人們不僅僅要懂得並擁有雄性、陽剛，更要懂得並擁有雌性、陰柔 (28)，並知曉它們的相互關係和相互轉換，學會用全面的視角去理解、把握世界。李耳認為，母性就是為了下一代和人類未來，所呈現出的德善、誠信、慈愛、儉樸、敬畏，所以他視母性為穀神，母性就是生生不息的大道的化身。這一切確實與和李耳直接關聯的四位女性的犧牲、奉獻、關愛和付出有關，她們讓李耳感知、悟明了大道樸真和德善信慈愛，從而使得他成為一個能超越單純的陽剛或陰柔、剛強或柔弱的聖賢之人。

2. 童年仗義，拜師常樅

維繫本我，道心初成

　　李耳從小聽唱的是堯舜帝王時代流傳下來的各類民謠，如《擊壤歌》，表現百姓對自然樸真生活的珍惜，大意為：日出而作，日落而息；鑿井而飲，耕田而食；誰會艷羨堯帝？另一首《南風歌》，以舜帝之口，讚美又祈盼吉祥順利，內容為：南風清涼陣陣拂面，可解萬民熱暈愁苦；南風輕緩時時吹地，可豐萬民貨物財富。這樣的歌謠氛圍，可以讓人理解老子晚年所描繪的天下安寧、沒有是非的生存環境：「小國寡民……甘其食，美其服，安其居，樂其俗。鄰國相望，雞犬之聲相聞，民至老死，不相往來。」(80)

　　有關李耳的童年的故事，歷經幾千年，人們一直在流傳。
[9・10]

（一）美言不信

　　一年冬天剛過，春寒料峭，村裏來了一個賣牡丹根苗的鄭國人，那人誇耀着自己的牡丹苗如何好，興奮中眼珠直轉、面紅耳赤、唾沫橫飛、猛拍胸脯、信誓旦旦。李耳信其言，就買了一棵，小心培養呵護到四月，栽植的所謂牡丹開始現蕾開花。可是，其花不但很小，而且竟然全部是小白花，人說是丹鳳，一種可以入藥的油牡丹，根本不是大氣艷麗的牡丹花！這時，李耳才發現自己受騙上當了。第二年的春天，村裏又來了一個憨厚耿直、不善言語的、賣牡丹根苗的外地人，說話一是

一，二是二，沒有半句虛言，李耳猶豫了，買還是不買，帶着賭一把的心態，還是買下了一棵小苗。結果春夏之交，李耳看到的是艷麗碩大的、令他心花怒放的真牡丹。李耳將這一經歷暗記心中，後來用「信言不美，美言不信」(81) 八個字進行提煉性的概括和形容。

（二）守信護桃

曲仁里的高奶奶在山坡地種了七棵蜜桃樹，蜜桃白裏透紅，香氣撲鼻，引來附近的小孩偷摘。高奶奶因為家中有急事要離開兩天，就請李耳和玄娃幫助看護，兩人一口答應，玄娃更是拍胸脯讓高奶奶放心。當李耳帶上書和象棋，約玄娃一起去山坡上，想着能邊看書下棋邊看護桃樹時，玄娃就推脫說：「你先去，我隨後就來。」結果第一天，啃着乾糧的李耳驅走了幾位想偷桃的小孩，而遲遲不見玄娃的蹤影。第二天，李耳再次叫上玄娃準備一同前往護桃時，玄娃又託故說：「我知道你有信用，說話算數，做事認真，一定會看護好桃樹，所以，昨日我就沒去。今天你先去，我隨後就來。」李耳只好再次一個人來到山坡看護桃林。快到傍晚，仍未見玄娃過來。突然傳來一聲「救命」，只見一個人從山上滾落下來，快要摔進山溝了，李耳一個箭步向前，緊緊抓住那人的衣服。李耳仔細一看是玄娃的爸爸岳丘山。老岳感謝李耳的搭救，又問李耳為何恰巧在此，李耳就一五一十地和老岳說了事情的原委。老岳不禁羞愧臉紅，責怪自己沒有以身作則，教子無方，回去一定要教訓玄娃，李耳趕忙求情。姍姍來遲的玄娃見此情景，慚愧跪地，請李耳原諒，請父親責罰，發誓以後定守信用。[9，10]

（三）辨別連理

說法一：一次李耳和小夥伴們到大樹底下挖蟬蛹，發現一棵樹長得怪怪的，三分像葉，七分像花。李耳看樹幹上少了一塊皮，上刻「楝」字，因此他認為是楝，而小夥伴看到樹的另外一面也被刮掉了樹皮，上書「槐」字，到底是「楝」還是「槐」，他和小夥伴爭執起來。後來，一個秀才說，是他教的孩子們逞能，為賣弄就把剛學會的字刻在了樹上。李耳心想，看來凡事不能只看表面，聽信一面之詞，需要超然觀察。[11]

說法二：李耳和小朋友一起在一棵大樹底下玩耍躲雨，看到大樹上寫着一個「楝」字，就告知其他小朋友這是一棵楝樹。可在大樹另一側的小朋友則說不對，這應該是一棵槐樹，兩人為此發生了爭執。兩人圍着大樹轉一圈，才發現樹的一側寫着「楝」字，另一側寫的卻是「槐」字，根據樹的外形判斷有兩種樹共同生長，最後才明白這實際上是一棵楝槐連理相互擁抱的樹。通過這件事，李耳總結出，凡事不能以偏概全，還要學會從另外一面多看看，需要觀察結合思考，正確的結論往往可能是超越並包含原有的左右、正反、前後、黑白等兩個觀點的第三個更全面真實的觀點。[9，10]

（四）打抱不平

曲仁里有個姓龐的大戶，當家龐太爺的大兒子在朝中當官，二兒子是個遊手好閒、喜歡惡作劇的少爺，人稱龐二少。陰曆六月十五是龐太爺的生日，為巴結龐家，村上的許多人，即使家中窮得有上頓沒下頓，都得打腫臉充胖子，呈上禮品去祝壽。在李耳十歲那年六月十四的下午，養父母去遠方親戚

家處理急事，無法在生日當天給龐太爺送禮，就請李耳作為代表送禮上門。結果，來給龐太爺送禮的人真多，最遠的來自百里以外，都排成了長隊，禮物已堆積如山。而當日，曲仁里一個有名的好人——岳老，他和龐太爺竟然是同年同月同日生，年紀一般大，可因是個平民百姓，生日這天他家門庭冷落，沒一個人來祝壽，他的兒女甚至還跑到龐家送禮。李耳看見了，心裏很是氣憤，可見世態炎涼，真不公平！他不排隊了，扭頭就走，還將禮物送給了岳老。岳老先生大吃一驚，無論如何不願收。龐二少得知了消息，趕到岳家堵住李耳，破口大罵。李耳氣憤地回答：「難道給當官的祝壽是理所應當，給百姓祝壽就大逆不道？做人不能只知道挖凹地、墊盆土以添高墳頭，卻不知道山上滾石往凹處走。如果說，墳頭往上添高土是人間規矩，那麼滾石向下添凹地則是天道規矩。我給岳家祝壽，就是人的規矩合乎天的規矩，有甚麼錯？」李耳這一席話，就孕育了後來的「天之道，損有餘而補不足。人之道，則不然，損不足以奉有餘」(77)。眾人勸阻發狂的龐二少，可根本勸不住，隨後趕來的龐太爺聽了眾人的說明和李耳的話，連說講得有理，他羞愧難當，讚揚了李耳，斥責了龐二少並驅趕他回家。

（五）架橋助人

曲仁里依山傍水，村前有兩丈多寬的瀨鄉溝，溝水深而清澈，村裏人下地做農活，需要從溝北繞道一大圈才能來到溝南。李耳常在溝南沿的大李子樹下看書，看見村裏的人來回非常不方便，於是請養父一起幫忙，想方設法在瀨鄉溝上架起了

一座三木橋。可是橋架好後就接連發生橋木被偷走的事。李耳養父氣得罵了幾句，結果被橋頭住的「賴皮泡」王杠偶然聽見，反而把李耳和他養父侮辱了一通。

此後一日，電閃雷鳴，暴雨傾盆，李耳眼見過獨木橋的一個人掉入了河裏，就跳水救人。眾人奮力將李耳和落水者救上來，卻發現落水者正是王杠的女兒。有人說落水活該，李耳卻勸說不要這樣說，告誡大家應該用善構築起讓每個人包括惡人向善的橋樑(49)。王杠聽了深受感動，向李耳承認了他拆橋偷木的錯誤，表示他要找木頭補齊重新架到橋上。[9，11]

（六）雪地送食

周靈王十一年（前 561）的冬天，李耳十一歲。天寒地凍，家人正在做早飯，突然，李耳發現屋外有一個討飯的孩子，衣衫襤褸，眼巴巴地往廚房看。生病臥牀的養父隨口說：「你先到別處要吧，我家飯還沒做好。」小乞丐一賭氣，扭頭就走了。李耳很同情可憐這個孩子，家裏的饃一蒸好，他就拿了幾個追到村外，塞給正低頭前行的小乞丐。小乞丐大吃一驚，甚是感動，淚珠滾落下來。回到家，養父奇怪為甚麼好像少了幾個饃，李耳說：「不好意思，是我多吃了幾個。」

老子拜師，問道起始

李耳酷愛天象、氣象和歷史，對周邊一切充滿了關愛和好奇，鄙視巫師習氣和祭祀欺詐。他樂守平民立場，愛打抱不平；同時又觀察貴族言行，擇善從之。本元先生篤信大道卻識字不多，他與李家非常熟悉，據他十多年與李耳交往的經歷，認定李耳將來必成大器。而給李耳留下深刻印象的是本元先生遇事時的鎮定：萬事自有定數，萬難必有解數 [11]。

本元先生對童年李耳的啟發是非常珍貴的，正像千百年後曾國藩辭官隱居頹廢之時，遇到神秘的道者而豁然開悟；也像王陽明三次彷徨均巧遇道者從而開悟並創立心學；亦如蘇東坡雖歷經磨難、一再貶職復職，但因深得道者智慧而樂觀豁達。與本元先生的對話相處、釋疑解惑，使李耳萌生了對深奧莫名、混沌複雜但又極簡至易的大道的嚮往，使他在人生的最初階段，就能在茫茫黑夜窺見啟明星的光亮。

李耳欲拜里正為師求學 [12]，可是村長覺得自己不是教書先生，怕耽誤了李耳的前途，就推薦了上知天文、下曉地理、知識淵博的常樅先生。常樅先生，也有稱他商容的，是李耳早年正式的老師。[6，10]

爺爺特別從苦邑縣城聘請了曾經在朝中擔任商容職務（精通殷商禮容的司儀官員）的常樅先生做李耳的老師。常樅知曉天文地理、博古通今，喜歡樅樹，不喜官場。他是心裝天下、愛才惜才、求賢若渴的道者。他蔑視和憐憫那些霸強者，同情並哀歎懦弱者、貧窮者、愚蠢者。常老師初見李耳閒聊幾句

就異常高興，連連稱讚其聰慧。他從河圖洛書、三墳、五典、牧野等教起，聰慧的李耳深得常樅的喜愛。

「牧野洋洋，檀車煌煌，駟騵彭彭。維師尚父，時維鷹揚。涼彼武王，肆伐大商，會朝清明。」常老師常帶着學生吟誦詩句，他放盪不羈、旁若無人，盡興地以表情、手勢、體態等肢體語言表現詩的含義。李耳學習刻苦，即使是自帶乾糧的午飯時間，他都會坐在離常樅先生家不遠的稠密樅樹林中學習，一口溪水，一口乾糧，一行文字，有生字做個記號，下午就向先生請教。

一次，常先生給學生們放假一天，李耳就聽從養父的吩咐，趕着馬車去看望親戚，車上帶着大量的竹簡，以便路上閱讀。他走一路看一路，直至迷路也不知道。結果信馬由韁，直至天昏地暗，掌燈時分，才知道走錯了路。看見前方燈火初起，竭力向前，跑近才發現是常樅先生坐在燈下看書！原來李耳誤走到了上學的地方。

常先生抬頭吃驚地看着他，問他夜晚趕來有何事，他只好藉口說是從親戚家回來，路過這裏，順便向老師請教幾個生字。直到夜深人靜才驅馬車趕回村裏。此事被養父知曉後，笑憐他是「書瘋子」，而鄉親們因此流傳開一句俗語：「半夜走親戚──意在求學。」[9，10]

樸實敦厚，善心待人

常老師的弟子眾多，其中有一個平素被稱為「第一聰明弟子」的富家子弟張高（另一說此人名叫杜傑）[11]。誰在學業上敢於冒尖，張高就會想方設法跟誰過不去。聰慧善良、豁達圓通、思維獨特的李耳的出現，讓張高的虛榮心和好勝心受到很大打擊，心中非常不滿。一天放學後，張高帶了一羣半大孩子攔住李耳，氣勢洶洶，指責李耳在先生面前裝腔作勢、逞能表演，學習上表現得像個「第一聰明弟子」。吵吵嚷嚷聲吸引來了周邊的同學和常先生。常先生趕來後得知原委，批評張高不應採取這種粗魯無禮的手段，應該用光明正大、互相尊重的方式去競爭，可以互比誰的學習能力更強、方法更好。在常先生的施壓下，張高紅着臉向李耳賠禮道歉，繼而提出要和李耳比賽背誦，背誦材料由李耳選擇，無論是夏朝的《連山易》，還是商朝的《歸藏易》，還是當今周朝以「乾」為首的、含義周全的《周易》。李耳毫不示弱，欣然接受。常先生也就同意作為裁判並出考試比賽題目。

在眾目睽睽之下，常先生將第二天需背誦完成十八片竹簡的比賽任務交給了李耳、張高兩人，結果第二天，李耳勝；張高不服，希望再比一次，常先生就又將兩日後需背誦完成二十五片竹簡的比賽任務交給了他們，結果李耳再勝；張高此次有點垂頭喪氣了，但紅着臉，仍然表示不服，乞求再給最後一次機會進行比試，志在必得的李耳答應了，常先生也就同意了，就又給他們佈置了比賽任務——三日後背誦完成三十八

片竹簡。

　　兩人廢寢忘食地開始背誦，同學們都緊張地觀察他倆準備如何應對。大家發現，張高時而表現很好，時而結結巴巴，為他捏一把汗；而李耳表現很好，一直很穩定，應該會再次獲勝。比賽的時間到了，張高先上場，他全程結巴，總算還是完成了背誦。隨後眾人一起觀看李耳的表現，李耳鎮定自若，抑揚頓挫，流利通暢地背到第三十七片時，突然卡殼了，結結巴巴，好似忘了詞，這種表現讓同學們大感意外，結果時間過了，李耳也沒有完成背誦。李耳雖然輸了，但很坦然、淡然。常老師觀察他此次背誦的表現也覺得很奇怪，事後就悄悄地問他怎麼回事，李耳起初迴避，無奈之下就告知先生，他其實可以背得滾瓜爛熟，但聽聞張高和其他同學說，如果此次再輸就離開學館，回家不學了，丟不起人。李耳想到此事鬧到如此地步，真不應該，心中不安。李耳懊悔自己爭強好勝，弄得大家一無所得。在比賽時，李耳一想到此事，就忘詞了。李耳認為現在的比賽結果恰到好處，這說明自己有潛能可以贏得比賽，但又確實在第三輪比賽中輸了，如此一來，張高也就有信心和臉面繼續與大家同窗讀書。常先生聽聞非常感慨，讚賞李耳是一個人品、學業俱佳的好學生，平凡中透着不平凡。張高後來也知道了所有情況，心中充滿內疚，對李耳非常敬重。

老子問天地人

　　有一次上課，常樅說：「天地間，人是最為珍貴的；人羣中，君王是最為優先的。」李耳就問：「地在人之上，天在地之上，那麼，天是甚麼？」常樅道：「天在上，是清朗。」李耳又問：「那清朗之上是甚麼？」常樅道：「清朗之上是太空。」、「太空之上又是甚麼？」李耳繼續追問，先生道：「太空之上是清朗中有更清朗。」

　　「那在此之上又是甚麼？清朗窮盡處是甚麼？」李耳窮追不捨。先生道：「先賢沒有傳講、古籍沒有記載，我就不敢亂說了。」夜晚，李耳就揣着這些疑惑問爺爺，爺爺也不能答；問別人也沒人能回答。他只好晝有所思、夜不能寐地仰望天上的日月星辰，低頭思索天外到底是甚麼。[12，13]

　　爺爺去世後，就是養母經常關照李耳了。一次養母問李耳去哪裏玩了，玩了甚麼，李耳如實告知去看螞蟻搬家，因為他挖開蟻洞時，看見好多螞蟻在搬食物，覺得好神奇。原來事物往往並不都像人們看到的表面，其背後往往有出人意料的更深層道理。螞蟻吃腐物，蜥蜴吃螞蟻，大自然就是頭尾相連的循環大圈。養母問他有何感想，李耳感歎道：「螞蟻雖小，也有其作用，世界萬事萬物都有着自己的用途，說不上誰高誰低。與螞蟻相比，我是龐然大物，能任意改變它們的命運，甚至決定其生死。那麼是否有種可能，存在另外一種龐然大物，也可以輕易地決定我們呢？」養母覺得這問題很有趣，讓他明天上學問先生。李耳抱怨先生常回答「先賢未傳，古籍未載，

不敢妄言」，说：「我怕先生也回答不出，讓他難堪。」養母說：「先生在周朝很有名望，精通殷商禮樂，萬一他回答不了也沒關係，也許這正是你未來可以琢磨並回答的呢。」

課堂上，常老先生說：「時空中存在天、地、人、物，以及各自的本體和規律，天遵循天道，地遵循地理，人遵循人倫，物遵循物性。天道使得日月星辰按規律運行；地理使得山川江海成長有形；人倫使得尊卑長幼各得其位；物性使得長短堅脆區分有別。」李耳問道：「天道、地理、人倫、物性是由誰決定的？」先生答：「都是神仙所為。」李耳問道：「神仙為甚麼能做到？」先生道：「神仙有推動變化的能力和創造萬物的功力。」李耳問：「那神仙的本事又從哪兒來的？」常樅啞口無言。結果，李耳又是茶飯不思。[13]

常樅教給李耳自己所知道的一切。常樅說：「國君受天的委託，代表天去治理人世間，民眾是君王管理的對象。如果國君不按照天意行事，刁民不順從國君指揮，這些均屬於有罪，這就是治國之道。」李耳問：「民眾生而就在，並非為了國君，不順從國君指揮，應當可以理解。如果說，國君降生是天的意思，國君肩負上天的旨意，這些有何憑據、是何道理？」先生說：「神仙派遣國君代表天治理世間。國君降生猶如將軍領命在外，在外的將軍是不會照單全收國君的命令的。國君出現於人世也不會全盤照收天意指令。」李耳問：「神仙無所不能，無所不成，為甚麼不能打造出聽命的國君呢？」常樅又啞口無言。看風風雨雨、亂雲飛渡，李耳又是好一陣迷茫。[12，13]

常樅先生說：「天下萬事要以和為貴。失去和睦就會兵爭

交戰，進而兩相傷害，互損而無益。所以謙讓利他就會利己，嫁禍於人則會禍己。」李耳問：「天下失去和平爆發戰爭，對民眾百姓而言就是最大的傷害，國君有甚麼理由不去治理？」先生答：「民眾之爭，失去的是低層次小範圍的和睦，也就是小規模的災禍，國君可以治理。而國家之爭，失去的是高層次大範圍的和諧，也就是大規模的災難，是由國君們導致的災難，他們如何自己治理呢？」李耳問：「國君不能夠自己矯正，而神仙為何不來制止？」常樅無法回答。李耳歷經寒暑，遍訪官員名士，博覽群書，不知疲倦地尋找答案。[13]

　　常樅先生的教育讓李耳知道了合乎人慾的獲得是「得」，合乎大道的獲得是「德」。他告訴李耳，在伏羲、女媧之後，從黃帝、炎帝開始，大道思想、道家思想至少有數千餘年的歷史。周公姬旦是聖人，是此後儒家的創始人，但常樅表明自己不是周公的傳人，因為周公妄圖以一己聰明決定大家的生活，禁忌太多，結果問題太多。[14]常樅教育啟發李耳不要輕信事物的表面現象和人們的語言表達，而要學會反觀、反思、反省，因為道不遠人，遇事冷靜，得道多助。人類身邊的一切充滿了大道的語言。也是在這時，李耳逐漸明白此道德非彼道德，常樅先生等強調的道德，就是指由大道、天道呈現的規律足跡和德行表現，以及由此而形成的人們行為規範，而不是人們時常掛在嘴邊的「道德不道德」，更不是世俗之人所習慣的「道德」。人類自設的那種「道德」往往指世間人們自己確定的倫理、清規戒律及「潛規則」，如規矩、規範、羞恥心等，而這些倫理可能符合人性、人道，但不一定符合大道、天道。

　　一次，常樅先生病了，李耳前去探望。先生斜倚在牀，張

嘴問李耳：「你看我的舌頭還在嗎？」李耳答：「當然在呀。」常樅又問：「牙齒呢？」李耳搖搖頭說：「牙齒確實是沒有了！」常樅接著問：「明白這是何原因嗎？」李耳思考了一下，根據常樅先生的思維習慣，試探地回答：「我想，那是不是因為舌頭通常很柔軟，所以能夠還存在；牙齒之所以早就脫落，因為它一直太剛強？」常樅對弟子的判斷非常滿意，很高興地點頭讚許：「對！世上的事就是這個道理。」[5，11，12，15]

「齒亡舌存」用於比喻剛強的不能夠長久，柔和的反而能夠立足；揭示有道方能永存，無道終遭消亡。常樅主張柔善而否定暴強，借用舌頭和牙齒的此消彼長來說明：舌頭因其柔韌而存在，牙齒因其剛硬而消亡。柔弱勝剛強，為人做事如此，治國理政也如此。

前556年，李耳不得不結束跟從常樅先生的學習，那年李耳十六歲。

常樅先生教授三年，來向李耳養母告別辭行。李耳對常樅行三叩拜大禮，哭訴：「先生待我恩重如山，我也喜歡跟先生在一起，你為甚麼辭別？」常樅先生說：「你聰穎過人，先生不能耽誤你。你應該遍訪百川大山裏深藏不露的賢德道者，你也應該去周都太學學習幾年，那裏典籍如海，賢士如雲。那是天下聖地，如入其內，易成大器。而且那裏有很多不同階層、不同身份的學生在一起探討，會有更多的樂趣。人的一生中都會有幾個關鍵的轉折點，把這幾個關鍵點把握住了，你的人生就贏了。為師只是在這個階段送你上路的人，未來還會有不同的人送你踏上新的旅程。」李耳說：「難道學生還要不停地去體會離別之苦？」常樅說：「暫時的離別只是為了登上更高的

山峰。」李耳歎道:「道理學生都懂,只是捨不得。不知道這一別,何時能夠再相見。」常樅說:「希望你能謹記養母的教誨,不要忘記她對你的一片苦心。」李耳說:「先生對學生恩重如山,學生永世難忘,請受學生一拜。」常樅:「好了,不用送啦,回去吧。」[13]

3. 頻遭災難,悟道講傳

兵匪困境,臨危不懼

前554年,在周都太學學習了兩年的李耳,時年十八歲,回到曲仁里看望養父母,結果遇到了大麻煩。是年秋冬季,兵荒馬亂,大土匪頭子欒豹(另一說名叫楊豹),打着吳軍的旗號,糾集一批凶頑開始在苦邑周邊趁火打劫。一天,欒豹的匪兵突然包圍了曲仁里,搶劫財物,侮辱民女,殺害民眾,窮凶極惡。[10] 李耳他們一行人,在匪徒們的驅趕之下,往西南方向怨莊一帶走去。欒匪對反抗中失手殺死土匪的村民,進行了屠殺。李耳內心吶喊:「人之惡毒,無可比擬,再兇狠的動物也僅僅止於填飽肚子、擊殺對手個體,而人則常貪慾泛濫,濫殺無辜,可見對於人而言,要做到言行思三者皆善,很難!」

李耳等人被土匪用長繩串聯捆綁並編號,一個捱一個,如同牽趕牲口一般,被視作土匪的獵物。被綁架者饑寒交迫,如稍不聽話或者反抗,就會被殘酷折磨。欒匪要求人人必須給家

裏捎信，拿錢贖命，如果不能兌現，就將其折磨至死，放死不放活。土匪每天殺害一人，以逼迫威脅所有的人質。

李耳為貧弱老者說了幾句求情的話，馬上就被暴揍，鮮血直流，軟癱在地，並被特別看管。一天晚上，土匪頭子欒豹獨自飲酒，喝得酩酊大醉。其伙夫似乎也特別熱情，給欒豹的衛士和看管李耳的土匪送酒獻肉，不久這夥人大醉而眠。半昏迷之中的李耳被人搖醒，定睛一看是那做飯的伙夫，那人說：「你不認識我啦？李耳，我就是曾經被你救助過的小乞丐，我名叫魏山，也是早先被欒匪抓來當人質的，因為我燒得一手好菜，故而留得性命。現在我把這幫家伙弄醉了。我給你解開繩索，我也會解開其他人的繩索，為保活命，你們趕快逃吧！我也馬上逃走。」李耳又驚又喜，熱淚盈眶，來不及多說甚麼，連夜逃走。

李耳在外躲藏並討了幾日飯才回到曲仁里，方得知噩耗，養父被土匪抓走並被殺害，死不見屍。李耳見到養母，兩人抱頭痛哭。養母待李耳如親生兒子，李耳對待老人如親娘。

一個月以後，風雪之夜，寒冷無比，村裏風傳欒匪又要殺回。欒匪因為在附近吃了當地官兵的大苦頭，說要燒殺報仇。遠處的村莊火光衝天，滾滾濃煙，嚇得周圍村子的人們蜂擁而出，逃難躲藏。李耳和養母等許多人一起逃入了苦邑縣城。在縣城幾日，無事可做，又不敢和養母回到鄉下家裏，於是李耳白天就在城頭給感興趣的鄉親們講學 [9]，傳授甚麼是身邊的大道和德善信慈愛，晚上回到暫住處在燈下苦讀。

意在燒殺搶掠的欒豹眾匪不久之後便趕來，夥同吳國軍隊，把苦邑縣城團團圍住，吼叫嘶喊，準備攻城。騎黑馬的欒

豹大叫:「苦邑官兵!快開城門讓爺進去,如若不從,硬是逼我等打進去,定殺個雞犬不留!」此時正在城頭對民眾講學的李耳,知危不退,竟對城下的兵匪高聲講學!他以親身經歷和失去養父之痛,揭露這些土匪在本地的罪惡行徑,大聲勸說吳軍:「陳地苦邑與吳國無冤無仇,你等諸侯國的官兵為何要聽從聲名狼藉的欒豹等匪徒的矇騙調遣,來到他國殺害無辜百姓,搶劫民財。如果真是兩個諸侯國有了過節,你們吳軍也應該請示吳王,再定奪是否應該攻打陳地苦邑。」一通話說完,吳軍似乎泄了氣,慢慢後退。而欒豹則氣得暴跳如雷,置若罔聞,叫囂讓李耳到城下比武,一決雌雄,老實受死。李耳說:「欒豹,你若不聽規勸,一條道走到黑,天將不容你,成為刀下之鬼的將不是我……」欒豹瞪眼怒吼並冷笑:「哈哈,不是你,難道是我?」就在此時,欒豹身後一人大喊:「就是你欒豹!」話音未落,劍光閃處,欒豹人頭落地。斬殺欒豹的竟然是其軍師李展飛。李展飛向城頭李耳和眾人說明了為民滅害的原因以及欒豹是如何用借刀殺人的計策害死自己的父親,逼其入夥的經歷。李展飛表示他和眾匪願意從良,改邪歸正,退出對縣城的包圍,並願意拜李耳為師。李耳在城頭答應會收下這些徒弟。

李耳二十一歲那年,在徹底完成了周都太學的學習後,回到曲仁里,陪伴養母,並開始了耕讀生活。在此期間,李耳竟然在自家院中挖出了兩缸銀幣、一錠黃銅,從此再不願受鄰里資助饋贈,開始了安定的小康生活。

李耳成婚，蒙受劫難

三月三日是上巳節，即是民間風俗允許尚未訂婚的青年男女一年一次自由相會的快樂日子。每年的這一天，從旭日晨輝到新月如鉤，樹林邊、草叢邊、水邊嬉笑的小夥姑娘們，如果一見鍾情，可在徵得父母同意後，託媒妁傳話。

隨着李耳逐漸長大，每到上巳節就會有些惆悵。這年三月二日，上巳節的前一天，李耳又開始坐立不安。眼見少男少女歡樂嬉戲的情形，李耳不由念及早亡而未曾謀面的親生父母，想起過世的爺爺、遇難的養父、嘔心瀝血照顧自己的養母，心中不禁淒然。繁星滿天，不知道哪顆星對應着哪個前輩先人，哪顆星對應着自己的父親、母親、爺爺、養父等。他全神貫注，久久凝望，忘記了自己的存在。突然一個激靈，一股氣流走遍全身，似乎讓他通透入神，與天地化為一體，好像不知道過去與未來。

第二天，三月三日，李耳在去苦邑縣城的路上，巧遇了寒玉珍（也有稱呼為若微 [5，6]）和她的叔叔。寒玉珍是富貴的寒家之後，她的父親性格開朗，有不少酒友，李耳的父親李乾就是其中之一。相傳某次，她父親和李乾同桌喝酒，兩人半醉之時，相約自己的孩子出生以後如果是一男一女，就讓他們長大結為夫妻，兩家結成親家，同桌的人一陣起鬨擊掌喝彩。[10]

不承想，李乾夫人，即被稱為玄妙玉女的益壽嬰敷，用命換來了李耳的出生，而在此之前李乾酒後失蹤而亡，李耳成了真正的苦命之人。幾個月後，寒玉珍出生了，在寒玉珍童年

時，因為瘟疫大流行，父母暴病而亡，蹇家的家產全部落到她叔叔的手中。貌美如花的蹇玉珍，被許多官宦公子看中，叔叔為了巴結權貴，數次想瞞着她把婚訂了，不料，蹇玉珍哭得死去活來，就是不從。她性格溫柔而剛烈，敢於衝破各種束縛。有一次，當娶親的車馬到來時，她又哭又鬧絕不上轎，手持菜刀欲要自殺，無奈之下，對方和叔叔只好暫時作罷。

遇見李耳的蹇玉珍，忽然想起人們常提及的指腹為婚的故事，不禁臉上泛紅。

幾天以後，蹇玉珍遇到了攔路搶劫，她拚命吶喊求救，李耳恰巧碰見，於是挺身而出，英雄救美。李耳和蹇玉珍也因此說上了話。從此以後，兩人時不時地會相見，感情逐漸加深。當談及年幼時就故去的父母雙親，兩人更是有同病相憐、同是天涯淪落人的感覺；可是一旦談及雙方父母及同輩，均又顧左右而言他，生怕觸及指腹為婚。

一次，因為心中害怕再次被叔叔和看上她的官宦人家逼迫成婚，蹇玉珍掩飾不住內心的擔憂和恐懼，掩面而泣，李耳頓時不知所措，連忙追問，得知原委，更加同情她，心疼她。他知道自己實際上非常喜歡蹇玉珍。蹇玉珍的丫鬟看在眼裏、記在心上，悄悄地將這一切告知了李耳養母，並替兩人相互傳話，說服蹇玉珍，鼓勵李耳，想讓兩個苦命人走到一起。她甚至還自告奮勇，悄悄地請曲仁里的老人當了媒妁。

看到希望的蹇玉珍留下書信逃離了叔叔家。在當時的東周王朝，待嫁的女兒擅自離家，如被人知曉，是很丟臉的事。這樣的女子會被家族拋棄或者懲罰，抓回後必會被遠嫁至天涯海角，甚至被處死。蹇玉珍逃走後，她叔叔家也不敢聲張，

生怕被人知曉。李耳和寒玉珍自辦了「洞房花燭」，生活在一起，李耳養母因此也非常開心。後來寒玉珍的叔叔還是得知了這一切，暗生悶氣，無奈既成事實，也不去興師問罪，一聲不響；如遇有人提及此事，便嗤之以鼻，嫌棄李家窮苦，打死不願承認這樁婚事。

李耳與寒玉珍相親相愛，一年後，寒玉珍生下了胖墩墩的兒子，起名李宗 [5]。李耳看到懵懂淳樸、天真無邪的孩子，心中升起無限歡喜，進而對大道有了更深刻的感悟，寫下「載營魄抱一，能無離乎？專氣致柔，能如嬰兒乎？」(10) 等字句。[14]

不承想，兒子出生一個月後，原來想娶寒玉珍的豪門，在她叔父的默許下，派人趕到曲仁里將寒玉珍搶走。李耳救妻護子，左沖右突，無奈勢單力薄，只好眼睜睜地看着寒玉珍被搶走，心中悲憤不已。寒玉珍一路上拼死掙扎反抗，半途掙脫，在被追捕時投井而亡。消息傳來，李耳悲痛欲絕，望着嗷嗷待哺的嬰兒，心如刀絞，望着妻子消失的方向，涕淚橫流。哀歎自己命運多舛，感慨是命苦的自己連累了妻兒。於是，他默言立誓終生不再娶。

為了讓孩子能活下來，李耳將幼嬰李宗寄養在沛縣的姑媽家，因表妹剛生孩子，奶水充足，可以一起撫養。受此劫難，李耳一夜白髮。[14] 歷史上，許多人難以理解一夜白髮，事實在同一時代，另一歷史名人，伍子胥（前559—前484）過昭關就是一夜白頭。可見，瞬間的打擊和高壓對人的自身正常的氧化還原代謝和健康有多麼大的衝擊。

求教隱身真人

　　二十四歲至二十九歲正是人生的大好年華，耕讀求學、悟道踐德，成了李耳最喜歡的事。他想起本元先生留下的話，在太乙山有懂道的真人。他歷經千辛萬苦終於在山裏找到了懂道的真人，名叫紫真。紫真給李耳留下的六句話讓李耳體會感悟了一生。不管遇到甚麼樣的事情，無論是喜怒哀樂，均應淡然處之。精不慌，靈就不散；神不驚，心就不亂。不悲不喜，不卑不亢，以大道之心去應對天下人事物之萬變。天地旋轉，萬物化生，有着無處不在的規律，即根本的原理、第一原理。簡單代表「大道」的就一個字——「一」，始終如一、道德如一、有無如一、生死如一、一切如一。治世、治身、治家須恪守根本，守「一」。「一」即道，一切從簡單自然的「一」開始。[11]

　　紫真提醒李耳，事出反常必有妖，萬事生息有規律。紫真希望李耳在太乙山悟道習德，從而懂得治世之道、事天之道、人天互感而通之道。在太乙山經紫真介紹，李耳認識了長他幾歲的師曠，學習了彈奏古樂，明白了為甚麼音樂的「樂」（樂）和草藥之「藥」（藥）只差一個草字頭——因為藥是無聲的樂，樂是有聲的藥。李耳讚歎音樂是世界無言之聲，能撥動靈魂；音樂能沁人肺腑，舒緩精神；音樂是精神之藥，能夠「無有入無間」（43）。[11]

　　從太乙山回來後，李耳開始向民眾傳播講述大道學說。他開導民眾：「人要生活，國要安民，不可沒有財貨。但財貨

須取之有道，用之有度。」他讓民眾知道甚麼是基本的合乎道理的擁有，甚麼是忘乎所以和肆意妄為的妄欲。李耳告訴民眾和侯王，和平治世的特徵是安靜和自然。他向眾人解釋甚麼是個人的福與禍、國家的禍與福，以及禍福的相互依存和相互轉換。[11]

樂極生悲，否極泰來

春秋時代著名的學問家蜎淵，其時是天資過人的十四歲楚國少年，他驕傲自大、目空一切，曾經氣跑了三位父母請來的教書先生。一次，蜎淵來苦邑走親戚，聽說李耳知識淵博、學問廣大，就好奇前往，傾聽李耳與眾人的漫談。李耳和眾人說，人生逃不過八個字：「樂極生悲，否極泰來」。蜎淵當場就對李耳和眾人說：「白須老者信口開河，樂如何會與悲成親？否又如何與泰關聯？」說完即離開，眾人對他側目，而李耳只是笑盈盈地目送他灑然離去。

在回去的路上，蜎淵完全變成了一個搖擺蹦跳的快樂少年，周邊的山水風景一切都那麼精彩，感覺比聽李耳的胡說八道有意思多了。蜂鳴蝶舞，芳香撲鼻，蜎淵腳下生風，樂不可支地追逐着一隻彩蝶，不料撲通一聲掉入齊腰的水中，寒冷鑽骨透心，他恐懼地戰栗掙扎。正在他感歎「樂極生悲」之時，突然發現水邊一塊小巧精緻、潔白無瑕的玉蟾蜍。這難道是上天給的福分與補償嗎？因禍得福，「否極泰來」呀！他收好

玉石蟾蜍，艱難地爬出了水坑，哪知道，突然出現一幫人，不由分說將他包圍，然後不分青紅皂白，一頓拳打腳踢，把他綁了起來，並從他身上搜出了玉蟾蜍，一起嚷嚷着終於抓到盜賊了。蜎淵一陣疼痛，昏暈過去。當他甦醒過來，一五一十地講述過程，可是沒人相信，並告知他這玉蟾蜍屬於大周貴族姬家，是姬如公（也稱姬如晉）的傳家寶，也就是國寶，據說從先王周文王傳到現在。說他膽大妄為，偷竊國寶，犯了殺頭之罪。蜎淵連聲哀歎：「誤解呀誤解！天降災禍，無法說清，不得解脫。我這又是『樂極生悲』呀！」

正在蜎淵絕望之時，「找到了！這才是盜賊。」外圍不知道是誰喊了一聲，於是人們扔下他，一哄而上圍住剛抓獲的真盜賊。蜎淵長歎一聲「否極泰來」，就又暈過去。當他再次醒來時，這些家丁個個面有愧色，向他道歉，也向一位剛從馬車下來的老人連聲請罪：「姬如公，請您降罪。」姬如公忙向蜎淵道歉，說不該冤枉了好人，並欲賠禮贈金，蜎淵流淚拱手回禮，當場謝辭。

姬如公和氣地問蜎淵：「聽你的口音是外地人，來周地有何貴幹？現在準備到哪兒去？」蜎淵告知是來走親戚並訪學的，現在準備去拜李耳為師。蜎淵評價李耳有真學問、大學問，是真人、神人。姬如公也甚為驚奇，應答道：「是嗎？原來如此，我抽空也去聽聽李耳的高見。」

蜎淵急忙趕回苦邑，來到李耳的講說場地，撲通跪拜：「李耳先生，原諒我少年無知，年少輕狂，我對不起您！我現在明白了『樂極生悲，否極泰來』，請收我為徒，我要拜您為師！」他的舉動驚動了正在聽講的所有人，也吸引了許多看熱

鬧的人。蜎淵把剛剛經歷的事原原本本地說了一遍，李耳感到十分欣慰，就收蜎淵為弟子。[10]

得道明理，眾生平等

自認廣聞博學的士成綺（後人稱士成子）常聽人讚歎李耳，非常不服氣，就遠道趕來，登門拜訪。一見到李耳便說：「人們都讚你有大智慧，故特來拜訪。但所見和所聞的卻不一樣。你的住處好像老鼠洞，雜物滿地，混亂不堪，看來你根本不懂得打理生活環境，我太愚蠢了，竟然大老遠跑來求教，不承想你竟然是如此糟糕之人！」士成綺劈頭蓋臉一頓罵，罵完轉身甩手即走，李耳聽了，竟然毫無反應。

事後，士成綺想：我對李耳破口大罵，將他比成老鼠，他竟一言不回，我應有勝利得意之感，可是我內心為甚麼反覺失落呢？當晚他輾轉反側、一夜未眠。隔天再訪李耳。但見李耳和前天一樣，不喜不怒，絲毫沒有對他排斥的神情，便問：「前天我說了那麼多無禮的話，可你一點兒不生氣。我自覺得意，卻若有所失，這是何道理？」

老子說：「得道明理的人，平等看待一切生物，無論牛、馬、狗、貓還是老鼠。不論你把我比成甚麼，我都不覺得是侮辱，因為眾生平等！」士成綺聽了很不好意思，趕緊移坐一旁，不敢與李耳對坐，也不敢直視李耳，他突然覺得自己卑微而幼稚。他虛心地請教：「如何才能得道明理？」老子答：「前

天見你擺着架勢，氣勢汹汹，就知你心煩氣躁。凡是自以為是、傲慢好強、喜好爭辯之人，都源於內心做不了自己的主，被慾望情緒所驅使。人人都有純真善良的天性本性，但也有習性惡劣、時刻挑戰良知的心賊。眾生平等，如能返璞歸真，一切渾然而忘我，就能和大自然融合成一體。」[14．16]

人盜與人道

　　李耳每次進城講學，都會從苦邑縣城東門的一家藥鋪門前走過。藥鋪的老闆兼郎中叫金志德，原名金志常，負責看病診斷開方；兒子金小樂，負責抓藥打包。民眾常常私下議論，金先生醫術雖然高明，但他給有錢人治病，一治就好；而給沒錢的窮人治病，怎麼治也治不好。說他不用心，好像也不是，但事實就是如此。金志德仰慕李耳的學識，希望李耳能為他的藥鋪題寫幾個字，李耳推辭不過，就隨口答應並開始特別留意這家藥鋪。

　　村西頭李小波的父親生病了，在金志德那裏看病抓藥好幾年，最後還是去世了。李小波甚為不解，傷心地問金志德：「我父親和張榔頭生的是同樣的病，藥也一樣，為甚麼張榔頭生龍活虎，而我父親就沒了呢？」金志德沒好氣地回答：「我治得了病，治不了命。」李耳知道後，就取了李小波爸爸生前用的藥，去外地詢問自己的遠親表姪，即醫術高超的郎中任秀章。任秀章告訴他：「這都是一些樹根、雜草或者劣藥、藥渣，

怎麼可能治好病？」

　　於是一次李耳趁金志德不在，悄悄地來到藥鋪，和他十二歲的兒子金小樂聊天。金小樂很是熱情，忙倒茶備座，說是他爸爸早就備了紙、筆及匾額，就等李耳的墨寶了。李耳滿口答應，順便問道：「人家都說你爸爸給貧富不同的病人，開出的是真假不同的藥？」金小樂忙說：「沒有的事，都是真藥，只是品種不同。我爹說了，給多少錢，看多少錢的病，抓多少錢的藥，否則我們藥鋪虧死了，就要關門沒飯吃。」李耳不語，點點頭，讓金小樂研好墨，寫下了「人盜藥鋪」幾個大字。就在這時，金志德回來了，看到題字，臉色一僵，又急又愧，一時說不上話來，而李耳一聲不響，轉身就走。金志德自覺沒臉繼續在這裏開藥鋪，就搬走了。後來苦邑的人們邀請任秀章搬來這裏，於是李耳將匾額上的「盜」改為「道」。

　　在這個階段，世界上一些影響後世的重要人物陸續出生。前624 年，被譽為西方哲學鼻祖古希臘的泰勒斯出生，他認定「水是萬物之源」。前 566 年，佛教創始人印度的釋迦牟尼誕生。前 551 年，孔丘誕生。

4. 柱下守藏，靜觀紛爭

李耳入仕，朝堂論道

　　大家都喜歡聽李耳解答天地人事物，偶然經過的周朝退

休官員姬如公對李耳所講的大道思想也甚為讚賞。除此之外，文子、龐奎、亢倉子（庚桑楚）等也來拜他為師。而當時的苦邑大夫（即苦縣縣長）賴太爺接到舉報，認為李耳整天故弄玄虛，鼓吹「變化」、強調「靜變」是常態，屬於妖言惑眾，擾亂民心，就派人把李耳給抓了，然而在審訊李耳過程中，又被李耳駁斥得無言以對，氣急敗壞，遂將李耳關入獄中。不久名叫燕普的新的苦邑大夫上任，覺得李耳的學說實在是開啟民智、安定民心、治國安民，大為敬佩，就把他釋放了並希望他能出任縣衙書吏（即縣長私人秘書），但李耳謝辭而別。

蜎淵拜李耳為師以後，姬如公也時常去聽李耳講課論道，而出任苦邑大夫的姬如公的外孫燕普，也曾向他談及李耳屢遭不幸、博學智慧、善良賢德的種種事跡，姬如公因此對李耳心懷敬意。不久，姬如公將李耳推薦給天子周景王，建議讓其擔當大任，服務社稷。

姬如公並非周景王的親兄弟，而是周靈王的養子，因從小父母雙亡，而且酷似周靈王暴病而逝的長子姬晉，故被偶遇的靈王收養，得名「姬如晉」。姬如公對殘酷的王子爭位、君臣爭權等災禍並不陌生，故遠避官宦利益糾紛，願意默默無聞地服務自己尊敬的養父——靈王。靈王去世後，姬如公更加厭煩拘束的生活，徵得周景王應允，離開宮廷官場，隱居生活在民間……

姬如公向景王推薦時說，遵從大道、善良賢德的李耳不喜歡官場風氣，刻意遠離權貴政治。景王則表示無妨，召他見面議禮論道，來去自由，只要他是賢人並願意為大周做事，就可以留下，自有適合他的位置。

前 543 年，李耳應召進周都，向周天子講述了他所感悟的「大道之本」和「大道之用」，如德、善、信、慈、愛，以及修身治世之策。[9] 周景王連連點頭，讓他詳講。於是，李耳拱手回覆：

「道，虛形無象，性自然，天地萬物之源頭；道，生養天地、推行日月，道成肉身、形體為人；道，不隨人的好惡而改動，是一切變化中永恆不變的祖宗。

「德，道之功用、道的應用，道為本體、德為儀容；人與道合，就有德；物與道合，則有序；如此，星辰有序，眾生和諧；否則，缺德偽善，天下大亂。

「普天下最大的禍殃，莫過於難以自控的私欲；普天下最大的禍亂，莫過於不知足、無休無止的相爭；衣食住行、生兒育女，人之基本、人之特性，如果超出基本所需和天賜所賦，就是妄欲。民眾爭利，大夫爭權，諸侯爭地，皆源自私欲，致天下紛爭混亂。如果少私心、儉控欲、求和睦、樂輔助，天下定能永續安定。[11]

「我們需要謹記周太王古公亶父在謀劃建國時就確定的綱領：『我無為，民自化。』古公亶父是軒轅黃帝第十五世孫、周祖後稷的第十二世孫，歷史上著名的賢王，也是文王祖父、周王朝奠基人，周武王姬發建立周朝時，追諡他為『周太王』。古公亶父推行實現了『行者有資，居者有畜積，民賴其慶』的局面，使得大周逐漸強盛。」

周景王聽後十分高興，當即邀請李耳既在朝裏聽命，又不耽誤做學問，先在正殿議事時幫助做記錄，以後再派去做管理藏書博物的差使。李耳連忙致謝，隨後就將家安在周王朝首都

洛邑，即如今的洛陽東通巷，定時入朝開始了記錄員的工作。
[10]

人性的鬥爭嗜好

　　李耳開始工作後，才真正了解東周王朝，周景王儘管是天下共主，但只剩下名義了，事實上大周早已因諸侯爭霸而天下大亂，對諸侯國已沒有多少約束力。因為紛擾衝突不斷，民眾深受其苦，不得解脫。李耳抓住一切機會，勸說諸侯們應該謙卑慈愛，莫要爭奪成習，可諸侯們打心眼兒裏瞧不起這個芝麻粒大的官，是只懂學問而無任何實權的朝堂「記錄秘書」。

　　有次周景王因病推遲上朝，眾諸侯在等待閒聊時，平素喜好爭強鬥狠的一個諸侯，擠眉弄眼地開涮李耳說：「你學問大，講個故事唄，大家一起聽聽，消遣消遣。」在一陣起鬨催促聲中，李耳講了一個侯王喜好「爭鬥」的故事。一個侯王窮兵黷武，搞得民不聊生，而自己錦衣玉食，直到吃甚麼都覺得膩味了，便怪罪廚師，嫌棄飯菜做得不好，找理由殺了廚師。可換了一個新廚師，侯王又說飯菜更沒味，如此一連置換、冤殺了十二個廚師。第十三個廚師給自己起名「不畏死」，心想：反正我也是活不成了，不如拼了。他就到茅廁糞坑撈取了整天你爭我奪、翻滾擁擠、肥碩成坨的蛆蟲，裹上薄薄的麵粉，油炸呈盤，炸後色澤金黃、外脆內嫩。結果侯王竟然大呼好吃，非常享受！隨即問廚師這美味佳肴叫啥名？廚師回答：「這東

西，吃一次就上癮，不吃沒法活，要是不讓吃，拼命強爭硬奪也要吃，所以它的名字叫『爭奪』。」侯王忙說：「這名字也非常好！我愛吃。」冬天到了，天寒地凍，沒有糞蛆了，可侯王一個勁地呼喊咆哮要吃「爭奪」，便威脅廚師，再搞不到原料做出美味，就殺了他。沒有辦法，廚師只好四處尋找，結果一天在一個橋墩底下發現了一隻死掉的大王八，掀開大王八蓋一看，哈哈，裏面是一肚子的「爭奪」。[9，10] 一講完，眾諸侯哈哈大笑，而那個擠兌李耳的諸侯先笑後止，更為怨恨李耳。

柱下史官，收藏史官

周景王體恤李耳滿頭白髮，站立記事，腰痠腿痛，便當朝宣佈改變記事規矩，允許李耳可以背靠龍柱作記，官名即為「柱下史」，並尊稱李耳為「老聃」。這讓老聃十分感動。作為柱下史，老聃必須三六九覲見周王，大臣文東武西站立兩旁，他也得站立，經周王特許，他可以蹲靠在朝堂的明柱之下，記錄朝議的點點滴滴。雖然辛苦，但能為社稷服務，老聃感覺光榮。所以，他就用一個代表朝堂明柱的小木頭，繞髮系在頭上，以示自己是柱下史官，兢兢業業。久而久之，這也成為老聃的習慣和記號。於是那些敬仰和拜老聃為師者，也就刻個小木頭明柱挽髮於頭上。六百多年後，東漢末年，道教創立之時，道士們就嘗試這樣束髮，後來，由於頭戴小木柱不甚方便，就乾脆將頭髮挽成木頭柱子一樣的髮髻予以替代。[9，10]

在朝堂獻祭典禮上，老聃認識了帶領樂工演奏、烘託氛圍的太樂大夫萇弘。老聃從萇弘所奏的音樂中揣測萇弘應該師承晉國太宰太樂師曠，兩人一見如故，十分投緣。

前 540 年九月初九重陽節，天子封三十二歲的老聃為大夫級守藏史官，[10，11] 相當於如今的國家圖書館、檔案館館長。恰巧，萇弘本來就是守藏室的常客，他們就常有來往。與萇弘不同的是，老聃不願聽聞、議論，更不願參與朝中紛爭。老聃認為：每個人都應該去掉妄想慾望而保全樸素純真，如果天天掙扎在鬥爭與慾望之中，勢必折壽早亡，儘管似乎可以一時得逞，也難以改變事物的原有軌跡。

老聃任周守藏室史，數次歸家省親，欲勸養母隨之去周都，養母卻不願遠遷。幾年後，養母病危，老聃遂報請天子允假，趕回時，七十九歲的養母已辭世，他將老萊夫人葬於隱山西北的小紅窪。老聃傷心流淚，悲痛萬分，無食無眠，靜坐冥想後，恍然如釋，飽餐大睡。家人和朋友均感意外，忙問其緣故。老聃答：「人生在世，需情智通達、聰慧合度。養母待聃，恩重如山，養母辭聃而去，聃之情難斷。然而，人之生，由無至有，必由有返無。長久陷於情緒之中而不自製，違背自然。」所以 2500 多年來，當地人幾乎都知道李母墳有兩處：一處在小紅窪，實際是養母墳；一處在太清後宮，那是生母墳。

老聃醉心於編寫《德經》、《道經》，即有關「道」和「德善信慈愛」學說的提升完善，而萇弘用心於《山經》、《海經》的收集編寫。老聃和萇弘常常討論不到一塊兒去，原因是老聃試圖建立囊括宇宙億萬人事物並闡述「道」的簡潔高深學說，整日琢磨「無為之為」、「無學之學」，並力勸萇弘一同參與。萇

弘則對老聃的學說不感興趣，卻樂意研究鬼神虛化的世界及成仙方術，而恰恰老聃認為這些巫術是無稽之談，嗤之以鼻。萇弘編寫好的《山經》、《海經》，老聃內心看都不想看，只是礙於面子，沒有反對萇弘將《山經》、《海經》存入守藏室的要求。當時老聃對此書還不夠重視，就讓其靜躺在角落。[13]

老聃論閱讀

一日，守藏室的助守官向老聃彙報，守藏室存有大周王朝之前的天下萬國 3000 多年的珍貴典籍書函文物寶藏。收藏的文物有：1500 年前失蠟法制作的、豪華精美的雲紋銅禁，6500 年前的七孔賈湖骨笛，1800 年前刻有甲骨文的陶寺扁壺，3000 年前的紅山泥塑女媧陶像，6500 年前長頸的橋頭啤酒陶罐，以及最新的手工挖空的水晶杯，等等。典藏覆蓋政治、經濟、文化、教育、軍事、技藝等，除了天、地、人三藏，還有禮、樂、詩、易等藏，普通人用盡一生都讀不完。

大周王朝開國以來幾百年，也僅有三人閱讀完了全部收藏。創立了史籀文的史籀，共花了六十一年，讀完後嘔血而死；創立了天文算經的史騂，共花了五十六年，閱完耳聾喑啞；創立了陰陽相生十呂律的史柱，共花了三十六年，據說，閱完後他出館大笑三聲，大哭三聲，神智失常，把所有經典忘得一乾二淨，變成了瘋子。這三人的下場均很慘，可見守藏室藏有千古之謎。全部典藏中，有常人無法得見的、難以逃脫的

奧秘、震撼和悲喜。[11]

　　老聃微笑着回應助守官：「典藏當需閱讀，但也不必強求全部讀完呀。普天下的億萬人事物，可以專注一二，但不可以過於執着，更不可偏執，甚至偏狂。人們難道不知道這樣的道理嗎？偏執的人難以明瞭道德，就算學問再高，也難以解答天下億萬人事物的全部奧妙。此三位令人尊敬的先人，都因過於執着，強勉作為，蠻橫使力，廢寢忘食，結果令人歎息。」守藏室的經歷對老子的成長、成熟和理論的體系化起到了重要作用。

老聃論治理為官

　　楚國才子崔瞿子來洛邑向老聃請教：「天下該如何治理，如何能讓人心向善？」老聃回答：「如果想治理好天下，就應該謹慎善待人們，而不要隨意擾亂人心。人心壓抑就會消沉頹廢，得志就會趾高氣揚。這些劇烈起伏的情緒波動，如同受到拘禁或傷害，是自找苦吃。端正方剛、棱角外露，容易受到挫折和傷害；唯有柔弱因應，才能軟化剛強。人的內心變化極其迅速，看似那魂在此地，轉瞬即可神遊四海。情緒激動時好似熊熊烈火，情緒低落時好似凜凜寒霜。你說哪個事物會如此？處靜時能深幽寧寂，活動時騰高躍天，肆意時狂奔無束，能夠如此變幻無常的，恐怕也只有人心了。」[16]

　　老聃繼續向崔瞿子介紹，當年黃帝試圖用仁義來規範人

性，結果卻是擾亂人心，堯和舜只好疲於奔命，辛苦得很，累成腿上無肉、脛上禿毛。為養育天下蒼生，他們滿心焦慮地推行仁政，耗盡心血地制定法度，還是沒能把天下治理好。堯放逐歡兜到南方崇山，放逐三苗到西北三峗，放逐共工到北方幽都，就是失治的明證。延續到夏、商、周三代，更是多方驚擾天下民眾。如此一來的各種激盪，或喜或怒致相互猜疑，或愚或智致相互欺詐，或善或惡致相互責難，或妄或信致相互譏刺，天下也就逐漸衰敗了。

因為基本理念和生活態度差異大，所以人類的自然本性就耗散混亂。天下都追求智巧，於是紛爭迭起，不得不去規範，如試圖用斧鋸之類的刑具去制裁，用繩墨之類的法度去規範，用椎鑿之類的肉刑去懲處。天下之所以大亂，根本原因在於擾亂了人心。因此賢者只願長久隱居於高山深谷之中，而憂心如焚的帝王諸侯卻常常居於朝堂之上。當今，失道丟德，殺戮無數，血流成河，牢獄擁擠，處罰眾多。所以說，要想有道、有德善信慈愛，就必須杜絕自以為是的聖人，拋棄投機取巧、權謀暗算的智慧，天下就會平安無事 (19)。

老聃指出為人者、做事者和為官者，如能守住四性：無為之性、自然之性、清靜之性、少欲之性，則天下大幸。自然無為，就是讓道去為，如此即得大道；自然低調而不爭，讓道去爭，就成大德；不為外物擾亂心智，人就能胸懷天下，修心通達而廣大。進而到達大道的境界：不以富貴為貴，不以長壽為樂，不以夭折為哀，不以通達為榮，不以貧困為醜，不將天下共有的利益變為一己之私，不將統治天下而視作自己顯貴的身份；萬物同在，生死一樣，就是大道。[9]

老聃是這麼說的，也是這麼做的。他能力超羣，卻非常低調，如果說「小隱隱於鄉，大隱隱於市」，那麼老聃可以說是「神隱隱於朝」。[15]

5. 貶後訪魯，初遇孔子

周景王的兒子很多，嫡世子名叫姬猛，姬猛同胞弟弟叫姬丐。嫡世子，是周天子的原配夫人所生並且因周天子打算讓其繼位，故被立為世子。在庶子中，年齡最大者，也叫長庶子。姬朝聰明過人，是周景王最為喜愛的長庶子，人們習慣稱他為王子朝。一次，王子朝拜訪老聃時說：「據說您在創立包含天地生、人事物的大道學說，倡導眾人皆謙讓不爭，和諧安寧，慈愛良善，真樸自然，辛勤勞作，將一己私利置後置外，不肆意妄為。您為了天下黎民的胸懷境界令人敬佩，但這樣曲高和寡、違反人性的學說，難以實行，無法實現。」對於別人的不同意見，老聃不管對錯，一向善心以對，微笑沉默回應或者簡單說明一二，不爭辯不強理，因為老聃歷來認為「善者不辯，辯者不善」(81)。王子朝繼續說：「而鄙人則不然，主張爭鬥奪取、滿足己欲是人的本性。如果說這就是惡的話，那歷朝歷代的帝王也就都算作是惡了。善性的謙讓只能是暫時的、表面的，而惡性的奪鬥則是永恆的、普遍的，永久的。」聽到這些，老聃只好禮貌地沉默以對。[10，14]

前535年，周景王十年，三十七歲的老聃因為清高孤傲，

不願與朝廷官吏摻和在一起，受權貴排擠，最終因讒言陷害而被免職。老聃的兒子李宗，從出生以後，就被一直寄養在居於沛地的姑奶奶家。於是老聃就到沛地去看兒子，途經魯國巷黨，正好他的一位住在當地的友人去世了，人們都知老聃精通周禮，就請他幫忙安排喪事。

送葬那天（目前推算是陽曆 3 月 18 日），年僅十七歲、十分好學、愛鑽研周禮的孔丘也應邀參加葬禮。人們傳說，孔丘從小不喜歡孩子們玩的遊戲，而專喜歡擺弄瓶瓶罐罐的祭器，還喜歡模仿大人的禮節儀式。那天出葬行進中，午後剛過，突遇日全食，天漸漸暗了下來，陽光穿過樹葉投射到地面的影子與天上殘存日牙的彎曲方向正好相反，隨着光線變暗，氣溫在下降，一陣寒氣陰風掃地而過，隨之周邊幾近一片漆黑，都能看到天上閃耀的星星。老聃讓送葬的隊伍停止前進，靠右站立，停止哭泣，待日食過後再走。而在前面引導靈柩的孔丘知道老聃精通周禮，只能照辦，但心中很是不解。

送葬歸來，孔丘向老聃表示，中途停柩不合周禮，且日食究竟會持續多長時間，沒人知道，久停會令死者和家人不安，當時還是繼續前進為好。老聃向孔丘解釋：「諸侯國王朝見周天子，都是日出上路，日落前休息並祭奠車上的祖先牌位。大夫出國外訪也是見日出趕路，日落即休息。送葬也如此，不在日出前出殯。那些頂着星夜趕路的，往往是有罪以及回家奔喪的人。日食時天黑如夜，不應把別人剛去世的親人置於星夜奔走的不吉的境地之中。故出葬遇日食，應當停下來，待日食過後再走。」[10，15]

在這段時間，周景王十三年（前 532），齊國貴族內亂，孫武避難逃亡吳國。

6. 回都復任，孔子來訪

老子被免職五年後，前 530 年，陷害老子的那個大臣因罪被周天子所殺，老聃就被甘平公召回，重新做上了守藏史。

前 526 年，周景王十九年，魯昭公十六年，孔丘二十六歲。儘管那時孔丘在魯國已經聲名大振，許多人前來拜師，但孔丘覺得自己在大周天下仍缺乏聲譽，有關周禮的學習和傳承，尚不夠系統完整，生怕誤人子弟，所以他想外出訪學。孔丘想起自己助葬時曾跟隨老聃，老聃的短短幾句教誨，讓他印象深刻，久久回味，惋惜當時沒有多討教幾句。

孔丘心想老聃知識淵博，在周朝都城洛邑，管理着無數的典籍，洛邑還有大周天下值得瞻仰的宗廟。於是，他請南宮敬叔同行，一起去洛邑學習周禮。南宮敬叔向魯國國君魯昭公提出與孔子同行的請求，國君讚賞他們的求知行為，鑒於他們比較清貧，就賞賜車一輛、馬兩匹和僕人一名，並讓他們帶上一隻大雁作為見面禮，去拜見老聃。[5，11，12，15，17]

得知孔丘來訪，老聃非常高興，主動迎出門去，把孔丘接進客堂。孔丘繼續就喪禮求教，如君臣眾人、男女老少的葬禮儀式差異在哪兒等，老聃一一作答，而其中涉及的諸多方面的具體規則都被孔丘記錄下來，如今也成為中國傳統葬禮文化的重要內容。老聃認為，死亡乃自然過程，適當表達，不可過

分。如果連葬禮都過分耗費，講究等級層次，就不符合道德善信慈愛的做法。

中國古代，特別是周王朝把「禮樂」放在精神感化的重要的地位。在周王朝從事記史和圖書典籍管理數十年的老聃，早已目睹了形形色色的官場腐敗、驕奢淫逸和寡廉鮮恥之事，對周禮有了更深的認識，窺視到了人們把周禮作為彬彬有禮、脈脈溫情的面紗去掩蓋計謀、狡詐和陰險，周禮成了謀取私利和權力官位的敲門磚。老聃對周禮盛行所帶來的習氣有所警惕，如好大喜功、等級森嚴、拘束人心、重表輕裏、忽視道德。但見孔丘，年紀輕輕卻對學習周禮表現得如饑似渴，非常健談又好為人師，隱約流露出驕矜好勝和急於從政的功利之心，老聃不好意思當面潑冷水，但想找機會規勸。[15]

老聃看得出孔丘志向遠大，既想成名師、做好學問，又想成為賢臣君子，治理好天下。老聃發自內心地欣賞孔丘的滿腔熱情但又擔心孔丘的未來。有一次，孔丘引經據典，侃侃而談，老聃說：「你所提到的那個人，其人身與骨頭皆早已腐朽，只有這些言論仍然流傳在後人耳邊。死讀書，不但無益，而且有害，不能信而好古。」老聃又說：「將來你若能身處一線、親臨現實，直接造福民眾，當然是好事；而將來你若能深研學說，廣而造福千秋萬代，當然更是幸事。是為官還是為學，要看其時看其遇。君子得其時則駕，不得其時則蓬累而行。生逢其時遇良治，就出來做官幹事業，如果不得其時，那不妨像蘆葦蓬草那樣愜意地隨風飄逸，不必那麼固執。」孔丘答應道：「弟子明白，天下有道則見，無道則隱。」[18] 老聃的這些勸說，對孔丘以後的為人處世，產生了積極影響，使得孔丘能遊走在

出仕為官和歸隱治學的矛盾之間，即使在那黑暗的世道，孔丘的一生輕鬆豁達，基本沒有壓迫感。[15]

孔丘告辭離別守藏室時，老聃送他出門，囑咐道：「臨別贈禮有多種多樣，我聽說富貴者贈人錢財，品德修養者送人良言。我無錢無財，只可勉強算是良善之人，送給你幾句忠言，以作臨別之禮！一個人如果自以為是，認為自己聰明、見多識廣，好議人長短，自以為自己的見解深刻，那這種人就近於死亡。真正聰明的人，即智者，不願表現出聰明，並不標榜智慧，常是不多言、不善辯，因為他懂得多言必多敗的道理。一個人若自以為知識淵博，沒有自己所不懂的，總愛揭露別人的隱私或錯誤，那這種人就已身處危境。真正聰明的人，即智者，心態平和、言行冷靜，他們普通平常得好像無知無識，平淡平凡得好像愚憨笨拙，因為他們懂得惹是生非、多事必會多患的道理。真正有錢的商賈總是把財富隱藏起來給人以缺錢的表像。真正的道德君子看起來就有點傻樣。年輕時需要去掉驕嬌二氣，以及過多的功名慾望、好自我表現的毛病。請諒解我，因為你必成大器，我希望你成功，你送我大雁為禮，所以我也禮尚往來，但我認為送禮不如送道！」[8，13，15，16]

幾日之後，孔丘再次短暫拜訪老聃，老聃詢問孔丘是否習慣洛邑的生活，孔丘說洛邑一切都好，就是沒有森林，五行缺木。老聃也感歎：「正在思量此事，尚無良策。」談話間孔丘突發奇想，由五行聯想到「酸甜苦辣鹹」五味，隨口而說：「酸味正好能補五行中木的缺失，應對人身體有益。」老聃表示贊同，甚是興奮。後來老聃根據酒聖杜康的兒子黑塔發明的酸酸的「苦酒」，去研製可以食用的鮮美酸味。他竭盡各種可能，

在經過九九八十一種發酵釀造試驗篩選後，終於發現一種有香味的酸，叫「醋」，並請孔丘品嚐，後人因此讚譽老聃為「醋祖」。最初老聃釀造出的醋量很少，只夠作為貢品敬獻宮裏，民間少見。後來老聃隱居後提高了發酵釀造技術，苦煉仙丹，濟世救人，為百姓食療治病，這些可能也是以醋治病的最早例子。毫無疑問，老聃的長壽，與吃醋應該有很大關係。

孔丘總共在洛邑待了三個月，老聃安排他閱讀了大量從未見過的典籍 [12]，並請萇弘和孔丘談音樂、天地、曆法等。[11，13]

孔丘在洛邑太廟見到金人銘文後，更加理解老聃所言。夏商周時，立國必立祖廟。根據周禮，天子建太廟，諸侯國建宗廟，以利祭祖。這些是世代緬懷祖德、教化子孫的神聖場所。太廟是每個政權最神聖之地。被稱為中國第一聖人的周公姬旦，口囑銘文令人刻書於太廟金人像的後背，俗稱《金人銘》，它是最早的家訓，號稱「家訓鼻祖」。金人的口部貼有三個封條，成語「三緘其口」即由此而來。《金人銘》從黃帝始，歷經陶文、甲骨文等形式，輾轉記載匯總，在周公時代，被記刻下來，期望與金石同壽，千古永存。

銘文大意是：古來慎言者，始終警戒！不要多話，多話多敗；不要多事，多事多患。安樂時必需戒備，沒有行動能彌補後悔。無視既有的損傷，禍害將會滋長；無視既有的危害，禍害必將增大；無視既有的殘殃，大禍必將到來。不要自以為沒人聽見，神靈時刻關注人間。火苗不滅，大火成禍。溪流不塞，將成江河。綿綿不絕，可成大綱。惡苗不拔，將尋斧砍。誠能謹慎，幸福有源。別認為瞎掰胡說無害，實是走進災禍門

宅。蠻橫狂妄不得善終，好勝傲慢終遇敵強。盜賊恨財主，民眾怨其上。君子明白誰都願居人上，所以謙下禮讓不為先，贏眾愛慕。慈柔謙下，反而無人敢與之爭。人皆爭名逐利，我要善守大道。眾人皆迷惑隨流，我要獨立不隨從。內藏我智，不炫巧技。我雖尊高，人不害我。江海比百流川溪寬廣，因其甘居低下卑位。天道無親無私，常於天下善人。要警戒啊！

孔丘讀完銘文，回頭望着眾弟子說：「我們要永遠記住這些話，因為它真實而有用，情真而可信。」[11，15，19，20]

老聃的諄諄教誨，給孔丘很大的警醒。孔丘深以老聃為師，謙虛謹慎，從善如流，聲名更盛。他認真聽取老聃勸導，收斂鋒芒，加強自身修養，從此養成了溫良恭儉讓的性格。[15]孔子感慨要不是老聃的啟蒙，自己都不知道天多高、地多厚，世界有多大。[16]

前 522 年，大周天下又發生了一件大事，楚平王納秦公主孟嬴，聽信讒言欲誅殺太子建，殺伍奢、伍尚，伍員奔吳。

7. 擔責被免，孔子再訪

前 520 年，發生了王子朝之亂，動搖了東周王朝和大周天下的各諸侯國，也影響了老聃的命運。[10，15]

在此之前，即前 527 年，周景王十八年，被立為儲嗣的嫡長子壽夭折。周景王又立壽的胞弟猛為儲君。誰知此後，周

景王卻越來越覺得自己的庶長子朝最有帝王潛質，幾次欲改立王子朝卻遲遲不見動作。賓孟是王子朝的太傅，早就希望周景王改立儲君。有一次，他在郊外看見一隻公雞啄斷了自己的尾巴，說：「雞都怕自己漂亮的尾巴成為別人的犧牲品。」以此委婉提醒周景王別讓自己喜愛的兒子朝最終成為自己的「犧牲品」。

前 520 年，周景王終於下定決心，欲利用打獵的機會設局除掉支持太子猛的單穆公旗和劉獻公摯，以便廢猛立朝。但在七月中旬的打獵中，周景王卻突發心臟病，在瀕死前還當着眾臣的面將改立託付給賓孟。巧合的是，周景王死後幾天，劉獻公也暴病而亡，其子繼其位為劉文公，劉文公秉承其父意志，反對改立。這一禍根開啟了東周十八年之久的戰亂。

周景王的去世，令老聃深感悲痛，既為一位有恩於他的天子離他而去，又為大周天下可能失去最後的穩定而擔憂。在各國你爭我奪、眾人爾虞我詐的時代，一次蝴蝶翅膀偶然的扇動，就可能把天下帶入完全不同的境地。周景王駕崩之後竟然無人馬上即位，猛、朝雙方表面和諧，暗地裏劍拔弩張，種種不祥的跡象表明，大的分裂、衝突乃至戰亂正在醞釀。作為一個學官，老聃也是無能為力，只能終日鬱鬱寡歡，與萇弘交流對時局的看法，兩人的心情、期望和處境完全一樣。

現在看來，周王朝之所以能綿延八百年，一是給有貢獻的諸侯們分封小國，施恩並鉗制，如此小國就多多益善，允許各諸侯國在一定範圍內你爭我奪，讓他們無暇也無法對居於其上的周王室產生直接威脅；二是宗法、周制禮樂有序規範着治理體系，周王室內部的天子繼位一直沒有發生大的問題。然

而，現在諸侯國之間的問題已積累數百年，弱小就會被欺負，只有成為霸主才能欺負人，和平共處的可能性早已煙消雲散，已近「合久必分」的臨界點，大小強弱之間的衝突兼併成為趨勢；而這時，禮崩樂壞、妄欲橫行、爭權奪利，天子之位的繼承成為危險的爆發點。

王子朝能幹、性格頑強好爭，而且有先王臨死前明確的態度，所以老聃同情朝，但反對爭執，希望他們兄弟和好，最好能找到共存的通道；萇弘偏猛，也希望他們兄弟和好，找到共贏的可能。怎麼辦？老聃其實並不在乎是誰繼位，而是希望大周天下平穩安寧，民眾安居樂業，一切自然成長漸變，為何不能有規則地共和執政、共同領政呢？理想歸理想，該如何解決迫在眉睫的現實衝突？萇弘與老聃同感並希望以不同於文武官員的思路和行為，通過勸和，能為局勢降溫做點甚麼。[12]

古代認為，禮、樂關係國家的興亡，國興，禮樂興，雅樂興；國衰，禮樂衰；國亡，淫樂盛。老聃向萇弘提議：「大周王朝以禮樂立天下，音樂可以陶冶情操，你萇弘領頭，我協助並找一些人，開一個以哀悼周景王為主題的哀樂聚會，結尾壓軸時，我們演奏合唱弘揚兄弟情誼的雅詩《棠棣》如何？讓此事傳遍天下，以情來含蓄地間接勸說猛、朝兄弟二人。」萇弘當即贊同。[10，11，13]

合唱那天，他們演奏了哀樂，悼念周景王，最後以感人至深的配樂唱詩《棠棣》結尾。結果一傳十 十傳百，不僅王城百姓議論紛紛，文武百官也都知曉了，但兩個王子均未表態。萇弘建議說：「光如此還不行，應該直言勸諫！」老聃也表示贊成。老聃先寫了奏章上呈王子朝、王子猛，希望兩位擱置爭

議，共同服務大周社稷。老聃細說和平共存、共同執政領政的可能性，及對個人和大周天下的重要性和意義；同時分析爭執之下，天下大亂、分裂衝突、生靈塗炭對大周天下的破壞和對兩人聲譽、權力和利益的負面影響；最後也提醒第三股勢力或者第三者乘勢而起的可能性，以及對兩人的危害。老聃懇求面見朝和猛，正在等待接見之時，隨後發生的事情，使得老聃勸說猛、朝團結的希望徹底破滅。

單穆公和劉文公重權在握，違背天子遺願，堅持要擁立王子猛繼位。這引起王族大臣們的極大不滿，但大家敢怒而不敢言。兩人又與賓孟爭執並將其殺死，此後搞「集中學習」，公然召集、規勸、逼迫眾王子發誓擁戴猛為天子。如此行徑激怒了都城的眾人。周景王葬禮剛剛辦完，都城中那些舊官、百工以及周王族人聯合周邊眾多地方武裝，在王子朝的帶領下，追擊驅逐劉文公。單穆公也逃出了都城。支持王子朝的八個王子弟弟討賊心切而計劃不周，在追擊單穆公的過程中發生失誤，反而全部為後者所殺，最終失敗。

單穆公和劉文公打回都城，趕走王子朝，立王子猛為天子，世稱周悼王。隨後，單穆公等調動軍隊追擊王子朝，反而出人意料地大敗而歸，故而慌忙向晉國求救，晉軍護送悼王入居王城。前519年11月，接連不斷的戰亂和眾王子的喪生，使得悼王自覺無臉面對列祖列宗和向天下黎民交代，憂懼中急病而亡，他的同胞弟弟王子匄被擁立為天子，也稱敬王。此時，王子朝深獲民眾支持，敬王只是晉國傀儡。晉軍和周敬王的軍隊聯合討伐王子朝，王子朝受挫。次年，當晉軍撤走後，王子朝則率軍戰勝敬王軍隊，再次入居王城，自立為王。敬王

逃到瞿泉，造成兩天子並立的局面，王子朝被稱為西王，敬王被稱為東王。

周敬王四年（前516），敬王復請晉軍幫助，王子朝兵敗，攜帶巨量的大周典籍逃往楚國。其間，王子朝挾持老聃一同逃跑，老聃也是身不由己。王子朝投奔楚國後，一直稱老聃為聖人，勸楚國招老聃為官，楚國派來傳話使臣發出邀請，被老聃謝辭。王子朝在楚國將周王室叛亂原委廣而告之，並號召諸侯國共同伐晉，但各國畏晉，不敢出頭發聲。

老聃記得萇弘多次和他講《山經》、《海經》的重要性，並希望老聃能加以評論，過去老聃也就是禮貌地應付一下。在逃跑的路上，為了對得起朋友，老聃將這兩本書一直帶在身邊，最後藏於收藏室。但由於長期疏於管理保護，這兩本書上有關萇弘及其他編輯者的名字，早已被蟲蛀得一字不存。老聃越讀《山經》、《海經》，越覺得有趣。儘管周朝的其他典籍已被王子朝洗劫一空，沒了下落，而萇弘編寫的這兩本書一直流傳至今，即《山海經》。[13]

前515年，五十七歲的老聃，因為巨量藏書被王子朝裹挾運走，屬於保護不力，不得不主動擔責，[9，11，17] 被免後他離開洛邑回鄉，此時兒子李宗已回曲仁里成家立業。離開洛邑時，老聃被大周王朝的太學生們挽留，請他講大道和國家治理。[14]

孔丘自上次就周禮請教老聃之後，學識更為成熟、圓滿，成為謙謙君子，拜他為師的人更多了，而他並不滿足於只在魯國取得的成就和影響，而不斷主動到大周天下的各國各地訪問講學。在孔丘三十七歲時的某天，子路對孔丘說：「老師，

聽説老聃被王子朝掠走典籍逃楚之事所累，已被免職回到老家苦邑居住。老師您如想要把這些重要的書籍典冊藏於周王室，以便萬世長存，是否可以考慮向他請教？」孔丘很是讚許，於是，周敬王五年（前 515）孔丘第三次拜見老聃，他帶着子路等學生和準備贈藏於周王室的書冊典籍來到了苦邑。

孔丘見過老聃，説明了來意，然而大大出乎意料的是，老聃拒絕了。老聃認為，連續的戰亂和王室內亂中，周王室藏書實際已名存實亡、徒有虛名，此時藏書於王室則無異於自尋毀滅。再者，時局的變化説明，周禮已經不合時宜，禮違反人性、人道，更談不上與自然之道、地道、天道、大道兼容。要真正地遵守、擁有大道，首先就是恢復天性、本性，返璞歸真，而不是一味追求繁文縟節、虛情假意、禮樂仁義。

與老聃內心越來越重要的大道理念相比，周禮已經不合時宜。老聃為孔丘熱衷於搜求整理這些有關周禮的書冊而感到不值和惋惜，孔丘則堅持用六經的學説和價值來説服老聃。對周禮及理論體系早已爛熟於心並有許多批判性思考的老聃，不便打擊孔丘傾心周禮的熱情，就婉轉地請他講述扼要。於是，孔丘説：「六經宗旨在仁義。故我以仁義衡量一切。」老聃微笑反問：「仁義是人的本性嗎？甚麼是仁義？」孔子答道：「心正無邪，和樂無怨，愛眾不偏，利民無私，這就是仁義。」老子搖搖頭表示不同意：「何以見得？良好願望與殘酷現實和大道規律是不一樣的，關鍵差異在如何看待無私，歷史經驗或者實際生活都證明，所有大講無私的，實際都是為了實現自私。作為人，即使是所謂的天子或者聖人，真能做到無私心、無私欲嗎？對於人而言，真正可以倡導的是少私寡欲 (19)，而

不是無私無欲，凡事適可而止；就時空宇宙、天地人間而言，只有大道才是樸真，才能是無私無欲、不偏不倚、自然而然，而人道、地道、天道只是依次遞進的對大道的模仿跟隨，其樸真程度由弱到強。人道明顯有弊病，如多者愈多，寡者愈寡，故須以大道校正人道，儘可能實現公允公道。可惜的是禮樂已經離人性、人道太遠，離大道更遠。對於人而言，不要苛求人，不可逼人虛偽。如果某人能有所脫俗、樸真，就已經相當完美。」儘管孔丘沒有能夠勸說老聃接受他的請求，但老聃對世界、社會、人類的深刻見解，還是讓他非常震撼。[14，15]

8. 再次復任，孔子兩訪

前 509 年，老聃六十三歲，周敬王感念老聃學識膽量過人，並不偏不倚，所以就召他回朝，繼續為史官重整文化和典籍。[10，11] 老聃因此臨危受命回朝，周天子和眾臣們尊敬地稱呼老聃為老子。

在大周兩王爭立中，晉國支持周敬王，楚國支持王子朝。為報復楚國，單穆公等與楚國宿敵吳國結盟，使楚國無力他顧，也難以幫助逃亡在楚的王子朝等捲土重來。周敬王八年（前 512），吳王闔閭開始大舉攻楚，楚師疲於奔命。周敬王十四年（前 506），在單穆公縱容下，晉國與十五國諸侯會盟伐楚，但未獲成功，晉國失信於諸侯。同年，吳國軍師孫武協助

伍子胥、吳王闔閭大舉伐楚，攻入楚國都城。早在前517年，孫武因不堪齊國戰事頻仍，離開故鄉，南下吳國，並在吳國結識了因避難而來的伍子胥，自此成為莫逆之交。

周敬王十五年（前505），周敬王、單穆公派刺客到楚國殺死了王子朝，避難在楚的以儋翩為首的王子朝的剩餘人員無法躲藏，潛回王城，發動大起義，嚇得周敬王倉皇而逃。次年四月，周敬王在晉軍的幫助下重新攻佔王城。周敬王十八年（前502）春，周敬王徹底粉碎了暴動。

隨後數年，老子年歲漸大。前501年，老子在七十一歲那年請求辭職，只獲得周敬王的部分批准，允許他回老家苦邑，但要隨時準備回洛邑，即處於半退休狀態。自前501年起，吳國、楚國之間仇恨難解、戰火不斷，吳國軍隊打到了靠近苦邑的地方。眾徒弟和家人均力勸老子躲避，老子只好跑到沛地鄉間隱居。在這個與世無爭的僻靜之地，他思考着周禮的得失和不可彌補的缺憾，探索符合大道的治身、治世的途徑和方法，時時仰望星空探索時空宇宙的本原，逐步形成了系統完整的大道學說體系：一切的本原是大道，大道以無為本、有無相生，從古到今，存續永遠，大道獨立，自然而然，公平德善；由大道衍生出天道，由天道衍生出地道，由地道衍生出人道，人道是優劣參半、好欲易貪，而禮樂仁義則是天下失道後人們的無奈選擇。於是此時人們傳說老子得道了！

前501年（魯定公九年），孔子五十一歲，被君主派到魯國當中都宰，即今山東省濟寧市汶上縣西南地區的行政長官，大概相當於縣太爺。中都社會風氣惡劣，他想請教老子周禮，以匡扶社稷。苦苦探索天道而不得其奧秘的孔子，聞知老子得

大道之精髓，不禁羨慕好奇，打聽到老子隱居沛地的住址後，孔子就帶上學生，來到沛地老子隱居之所。這是孔子第四次問禮於老子。

老子見到孔子，說道：「歡迎光臨寒舍！祝賀你！聽說你現在已是北方聲名顯赫的賢良大德，你是如何認識天道的？」孔子答道：「我都還沒尋得天道，哪能認識天道。」老子又問：「那你是如何尋求的，又是如何求證的？」孔子答道：「我廢寢忘食從制度名數去尋求，數年沒找到。後來又從陰陽的變化中去尋求，數年後還是沒有找到。」[15]此時，五十多歲的孔子，看上去比老子還要蒼老。

老子說：「包含了陰陽等一切的所謂大道，確實是無法通過目見、耳聞、言傳等而感知的，是用人們熟知的世俗智巧所不能把握的。因而如欲得道，只能夠用心悟道、體道合一。如想用對待有形、有聲、有物那樣，通過目、耳、嘴、手去認知道，那麼獲得認知的將絕不會是道。你尋求十二載而不得，那是自然的結局。你想想看，對於世俗之人而言，若道是能作為貢品奉獻的，官宦首先就會敬獻給君王；若道可用於進貢，子女首先就會進貢給父母；若道可告知別人，人們首先就會告知兄弟姐妹；若道可給予他人，人們首先就會給予子女孫輩。尋道，關鍵在內心覺悟。心不自悟則無法保有道，如心能自悟道，還須與外界生態環境相印證。如果得不到印證，道就不會暢通無阻。所以，當內心悟有道，但外人無法理解時，聖人便不以道去教育這些人。當一個人僅從外界獲知了道，但心中尚未真正領悟道，聖人便不會以道去教誨他。大道無形而謙遜，一個人的形跡太張揚，不懂得『和其光，同其塵』(56)，一定會

遭遇許多災難。」[12]

老子對孔子說：「靜神安息，才能立於大道，發現根本，抓住規律。觀人事物最根本的一條，就是能視反向極端為同一、等齊，最好不要有是非、貴賤、榮辱、生死等差別概念。因為這些分別均來自人的好惡等價值觀評判，事實上這些互為矛盾、互相對立的兩個或者多個極端，均處於瞬息萬變的狀態，就像是硬幣的正反兩面，可以互變，同一而無別。知曉了大道，就能夠因應變動而不鬱悶於心，一切泰然處之。」孔子輕鬆地笑道：「謝謝您！我明白了！朝聞道，夕死可矣。我三十立業，四十不惑，現在五十一了，終於知曉道的意義，知曉造化的意義了。天造我為甚麼我就為甚麼，並順性而化，為鵲則鵲性，為魚則魚性，為蜂則蜂性，為人則人性。鵲、魚、蜂、人雖不同，然而它們順自然而變化的方式是相同的。順本性而變，依道而行；立身雖不同，神遊卻大同，合一於大道。日日求道問道，不知道即在吾身呀！」

孔子回到客棧，一直琢磨着老子的話，總覺得似懂非懂、恍恍惚惚。整整三天，他一言不發。弟子們問：「老師您見到老子了，有甚麼感觸呢？」孔子答道：「鳥，我知其善飛；魚，我知其善游；獸，我知其善奔走。要抓住這些飛禽走獸，輕而易舉。善飛的鳥兒，用箭射獲；善游的魚兒，用網捕捉；善奔的野獸，用陷阱擒獲。至於天上的龍，我無法知道龍的形象，也不知它是如何乘風飛天的。今天見了老子，就像見到了龍一樣啊！他真是我的老師，我學習的榜樣啊！」[8，10，11]

二十歲的子貢，聽到自己崇拜的老師竟會如此形容老子和大道的學說，心中很不服氣，便說：「豈有凡夫肉身能夠從

容淡定而精神如龍騰飛於天，默語不言卻感人至深如雷滾大地，一旦啟動就如天地運行不息的？我倒要去瞧瞧是何方神仙！」他在徵得老師孔子的同意後，便以孔子學生的名義前去拜見老子。子貢說：「尊敬的老子，三皇五帝治世方法各有不同，但都青史留名。可您說他們不是聖人，何以見得？」老子說：「小夥子，黃帝的治理，使民心淳一；舜的治理，使民心競爭；禹的治理，使民心多變。雖說都是治理，但逐步偏離了大道的指引，實際弊亂越來越大。三皇依仗其超人心智治理天下，卻自鳴得意，忘記了大道的指引，上不見日月之光明，下違反山川之精華，中破壞四時之運行。這能成為聖人嗎？」這一番聞所未聞的批判性評論，嚇得子貢連拜而辭。[15，16]

從老子那兒回去以後，孔子時常思考何為道，如何為道。他在中都打擊投機倒把，大力整頓市場秩序，嚴屬打擊坑蒙拐騙行為，留下了許多傳說故事，至今仍給人以深刻的啟示。此後，中都出現了路不拾遺、夜不閉戶的景象。至今汶上的大街小巷還流傳着孔子宰中都的很多往事。

也就在這一年（前501），某日，老子騎牛行至梁（今河南開封）之郊外。閉目養神間忽聞有人叫「先生」，睜眼一看原來是楊朱（楊朱，魏國人，曾入周太學，當年曾拜老子為師）。沒想到在此相遇，楊朱跪拜於老子跟前。老子扶起楊朱，兩人並行而進。老子問：「你近來忙啥？」楊朱笑而施禮道：「來此訪先居，置房產，飾梁棟，招僕役，治家規，好不歡暢！」老子說：「有臥有食足矣，不必多張揚。」楊朱聽了老子的話，有點不好意思。得知楊朱現居於沛（今江蘇沛縣），老子和他正好相伴同行。乘船過河時，老子與同渡乘客親切笑談，而楊朱

昂首挺胸、孤傲不凡。

　　他倆一起到客棧住宿，楊朱自恃名滿天下、聲名卓著，就趾高氣揚，自我感覺良好。客棧的老闆、老闆娘、店小二等圍着他，跑前忙後，生怕怠慢。楊朱當時的影響力已在孔子之上。老子看着楊朱，長歎一口氣：「本來我認為你還是可教的，現在看來難啦！」說完就不再開口了。楊朱嚇得不敢說話，馬上以弟子之禮幫老子脫鞋遞茶，隨後跪坐在老子面前說：「待您有空時，請您說說我的過失，請多指教！」老子說：「你傲慢並自命不凡的神情讓誰還願意和你在一起。切記，最潔白的東西，看起來就好像有污點；道德崇高的人，看起來就好像私德、公德上還有點缺陷或者不足。」(41) 楊朱連連點頭。老子繼續說：「賢良君子與他人相處，如同冰釋於水 (15)，渾然一體 (25)，舒適自然；與人同事，如僕人謙下，不敢為先 (67)。總而言之，要做到潔白無瑕而好似能含垢藏污，德行豐厚而好似也鄙俗平常。」(41) 楊朱聽後，一改原先的傲慢，貌不矜也不恭，言不驕也不媚。老子讚許道：「合於道矣！」幸得老子的一番教誨，從此以後，楊朱外出在客棧就是另一幅和諧畫面了。他放低自己，儘量讓自己混同於一般人，客棧裏的店員和客人們都爭相與他並肩而坐。

　　在與老子的交談氣氛緩和以後，楊朱問：「如果一個人敏捷果斷，洞察事理，深知道之所在，勤奮而不知疲倦，這樣的人，能算是好領導、聖人或者賢明君王嗎？」老子說：「和聖人相比，這只不過是小聰明、小本事罷了。就像那衙門口的衙役，憑一技之長而獲個職位，勞形勞心罷了。為甚麼要炫耀自己的小聰明、小本事呢？虎豹身上有絢麗漂亮的花紋皮毛，

因而會被人圍獵；又如猿猴身手矯健，會攀跳逗人快樂，所以會被人拴牢。你能說這樣的人有智慧嗎？他們雖有長處，但怎能與好領導、聖人或者賢明君王相比呢？」楊朱甚為尷尬：「那好領導、聖人或者賢明君王該怎樣做呢？」老子說：「真正的好領導、聖人或者賢明君王，治理卓越，功蓋天下，卻很低調，不願邀功，好像沒有功勞一樣；恩澤同僚遍及萬物，卻不張揚，以至於大家並不知道實際上十分需要或者依賴他；眾人都知道有他這個人、這個領導而已，並不知道他做過些甚麼，他讓所有人事物各就各位、各得其所；他立於神秘莫測之地，好像甚麼也沒有做，遨遊於虛無境地，事實上實實在在地把甚麼都做了。實際上，他在讓大道發揮作用，讓道在做，讓每個人都在做，而他則為道的運行、民眾的首創，發揮了關鍵而隱秘不可見的輔助作用。」這一番對話，對楊朱的衝擊很大，對其修養的提升、學說的完善，起到了重要作用。後來，楊朱的影響遠勝儒家，與聲名顯赫的墨翟（墨子）齊名，孟子對此有明確的評價。[14-16，21]

此時，老子的弟子庚桑楚在楚國傳播大道思想，使人們知曉老子的理念，如「不尚賢，使民不爭；不貴難得之貨，使民不為盜」(3)。庚桑楚教授眾人簡易的養身修行方法，即以道法自然的方式去保養身體、平和心態，不要被外欲所擾，慢慢就能到達道德的境界。

庚桑楚個子矮小，其貌不揚，早年聽老子講課時，眾人爭先恐後，而他不爭不搶，總是在人羣的後面。老子注意到他心性沉穩，目光堅定，人中少見，就在課後將他留下，對他說：「你日日來聽課，但不見你說一句話，你是否有想說的話？」

庚桑楚歎息：「各國窮兵黷武，民不聊生，黑暗啊！」老子說：「很好！你是個心懷天下的賢士。軍隊本來是國家以防不測之器，不是君子輕易使用的，只有在迫不得已時才對外使用的呀！」(31) 庚桑楚說：「我遇到一位將軍，常向人們誇耀他偷襲得勝，殺死無數敵人，血流成河。」老子說：「出奇制勝，無可厚非。但如果炫耀這種戰術能斃敵無數，就是樂於殺人，如此就不光彩，這樣的人難以取得天下。」(31) 庚桑楚又問：「如何用兵才符合大道？」老子答：「合道的用兵是不主動進攻，寧願逼迫反擊，不輕易向對方推進一寸，寧可退讓一尺。以此，行動前讓對方看不到你的動機，欲進攻卻不讓自己的臂膀暴露在先，欲殺敵卻不露兵刃，欲制服對手卻讓對方誤認為自己天下無敵，從而麻痺對方，讓對方輕視你。災禍的降臨莫過於輕視敵人，輕視會喪失所有的優勢。所以兩軍實力相差無幾時，能認識自己不足的軍隊當然必勝。」(69) 庚桑楚接着問道：「將軍應該如何看待戰場勝負？」老子說：「捷報可鼓舞士氣，敗仗會讓人們清醒。偏將軍重在威猛，上將軍重在大局。身為將軍，對陣亡者應予以緬懷，即使獲勝，也應以喪禮處置。」(31) 庚桑楚又問：「對敵人也如此？」老子答：「就算是敵人，他們在參戰前後並沒有甚麼區別，都是為人父母、為人子女、為人骨肉兄弟。一個敬重自己對手的將軍，也必將贏得對手的敬重；一個善待對手的將軍，也必將被對手所善待。」[12] (31)

　　庚桑楚有個徒弟，叫南榮趎，因為他很難與人相處，也很難包容別人。人們因此開他玩笑，說南榮趎的性格和他的名字發音很像，即「難容處」。有一次，南榮趎向庚桑楚求救，庚桑楚對他說：「不要胡思亂想，抱神守靜，冥想修心，如此不

過三年，就會好。」南榮趎説：「先生説的這些話，我耳朵是聽到了，可就是進不到心裏去呀。道理我都懂，但我就是難過鬱悶，覺得一切都沒有意思，過不好這一生。真是生不如死呀，我根本沒有信心再活三年，哪還有情致去冥想打坐、抱神守靜呢？」庚桑楚説：「那你也真可憐，我才疏學淺，無法化你，你還是到南方找我的老師老子吧，他肯定能感化你，能夠給你幫助。」

後來，南榮趎就真的帶着乾糧，走了七天七夜，來到了老子的面前，説明了來意。老子就問：「你為何帶那麼多人來？你身後站着許多人。」南榮趎嚇了一跳，回頭張望後，發現身後明明沒有人呀，他茫然不解地看着老子。老子慈祥地微微一笑，説：「你沒懂我的意思。真可憐！你進來時，從你的眉宇印堂，我就看出了你大概是甚麼狀態。你看你，六神無主、心不在焉、生無可戀，就像親生父母墜入汪洋大海而無法救助，叫天天不應，哭地地不靈，孤獨的你無助茫然，手拿細小竹竿四處搗鼓，想把父母從海裏救出，可就是不得要領。你想做個正常人，可你根本不知道咋做呀！」聽了老子的一席話，南榮趎一陣心酸涌上了心頭，時而低頭流淚，時而仰天長歎，最後無法自製地哭得渾身發抖。於是老子讓南榮趎到弟子的寢室休息一下。

哪知南榮趎這一休息就閉門躺了十天，而後打起精神再見老子。老子説：「你梳洗得一塵不染，頭髮鋥亮，紋絲不亂，但是我依然感覺到你內心有髒東西在往外淌。」南榮趎長歎説：「説實在話，朋友和家裏人都認為我有病，可我覺得我沒病。我實際上甚麼都看得很通透，看穿了以後，就覺得一切都

沒意思,活着也沒意思。我不想聽甚麼崇高大道,您老如果現在給我講道,只會讓我更糟,還不如把我給殺了。我只想聽聽您給我講講養生保健的技巧,怎樣才能夠讓我睡着覺,而不是常常一陣陣難受、後背會時不時地發熱?」老子說:「你能不能像嬰兒一樣,將死呀活呀放在一邊,嬰孩才不會考慮甚麼恩怨是非,吃睡拉撒順其自然本能,從不擔心甚麼,也從不問為甚麼。如能這樣,心田自然滋潤如春水流過,永不停留在過去的某時某刻或者對未來的可能揣測,而只關注、好奇、沉浸於眼前發生的點點滴滴。」南榮趎兩眼放光地問:「這就是養生的最高境界嗎?我用此法,就能走出來嗎?」老子搖頭說:「這只能讓你暫時緩解,要想不反覆,還需要心甘情願摒棄妄欲,做到不為利益所動,不爭不搶,跳出世俗看世俗,能夠與一切和諧相處,沒有甚麼聽不慣、看不順的。那時,你一定會慢慢變好,有些好事竟然還會莫名其妙地找到你,內心不再感覺缺少甚麼,也不會覺得有甚麼邪惡力量在傷害你,自然也就不會痛苦。」南榮趎喜悅地問:「這就是得道的最高境界吧?」老子繼續說:「這還不是,最高的境界是能自覺、覺他、利他,從而全面覺醒,能感知身邊一草一木的力量,自己的心就會生機盎然。身邊不需要甚麼貴人,也不再會有貴人出現,因為你就是自己的貴人、一切眾生的貴人。禍既不至,福也不來,福禍均沒有,哪裏還會有人為的痛苦和災難呢?」在老子的警醒和關愛下,南榮趎逐步擺脫了抑鬱,走出焦慮,脫胎換骨,猶如重生,重新點燃了生活的希望。[12,14]

9. 辭官隱修，收徒立說

前 499 年二月十五，是老子七十三歲生日，他正式向周敬王遞交辭呈，獲得批准後，告老還鄉，歸隱田園。[11]

前 499 年夏天，蜎淵來看望老子，談及大道的無有。蜎淵理解了 —— 道是無、也是有，無有疊加、無有難分；萬物生於有，有生於無 (40)。

這段時間，文子也曾經來向老子請教「不爭」，並談及王子朝的成敗得失 [10]。在與文子談及戰爭時，老子告訴文子：「官為榮祿，天職是民，民為官之本，無民何來官呀。雖說君命不可違，但天命更不可違，大道絕不可違。任何時候都不可樂於殺人、樂於發動戰爭。正人君子不可以取得勝利為快意而大喜，而應以悲泣之心對待犧牲。即使勝利之後，也應當回顧反思，總結戰爭之事如何不再發生。(31) 眾生死傷無數，哪有歌功頌德的道理！勝利了也應以喪葬禮儀對待，讓天下決不再有人敢有殺伐之心。想想看，大家都有生身父母、姐妹兄弟，一旦戰死沙場，陰陽相隔，父母親朋、兄弟姐妹就將肝腸寸斷。今朝你殺了他們，明朝他殺了你們，要失去多少骨肉親生。人立於天地之間，生老病死已屬無奈，必須自覺遵從自然，不可悖逆大道。而擅起戰爭奪取他人生命，則是大逆不道！」[14]

老子又告訴文子：「大道是先天地而生的永恆、崇高、深邃、精妙，以我們人類所知的詞彙來描述大道，只能勉強得到大道的表面意義。道，高不可及，深不可測，無處不在，包含

萬物，微妙無形。日月運轉，時間弄人，而不是人能玩弄日月時間。人們儘可能雕琢自然界，然而自然界必會回覆到自然狀態，終將抹去任何人的影子。如果聽由一個人的才智本領，三畝大的家業未必能治理好，但如果順隨自然，善用物體之力，善用他人之力，把握大道，即使治理偌大的世界也會有餘力，或有所閒。」[14]

老子對文子的這些教導，日後發揮了重要作用。孫武在指揮吳軍成功伐楚後，曾經在羅浮山請教亢倉子（庚桑楚），去濮上拜訪文子，請教大道。文子告誡孫武：「你殺伐太重，慈德有虧，不應幫助暴君殺戮百姓，若長此下去，必遭殺身之報。」後來，孫武歸隱羅浮山隨師父亢倉子修道，著作《孫子兵法》，終老山中。[6，17]

後世傳說，庚桑楚、徐任曾經和老子講，大周天下的宋國出了一個了不起的人物，叫墨翟（即墨子）。墨子能靠自己的力量溝通天地、社會上下、貴族百姓。與楊朱的清高傲氣、斤斤計較、一毛不拔不同，墨子倡導非攻、兼愛、節葬，身體力行為天下，厭惡家長制的集權獨裁。墨子還很年輕，未來不可限量，可能會成為歷史上最偉大的人物。老子說：「幾代文明能出墨翟這樣的賢能聖人，也算修出了正果，只怕大周天下雖大，難以容下如此卓越之人。」[14] 這段描述可信度甚低，原因是老子過世後，墨子才出生，老子從沒引用過墨子的話，但墨子確實引用過老子的話。如，中國最早的「百科全書」是《墨子》，墨子告知弟子和後代，老聃曰：「道沖，而用之或不盈。」(4) 即大道無形無影，空虛開放，但其作用和能力無窮無盡。[15]

前 498 年，看盡人間悲喜、世間冷暖，歷經磨難的老子，再次來到沛地開始了隱居生活，並系統地著書立說。

同年，五十四歲的孔子以魯國大司寇的身份代理國相之職，上任七天后，捕殺了思想異端的魯國文化大家少正卯，並將其曝屍三天。少正卯思想深邃，宣揚改革，前衛開放，口才極好，因此他的崇拜者眾多，孔子的弟子們竟然也被吸引了過去。孔子確定少正卯五罪：學識淵博，但居心叵測；正話反說，揣着明白裝糊塗；不按禮儀行事；妖言惑眾，鬼話連篇，善於狡辯；煽動不滿，喜歡關注社會陰暗面。孔子代理國相沒多久，曲阜的治安變好了，哄抬物價的也少了。但孔子在此職位僅三個月，因看不慣魯君不守禮儀，便辭職出走，開始周遊列國。

這一年孔子決定再次拜會老子，帶着學生顏回和子貢去沛地找老子。這是孔子第五次問禮於老子。[14]

陝北綏德出土了一幅東漢畫像石，描繪的是孔子見老子的場景。右側孔子手執大雁，屈身向老子行拜師禮。而站在老子和孔子之間的兒童叫項橐，是春秋時代著名的神童，他手推滑板車，站在兩個大人之間抬頭仰望。項橐的大名記載在《三字經》中：「昔仲尼，師項橐。古聖賢，尚勤學。」現代滑板車誕生於 20 世紀 90 年代的德國，傳入中國後，深受兒童喜愛。可古畫像石上的滑板車表明，就滑板車而言，中國人要比德國人早發明兩千五百餘年。

事情的原委發生於孔子周遊列國期間，當時，孔子去拜訪老子的去路被項橐用泥沙築成的城牆所擋，項橐手持當時能愉悅兒童的流行玩具滑板車，賭氣地站在孔子面前。這一形象最

終被定格在了東漢畫像石上。孔子問項橐:「兒童玩耍為何不避讓車行?」項橐則不服氣地回答:「只聽說車要避讓城牆,從未聽說城牆要避讓車。」後來項橐又連問孔子幾個問題,孔子卻都答不上來。[9]

見到老子後,孔子提及路上遇項橐的「車和城」的故事,老子哈哈大笑。

老子問道:「仲尼因何而來?」孔子答道:「丘雖精思勤習十數載,始終未入大道之門,特來請教。」老子說:「若想進入大道,首先要將自己的心返回覆原到寧靜的元初狀態。天地人物、日月山河的形態和性質各異,而它們的相同之處在於皆勢從自然或生或滅。人們知道其不同,主要是通過其外表判斷而得,而要知道其相同,就要了解他們的本真。能剝離其不同的外表而去觀察其內在相同之處,才可以將自己的本心回歸到寧靜的元初。」孔子又問:「那甚麼是物體的元初狀態?」老子答:「混沌一體,無形、無性。」孔子繼續問:「知其同,能讓人感到愉悅?」老子說:「當然,知其同,人就會找到自身和萬物的相同之處,看似不同的東西也會相同。如將人的生死視同晝夜,禍與福同,吉與凶同,無榮無辱,無貴無賤,我行我素,清靜自在,這難道不讓人感到愉悅嗎?」孔子點頭道:「您的意思是,乘船遊於海,乘車駛於陸。進止皆同,隨遇而行,何須以自己本身的力氣代替車船?君子並非其本性不同,而只是比別人更善於藉助他人和他物。」老子微笑點頭贊同:「聖人處世,遇到事情不刻意躲避,事情發生轉變,也不會刻意去復古原貌,而是隨着事物的變化,順勢而為,從善如流。」[12]

孔子對老子說:「我研究詩、書、禮、樂、易、春秋六經

已經很久，爛熟於心，計劃遊説七十二國君，闡明先王之道。目前走訪了數位，他們均無動於衷，真是太難了，不知道是甚麼原因。」老子開玩笑説：「幸好你沒有遇到能治理天下的明君，否則明君會被你帶偏。六經是先王留下的足跡，而不代表先王之道本身。足跡是腳踩出來的，難道足跡就是腳？重點要抓住其本質，抓住其第一原理，即大道。失去大道，怎麼做都是錯。」孔子再次感歎：「道的推行也太難了，我誠心實意向他們推行道，但也沒有人聽我的。」老子安慰孔子並鼓勵他説：「你遊説時，不要誇誇其談，用詞不要華麗，平和平實一些。否則，華麗的説辭會擾亂聽眾的思維，並讓人有不可信甚至可疑的感覺。注意了這些，大道就容易推廣了。」[15]

這天正好是常樅的忌日，楊朱備好馬車和祭品，隨老子與孔子穿越山川坡路前行，來到滔滔黃河之濱，[11] 常樅墓就在黃河邊。[12] 路上，兩邊山峰分立，朝天入雲，如同一扇大門，再往前看，一山獨大，像是堵住了門口，也像是等候來者經過此扇門。老子告訴孔子：「前面的是玄牝門，再過去一點就是谷神山。生養天地萬物的道，也就像那深遙玄奧的谷神，永恆長存，也叫作玄牝，是玄妙的母性。玄牝之門，就是天地的根本。」(6) 孔子道：「依您的意思，只有能生養天地萬物的法門，才可以稱為大道？」老子點頭説：「當然，大道深沉如大海，大道之高如高山，大道遍及而無處不在，周流不息而無物不至，刻意追求反而不得。大道生育天地而不衰敗，滋養萬物而不匱乏。天得道而高，地得道而厚，日月得道而運行，四時得道而有秩序，萬物得道而有形狀。」[12]

站在黃河邊，孔子感歎：「河水不分晝夜，奔騰不息，同

樣，人的年華流逝不止，不知河水何處去，不知人生何處歸？」老子說：「人生於天地之間，與天地實為一體。天地人生，皆是自然之物；人的變化，有幼少壯老變化，猶如自然的春夏秋冬之交替，有甚麼值得悲喜的呢？生於自然，死於自然，道法自然，本性不亂；不法自然，仁義羈本性，功名生焦慮，利慾增煩惱。」孔子補充解釋：「我擔憂的是大道失去功效後，如再不實行仁義，就會戰亂不止，天下混亂不治，所以有人生苦短而不能立功於世、不能有為利民的感歎。」

老子指着湍急的河水對孔子說：「上善若水，水善利萬物而不爭(8)，此乃謙下之德。你為何不學水的大德呢？水善利萬物而不爭先、爭名、爭利、爭權，常在眾人厭惡的低下之處，無所不在，謙虛大德，海納百川。水雖柔弱，但滴水穿石，柔弱勝剛強。大道規律就像那種好像沒有體積、沒有重量的能量射線，能穿透緻密無間、無任何縫隙的物質。由此可知不用言語的教育、無為而無不為的真正優點(43)。」孔丘道：「先生之言，出自肺腑，入弟子之心脾，終生不忘。」[12]

周敬王二十八年（前 492），孔子第六次求教老子，也是最後一次。

就在這一年，萇弘被冤殺。萇弘早年協助劉文公反對王子朝，擁護周敬王。他積極爭取到晉國等諸侯幫助，打敗王子朝，平息了動亂。周敬王在晉國幫助下建國，暫時保持並提升了周王朝在各諸侯國心目中天下共主的地位，最終成為周王朝的實際執政者。後來，晉國內亂，與萇弘不和的一方獲得勝利，隨即向周敬王問罪。為了討好晉國，周敬王就把萇弘作為替罪羊殺了，其墓在今偃師市邙山南麓化村。

老子聽聞萇弘被殺，悲痛萬分。辭職離朝回鄉前，老子曾給萇弘留下臨別贈言：「多言數窮 (5) ……銳之，不可長保。(9)」萇弘不以為然，欲成就一番事業，認為禮崩樂壞在於周天子，例如幽王烽火戲諸侯、釐王收取沃武公的禮，如果每位天子、每個人都恪盡職守，遵守禮樂仁義，天下一定會幸福平和。老子則不敢苟同。不承想，曾經位高權重，一人之下、萬人之上的萇弘終被他所忠於的制度和君王害死。

孔子來到曲仁里拜訪老子，問起萇弘之事。老子傷心告知他，萇弘因捲入晉國內部鬥爭，因而在諫王時被周王所殺，孔子扼腕歎息。老子對孔子說：「我的徒弟伶倫也長於樂理，你如願意可以與他討論音樂。」

孔子又問老子，是否聽說過楚人失弓的故事，老子饒有興趣，讓孔子說來聽聽。

一個楚國人丟失了一把好弓，卻不肯回頭去找。丟失者說：「楚人丟失了一把好弓，被另一個楚人撿到了，又何必去找呢？」可見此丟失者的胸襟之寬廣豁達。孔子對老子說：「我認為，去掉『楚』更好，改成『人丟失了一把好弓，被另一個人撿到了，又何必去找呢』。」孔子的意思是，四海之內皆兄弟，何必在意國家分別。老子聽完，哈哈一笑，說：「可以再把『人』去掉，改成『丟失了一把好弓，被另一個撿到了，又何必去找呢』。」老子的意思是，物我平等，人與其他物種本無隔閡，人是自然的一部分，誰說人就一定高貴於其他？《呂氏春秋》於是讚歎老子境界的至公至高。[15]

孔子繼而問老子，就歷史而言，最值得關注和汲取的經驗教訓是甚麼？老子沒有直接正面回答，而是露出磨損雕零的牙

齒。孔子不理解老子這是要幹甚麼，老子又伸出柔軟靈活的舌頭，也學着常樅老師在他童年時教誨他的樣子，「人之所教，我亦教之」(42)，讓孔子看他的牙齒和舌頭，並問詢還在不在。孔子瞬間頓悟，沒有甚麼事物是絕對的，萬物常在變化，貌似強大的可能會被柔弱者打敗，看似聰明的可能碌碌無為……

前 489 年，八十三歲的老子因病出山，移居村中故宅。前 485 年春，老子八十七歲，疾病似乎無法醫治好，只好開始自己參悟自然界的靜與動，練習小周天。「專氣致柔」(10)，通過煉丹治病，後來任督二脈似乎恢復正常，激活三丹，於同年秋天康復。[5，10，11]

前 485 年夏，老子病體康復。鄰村一來者拜見老子，見面主動開口說：「我姓徐，名叫慎鮮，按說咱們是未見過面的師兄弟呢。」他跟常樅老師上過學，但晚於老子，二人沒見過面。兩人在橋邊河坡上的柳陰底下坐下對聊。

徐慎鮮說：「您常說『人效法地，地效法天，天效法道，道效法自然』(25)，您的意思是，在宇宙天道之上還有個大道，人應該向大道學習才叫有上德，對吧？」

於是，老子向他描述了大道的無形無狀、無處不在。他說：「人們難以理解大道的玄奧，那就記住，大道獨立而自然，循環往復，永不懈怠。要效法大道才能有大德。效法大道，從講人道開始，繼而效法地道、天道，逐步昇華提高，簡單地說，就是學習自然、學習水的德行。不要違反自然，違背人心，強行妄為，強姦民意。」

「說得對！」徐慎鮮真心贊同說，「你看這世上的人，不關心世界的本原，只顧名利權情，己欲膨脹，紛擾大亂，天下干

戈不息。您是柱下史、征藏史，是天底下有聲望之人，應該寫點文章勸全天下的人都向水學習德行，進而人人言行向善。」、

「不行，沒人聽了！我微不足道了。」老子說，「還不如你我二人知己研究點『無用』的，慰藉孤獨的心靈。」

「為甚麼叫『無用』？您又有新發現？」徐慎鮮追問，「請多多指教。」

老子說：「我從宇宙之上的一切可見不可見之間，從大道依次往天道、地道、人道和萬物之上作用時，悟出了幾條鐵律：

冥冥之中的一切，包括宇宙間有一個『有無互生律』。一切的一切，歸根到底，一個叫『無』，另一個叫『有』。代表宇宙億萬人事物的『有』，它從哪來？是從『無』中來！『無』代表一切的一切，包括宇宙間的不可見、不可觸的極虛極靜，它從哪來？究根問底，來自『有』！當然需經過無極和太極的極點狀態，才能無有互生，我從此悟出了『有無互生律』(2)。

第二個，叫『有無互用律』。建造房屋，需要牆壁和頂蓋，需要門窗和空間。牆壁屬『有』，空間屬『無』。保有空間的『無』，牆壁的『有』才可用；保有牆壁的『有』，那空間的『無』才可用。『有』和『無』，互為利用(11)。

第三個，叫『相對存在律』。長和短，高和下，前和後，都是相對而存在的。沒有短，就沒有長；沒有下，就沒有高；沒有後，就沒有前。天下都知美而裝扮為美，那就相當於醜了；都知善而有意表現為善，不善的觀念也就生根了。一切都是正反相對而存在的(2)。

第四個，叫『道恆不變律』。『道』是永恆長存、獨立不

改的，不存在道以外的東西，道也就不會隨着外物的變化而消失，道不斷運動，周行不殆 (25)。

第五個，叫『反向運動律』。一切都是朝着自身相反的方向運動、發展和變化的，如循環往復、返本歸『初』、相對轉換。禍和福，順和逆，善和惡，醜和美，凹和凸，舊和新，樂和悲，否和泰，總是向着相反對立面互相轉化着 (40)。」

「好，太受教了！」徐慎鮮説，「您不愧是大周征藏史，如此有學問。這幾律的總結，深奧玄虛又真切具體，我要好好體會……」[10]

又一日，老子見徐慎鮮帶來一個少年，非常高興。「這是我最小的兒子徐甲。」徐慎鮮説，「老子兄，您若喜歡，徐甲以後跟您做書童。」老子連連説：「好，好，我喜歡，以後跟我當書童。」可是，老子從徐慎鮮的臉上隱約看出了一絲淒苦。「看神色，老弟心中似有悲傷難言的事情……」徐慎鮮歎了一口氣，説：「老子兄，此次前來，另有一事相求，我想請您為我的一個外孫寫一副輓聯。」、「輓聯？」老子大吃一驚，説，「你外孫出了甚麼事？」徐慎鮮臉色發白，説：「您喝口茶，我慢慢向您説。」

徐慎鮮有個外孫，叫王四，王四和老婆馬妮兩口子感情很深。原來家有幾畝地，自耕自種，生活得還可以。不幸的是，一次火災，家財全毀，兒子被燒灼的木梁砸死，老婆也破相留疤。王四絕望哭喊，欲懸梁自盡。鄰居勸他從牆壁根基上挖些磚頭賣，換些錢，買點房料，可再蓋一所小草房。王四一聽有道理，就照辦了。突然有一天，他挖出十二口大缸，裏面填滿了黃銅！王四高興壞了，發了大財，他蓋起瓦房，吃穿不愁，

心花怒放，逢人便說：「大火燒得好，要不然，我一輩子也不會有這十二缸黃銅呀。」他從糲食粗餐變成花天酒地。這時他也看不上老婆馬妮了，暗暗跟村頭一個外號「七仙女」的民婦勾搭上了，如膠似漆。一天他倆約會，正好被馬妮撞見。馬妮跟王四大吵大鬧，王四惱羞成怒，為了能名正言順地娶「七仙女」為妻，就活活掐死了馬妮，刀砍斧劈，毀屍滅跡，然後把她埋在枯井裏。

事發後，王四被關進牢房，判處死刑。被斬前，徐慎鮮去監牢看他。王四羞慚地對着徐慎鮮痛哭流涕：「外公啊，我死有餘辜。我千不該萬不該從地下挖出十二缸黃銅呀！我這樣的人，死了也沒人願意記起！我現在後悔也晚了。外公您是識字人，我求您請位賢良之人給我寫副輓聯吧，也算我來過世間一趟，來世好好做人！」

徐慎鮮說完，滿臉痛苦、悲傷、氣憤和羞慚。「哎！沒有想到是這樣的結局。」老子聽完，沉思了一會兒，歎息道，「福禍相連啊！人、事、物就是這樣，沒有一成不變的，禍裏藏着福，福裏潛着禍，禍可帶來福，福可招來禍。福中之人不可驕侈縱慾，災禍中人不要消沉自餒。福禍自有大道、天道去調節。」說完提筆在徐慎鮮鋪開的絹帛上寫下：「禍兮，福之所倚；福兮，禍之所伏。」(58) [9，10]

前 484 年二月下旬，老子隱入邙山，第二次入隱陽山隱宅。

前 483 年，孔子六十九歲，仍有心從政，卻不被重用。孔子繼續從事教育及文獻整理，他從着重禮儀的角度，大規模刪減古本六經，如《詩經》本有三千首，如今卻只留下十分之一

左右。《詩經》中許多內容在解釋《周易》，因而被刪去，故《周易》難懂。

在此期間，由單穆公導演的這場東周王朝叛亂的後遺症，卻在更大的範圍內繼續着。周敬王二十六年（前494），吳王夫差大敗越國，越王勾踐入吳為奴。勾踐在吳被扣為人質三年，回國後，臥薪嘗膽，欲雪前恥。前484年，吳王夫差賜伍員自裁。

周敬王三十八年（前482）七月，吳王夫差北伐中原，與晉會盟於黃池（今河南封丘西南）。與此同時，越王勾踐攻入吳國。

10. 西行出關，尹喜求書

周敬王三十九年（前481），孔子寓褒貶於曲折的文筆，即春秋筆法，將魯國《春秋》整理完畢。周敬王四十一年（前479），孔子卒。

前478年，越王勾踐再度率軍攻吳，楚徹底滅陳。這年，老子的三間茅草房被楚兵所燒，書稿絹布盡毀，老子受到重大打擊，傷心至極。[10，11]

這年夏天，十六歲的徐甲牽着青牛，庚桑楚揹着包袱，陪同九十三歲的老子開始西行。過安莊，老子遇到了兒時的小乞丐魏山，他也已九十歲了，此時他們都是耄耋老人，兩人見面驚喜萬分，魏山流下了激動的淚水。[10，11]

老子西出函谷關，關令閽報趕來跪拜：「關令尹喜叩見聖人！」老子想起來，二十年前尹喜曾來大周收藏室借書。老子

說：「我只是一介布衣百姓，你為何如此？」尹喜再拜：「我見紫氣東來，知必有聖人西行出關，一見面果然是您。聽聞您將西出隱居不歸，請可憐眾生，為天下著書立說。關尹雖淺陋，但願代先生將大道和德善信慈愛傳於後世萬代。」在尹喜的強烈懇求下，最終老子答應在函谷關留住幾月，將一生所學所悟的大道學說編成典籍，為尹喜留書。[5，9-12，15，17]

在老子著書期間，函谷關一帶發生了瘟疫，大量人和牛被傳染。染病的人，脖子腫脹，發高燒，胡言亂語，無藥可治。瘟疫越傳越廣，最後老子的青牛也被感染了，不吃草料，哀鳴不斷，眼淚直流，不斷消瘦，老子又急又愁。十天之後，瘦弱的青牛肚子卻越來越大，腫得像一個大花苞。一天突然炸開，五臟流出，苦膽仍鼓得像饅頭，隨之膽囊破裂，掉下一塊黃色的石頭，牛的五臟又收回肚中。老子忙請來郎中為青牛縫好肚子、敷上藥，青牛好像好多了。老子、郎中及眾人仔細琢磨牛的苦膽裏掉出來的黃色石頭，不知是何物，但肯定與瘟疫有關。於是，他們就摳下一點，泡水餵給感染瘟疫的牛喝，牛真就好起來了。於是，他們又將此法應用到病人身上，十分有效。眾人欣喜萬分，青牛康復後，當地人建了一座青牛觀，以供人們焚香祈願。人們給那塊黃色的石頭起名為「牛黃」。[9]

聞知老子在函谷關，一位老翁來到尹喜的府衙找到老子，裝模作樣地施禮後說：「您天下聞名，博學多才，老朽今年一百零六歲，特來向您討教。從年少至今，我無所事事，輕鬆度日。與我同齡者早已駕鶴西去，他們開墾萬畝卻沒有帶走一寸土，築了護國城牆卻沒帶走一片瓦，建了豪華庭院自己卻被棄於野郊孤墳。而我一生沒有功績，只享受五穀雜糧，沒置過

只磚片瓦，但仍可居在避風擋雨的房舍談笑風生。我是否可以嘲笑那些人勞作一生，只換來一個早逝呢？」老子先向老者致禮，找來一塊磚頭和一塊石頭，放在老翁面前說：「您願意選哪一個？」老翁回答：「當然選磚頭，石頭千棱萬角，難言形狀，放着何用？」眾人也認為要磚不要石。老子問：「石頭壽命長還是磚頭壽命長？」老翁和眾人皆答：「當然石頭了。」老子笑說：「石頭命長，人卻不要；磚頭命短，人卻要它。所以，不能簡單地一味執着追求有用無用，壽短壽長，這都會互變轉化，依道盡力而為，死而不亡者壽啊 (33)。」老翁頓時面紅耳赤，慚愧而去。

老子完稿後，尹喜先將《老子五千言》原本送交大周收藏室，從而使之能在大周天下及各諸侯國廣為流傳。尹喜自己留了手抄本，並向朝廷遞上辭呈，告老還鄉，專修道德之學。[6]

周敬王四十四年（前 476），敬王卒，其子仁繼位，是為周元王。三年後，越滅吳，會盟諸侯於徐州，周元王封勾踐為伯（霸主）。這一年也是周元王元年，紛爭動盪的春秋時代結束，戰國時代開始了。

前 471 年，秦國扶風發生瘟疫，老子為村民請醫生而四處奔忙，於七月二十日累倒。二十一日早晨，周元王姬仁六年，秦屬共公六年，老子於扶風去世，享年一百歲，後葬於槐里。[9，10，14] 有關老子的歸宿，還有另外兩種說法。一種說法是，老子由尹喜陪侍，出函谷關，過大散關，西行到了四川的魚鳧國，並成了國師，後終老於四川。所以，此後道家的仙風

道骨、逍遙自在、幽默樂觀、樸素淡真、尊重女性、追求自由、頑強不屈、天人合一、抵抗權威的精神，在四川人中代代相傳。另一種說法是，老子過大散關，由寶雞西南入甘肅，經天水、隴西、臨洮、蘭州、酒泉等地，又回到隴西邑，落戶臨洮，直至去世。此後其子嗣在此繁衍，故有「天下李氏出隴西」之說。

老子過世後，大家都來弔唁。這時有一個叫作秦失的老子弟子也來了，他象徵性地號哭了三聲就出來了。大家感到奇怪，秦失回答：「年長的人在痛哭，好像自己的孩子死了；年輕人痛哭，好像自己的父母死了。大家都稱讚他生前偉大，這些是老子願聽的嗎？這麼多人為老子的離世痛哭，這真的是老子希望看到的嗎？」秦失接着說：「人過世了，還在這裏痛哭，是違背天意的，因人的出生、死亡、長壽、短命都受制於自然，老祖宗們也認為這是自然規律，而我等大哭就是在違背自然規律。老子該來時就來了，該走時就走了，這叫應運而生，順勢而死。如能理解這點，就能處變不驚、安心時運。如此處世，就不會有巨大的哀傷，也不會有巨大的喜樂。」[16]

此後，周王朝完全進入戰國時代，天下大亂，戰火紛飛。周王朝本是封建王朝，封土建國，政治分權，封君和封臣之間存在契約忠誠關係，直至潰敗，分崩離析。後來，秦始皇以武力統一六國，並採納李斯建議「廢封建、立郡縣」，從而開始了中國漫長的、影響深遠的從秦朝到清朝的中央集權專制皇朝。

第三章

永恆老子：
走向我們，走向未來

　　宇宙中一直存在着被一切所依賴的、永遠運動着的永恆力量！這就是老子所說的「大道」。

　　2500 多年以來，人們對老子及其《老子五千言》有許多有意無意的誤解。不少人認為老子只屬於道家，甚至只屬於道教，而沒有認識到他屬於中華文明、屬於全人類、屬於至上大道；許多人認為老子及其《老子五千言》只涉及哲學社會科學，沒有注意到其也涉及科學技術；不少人認為老子是帝王術、愚民術和陰謀權術的祖師爺，也有人認為老子倡導無為、隱退、避世、消極的人生態度，而忘了老子歷來站在民眾的角度、底層人民的角度，以柔中帶剛、陰中帶陽、退而為進的積極的人生態度和超越性格局，為每個人和人類社會的發展指明了方向。

　　許多人認為，老子及其《老子五千言》推崇的是弱勢文化，比強勢文化易學、易用、易流行，是弱勢者的安慰劑、迷魂湯。可實際上，這是最大的誤解！

　　大道時刻進行着到來和去往、膨脹和收縮、呼出和吸入的循環往復，以圓形軌跡的物極必反而螺旋上升。老子看問題從來不是靜態的、極端的，永遠是用大道的循環往復運動觀點看待一切，

強調的是「靜動」、「靜悄悄地改變」。他既不忽視剛強文化，也不偏袒喜好柔弱，老子強調「知守超越」，即知曉剛強，寧守柔弱，並把握剛強和柔弱間的互變轉化規律，擇機而行，應勢而動，以德配天，從而處於永遠不敗之地。老子強調與大道同行，隨時主動超前把握變化趨勢而獲得先機和成功。這些包括，知有守無、知強守弱、知剛守柔、知陽守陰、知雄守雌、知白守黑、知動守靜，知鬥守和、知爭守諧等，並超越性地把握有無、強弱、剛柔、陰陽、雌雄、黑白、動靜等互變轉化規律。

老子始終把民眾放在心上，把大道放在最崇高的位置，對帝王多是規勸、警示，幾乎沒有頌揚，除了肯定得道者即聖人以外，這與他那個時代崇尚效忠君王的人和後世一味趨炎附勢的人明顯不同。老子倡導的不是圍繞自我的雕蟲小技、小聰明，而是獨立自然、以德配天、與道同行的大智慧，這種智慧起步於物我平等，超越人人平等，立足於道、天、地、人間的平等。

老子告誡我們，不能對英傑、對民眾、對理性、對善良有太多奢望，如果缺乏了對大道的敬畏、信仰和遵守，一切都會根基不牢，難以可靠，終成虛妄。

幾千年的事實表明，缺乏獨立自由民主意識的民眾，比如「烏合之眾」，需要的是幻象，從來不是真理；許多英傑為救護普羅大眾竭盡所能、捨身忘死，卻時常要遭受拯救對象的誤解與誣衊。老子所強調的是包含並超越「獨立自由民主」的天道、大道意識，強調的是超越人生、超越學科、超越黨派、超越國家、超越民族、超越宗教、超越時空的「獨立自然道德」意識。

這裏所強調的自然，不應該僅僅是我們今天所指的狹義的生態自然，實際包含的是更廣泛意義的理念：自由，自主，自驅。自驅

進步與他驅進步不是一個概念。前者是發自內心的自由、興趣、幸福、創造、自由人性質；後者是他人驅使下的跟從、身不由己、被奴役性質。水能載舟，也能覆舟，做民眾的守護者或者領袖，要有會被民眾詛咒、會被腳踩踐踏的準備，甚至會被視作或用作「人血饅頭」。這是由「烏合之眾」和人性的多面性所決定的。缺乏獨立和自然道德意識，普通民眾就會失去判斷能力，最終成為權力和資本收割的「羊毛」、「韭菜」。

1. 人中之「神」：跨越時空和文明的影響

老子，大道的代言人。

老子，人類的引路人。

他好似打開了人類的「第三隻眼」，讓人們看清了世間大道的輪迴運轉規律，讓人們看到了天地的出生以及天地未有之前：虛無和實有的生生不息，互變循環⋯⋯

他，仙風道骨，神韻天成，從遠古向我們走來。

他在傳說中，在《封神榜》中，在道教中，在科學家羣體、軍事家羣體、積極心理學家羣體中，在帝王及其師爺中，在哲學家羣體中⋯⋯

事實上，他的靈魂從未消失，幾千年來一直與我們同在，現正在精神上滿血復活，向我們走來⋯⋯

他從軸心時代的地平線向我們走來，在軸心時代先賢羣體中，他走在最前面。這不是因為他最年長，而是他的思維一直超前，超越了幾千年前的那個時代，也超越了當今這個時代，更可能代表未來世界。他粗麻布衣，鶴髮童顏⋯⋯

老子是人類歷史上較早的哲學大家，是全人類的聖賢。老子被一些人認定為道家，而他本人從未申明歸屬，也沒有創立這些學派、教派，只是後人認定他是道家的核心。他被古代一些人認定為道教的精神領袖和主心骨，而他從未參與過道教創立的任何過程。道教的建立是在他離世六百餘年以後，筆者也相信老子肯定不會接受後人給他的道家、道教等各種標籤，因為他從來沒有門戶之見。可以講，老子是中國第一個具有全球意義、未來意義、現實意義的偉大哲學家。

人們從他身上似乎能看到佛陀釋迦牟尼的光環，傳說他比釋迦牟尼還大些。可是在幾千年前，天竺和中國的最初的佛教信徒，為了讓中華大地的人們更容易了解和接受佛教的傳入，就曾經告訴那時的人們「老子化胡」。[15] 佛教的擁護者告訴人們，大家所尊敬的老子，西出的不是函谷關，他走得更遠，到了西域的天竺國，在那裏成了釋迦牟尼的啟蒙者之一，後者創立了佛教。事實上，當佛教文化成為中華大地的儒道釋三足鼎立的支柱之一後，幾乎沒人再提及「老子化胡」之說。漢朝後，在佛教和道教一起向中原內地廣為傳播之時，老子的思想又與佛教結合催生了佛教中國化的禪宗流派，現在禪宗及其冥想靜坐早已從中國經日本名揚天下。

說到老子，人們就必然想起了孔子的評價：老子像龍，能上天入地，神龍見首不見尾。老子與孔子多次見面，孔子以待師之禮向他請教禮儀、仁義、道德和做人。唐朝韓愈在《師說》一文中明確提到老聃是孔子的老師。漢朝司馬遷在《史記・老子韓非列傳》中記載孔子對老子的評價：「至於龍，吾不能知，其乘風雲而上天。吾今日見老子，其猶龍耶……老聃，真吾師也！」《史記・太史公自序》中談論六家之要指曰：「道家無為，又曰無不為，其實易行，

其辭難知。其術以虛無為本，以因循為用。無成勢，無常形，故能究萬物之情。不為物先，不為物後，故能為萬物主。有法無法，因時為業；有度無度，因物與合。」老子的神韻和睿智在《史記》中得到了生動的呈現。[8]

人們從老子身上似乎看到了後來的歐洲先哲蘇格拉底的影子，充滿了自省和智慧。老子的哲學使得中華哲學傲立於全球，後來啟發了道教創立者、煉丹大師葛洪，繼而啟發了獲得諾貝爾生理學或醫學獎的屠呦呦的發現。老子的哲學不僅啟發了自由主義的莊子，還啟發孫武寫出了影響全球 2500 餘年、被奉為人類軍事聖典的《孫子兵法》。老子第一代學生輩中最傑出的是孔子、文子、亢倉子（庚桑楚）等，第二代傳人中最傑出的是孫子、范蠡等。

六百年前的來華傳教士，看到《老子五千言》，深信其語言是對他們心中唯一的神 —— 耶和華最貼切的描述，進而堅信能夠將中華傳統的天帝、上帝與基督教的「GOD」劃等號，以便於在華傳教。近一百年，不少中西融通的學者，描繪着心目中老子朦朧的身影，認為他的言行舉止與耶穌的言行神情如此相同，都共有謙讓、慈愛、奉獻、忍辱等眾多特點。

人們想到老子，就會想起無數敬仰、學習他的人，國內有蘇軾、王陽明、曾國藩、秦始皇、唐玄宗、宋徽宗、明太祖等，國外有列根、梅德維傑夫、奧巴馬、玻爾、約瑟夫·奈、託爾斯泰、黑格爾、松下幸之助等。

許多人每想到老子，馬上就會聯想到神仙的模樣，因為有了老子及其《老子五千言》，人們才開始了那些自由自在、不食人間煙火、隱士和神仙的豐富想像。因為老子，不少人相信應該存在一個神仙時代。近代的人們曾經認為如此想像可能是迷信，然而，人工

智能和合成生物學在當代的快速發展，讓人們開始相信「超人類革命」和超級人類「並非毫無根據的想像」。

《老子五千言》問世時，並不是宗教經典，這與《聖經》等有所不同。它實質原是一本德在前、道在後的有關宇宙天地人的無書名之書。傳說，戰國時期太史儋將其整理成《德道經》，後在唐朝時又被整理改動為《道德經》。最初被奉為道家的第一核心經典，許多年後又成為道教的第一經典。

老子被譽為有史以來全球最著名的十位作家中的第一人。他是中華民族最早的哲學先賢，也是給中國人帶來最大榮耀的先哲。他的《道德經》在全球範圍內被翻譯傳播，影響力僅次於《聖經》。不同於許多學說依靠人力和組織推動而傳播，其基本屬於口口相傳、自然傳播。老子低調謙遜，大隱隱於市，雖然仍然有許多人不知道他，但他的靈魂一直在我們中間，引領我們前行……

老子的治世、治國、治理、治學、治軍、治商、治農、治工、治身、治病等學說，2500多年以來，已經深刻地影響並改變了全球。《老子五千言》微言大義，強調無為、尚和、貴生，以小見大、以近見遠，以表及裏、以流及源，利用身邊或者自然界實實在在的存在，以最質樸的方式向幾千年間歷代的讀者闡述着最玄奧的道理。

對我們每個人而言，近道的第一步，是要有所敬畏，最簡單的切入，就是認識老子。老子人生的最高境界：知勝、知進、知恆，但是要思危、思退、思變。

2. 軸心首傑：人類文明的第一作家

老子可以說是人類軸心時代的首傑，人類文明的第一作家。

德國著名哲學家雅斯貝爾斯在 1949 年出版的《歷史的起源與目標》中，建立了一個很著名的學說 ——「人類文明的軸心時代」。該學說認為，「軸心時代」時間涵蓋公元前 800 至公元前 200 年，尤其是公元前 600 至公元前 300 年間，地域覆蓋大概是在北緯 30 度上下，就是北緯 25 度至 35 度區間。這個時代裏，人類思維、文明、精神取得重大突破。各個地域文明幾乎都出現了偉大的精神導師 —— 古希臘有蘇格拉底、柏拉圖、亞里士多德，以色列有猶太教的先知們，古印度有釋迦牟尼，中國有老子、孔子……這些人類導師提出的思想原理、言行準則塑造了不同的文明形態、文化傳統和人類生活，並一直影響至今。

可能的情況是，軸心時代之前的萬年人類文明生長積累到這個階段，人類的心智成長到這個階段，恰好可以開始認知天地人，而此時人類的慾望、干擾、誘惑還比較少，遠好於後來物質豐富、社會嚴重分裂的時代，所以人們可以專注地克服自身的肉體感官限制，用心靈去感悟深刻的規律。這就像因為環境污染和光污染，現在大城市的人們已經無法看到夜空的滿天繁星，而在自然潔淨的古代，人們用結構簡單的望遠鏡甚至僅憑肉眼，就可以看到木星及其衛星。就文明而言，軸心時代之前，就像大道的「無」，文明文化混沌一體，難以區分，猶如「鴻蒙」時代；軸心時代之時，就像出現了奇點，大道開始了「無」生「有」的過程，出現了如宇宙大爆炸式的文明大爆炸、大發展，「有」生萬物，文明開始各具形態，逐步細分。

軸心時代地域分割、交通不便，遠隔千山萬水，但都發生了終極關懷般的覺醒。先哲們開始用智慧的、道德的方式方法，以及由此衍生的宗教，去應對世界的變化，並實現了對規模宏大的古文明，如巴比倫文明、埃及文明的超越和突破。軸心時代的成就，特別是思維方式，一直持續影響到今天。其所展現的形態決定了今天西方、中國、印度、伊斯蘭等不同的社會、文明、文化形態和人們的工作、生活、思考、言行、習慣等。每當人類社會面臨重大危機或嶄新飛躍時，人們總是習慣性地回過頭張望一下，看看軸心時代先哲們是如何看待危機和飛躍的。

在軸心時代的偉大導師中，筆者認為老子最為傑出。最突出的有三點：其一，2500 多年前的老子，匯聚了在他之前幾千年人類歷史從各種教訓中提煉獲得的智慧，即從三皇五帝開始的中華大地的人類智慧；其二，老子自己的著述，雖然僅五千言，幾乎是所有先賢著作中最為短小的，但形音精美，通篇韻文，涵蓋了從古到今的天地眾生，涉及治理、健康、人生、工作、生活；其三，第一次開天闢地地告訴人們「萬物生於有，有生於無」(40)，提醒那個神秘永恆、無處不在、神通廣大的「無」的存在，從無極的角度描繪太極和宇宙的生成，經過提煉而天才般地發現了「無有二象性」的大道。他的思維遠遠超越了當時那個時代。

幾千年前的老子思想，在宇宙生成論方面，與後來現代、當代的物理學觀點非常類似；在經濟思想方面，如他的「我無事，而民自富」(57)等觀點，與後來的自由市場經濟思想非常類似；在社會政治治理方面，與後來的虛君，小政府、強社會的現代治理體系非常類似 [15]；在天地、風水、行居方面，與後來的環境生態學和綠色發展觀念非常類似；在避戰、慎戰、善戰方面，與後來的和平反

戰觀點非常類似；在大國小國國際關係等方面，與現當代的國際政治和平共存的觀點非常類似；在人生哲學和修身養性方面，如「柔弱勝剛強」、「我有三寶」等策略，與當代積極心理學的觀點非常類似。

3. 宇宙真理：與當代科學的類近性

老子對宇宙本體及生成發展的描述，與當今宇宙學的科學認知具有驚人的類近性。[15]

其一，「道」是「能量」的假設。對大道的認知，有人爭論其「唯心」，有人爭論其「唯物」，更多的人認為其「唯能」。如將「道」看成「一切能量及能量運行規律的總和」，那麼老子的「道」與現實科學的認知吻合之處則有很多。例如：宇宙起源於尺度極小的、接近「無」的「奇點」、「量子波動」的大爆炸，此可解釋「道」為天地之始；能量與物質間的相互轉化規律，可以解釋「道」生萬物，萬物復歸於「道」，「道」是萬物之母；能量守恆定律、物質守恆定律可以解釋「道」的永恆性；能量存在於一切物質之中，可以此解釋「道」存在於萬物之中；在物體低速運行狀態，物質和能量的呈現方式不同，而在物體高速運行狀態，物質和能量會相互轉化，類似相對論的描述；能量沒有形體，靠感官無法完全把握，具有超越性，靠測量有時也難以精確，如量子態的測量存在測量者效應，測量者的存在對真實狀態有干擾，真實的結果必須通過無主觀意識的觀察者、觀察器具才能有所覺知；能量使得生命成為可能，促進生長發育，故「道」生萬物，畜養萬物。

「道」不只是產生了萬物，予以萬物形體，並且，它的一部分還

轉化展現為德行的「德」，即品格、素養、氣質、精神、功用、特點等而留存於萬物之中，繼續滋養發育萬物，成為萬物的天然本性。

「道」拒絕成為一切的主宰，而欣然成為一切的依賴。「道」是萬物奧秘關鍵的最高端、最底層、最遠處，「道」是一切人事物後面的隱形總導演。「道」是能量與物質的統一體，進入「道」那神秘莫測的自主關鍵的調控層，將會發現：無和有疊加，幻象不定，無能生有，有能變無；物質和能量疊加，幻象不定，能量能轉化為物質，物質能轉化為能量；粒子和波動疊加，幻象不定，粒子能化成波動，波動能化成粒子。

其二，「道」是「暗存在」的假設。「道」是最源頭、最玄深的物質，也是最根本、最泛在的能量；「道」是宇宙生成、發展和運行的源頭動力。「道」的原理和規則不僅僅與隱藏在「有形的」物質世界背後的「無形的」科學規律相吻合，更與現代科學逐步明晰的暗物質、暗能量理論具有驚人的類似性。

暗物質、暗能量理論認為，世界的一切是由接近 5% 的明物質、26.8% 的暗物質和 68.3% 的暗能量所組成。明物質就是大道生養出的「有」的世界、有形世界，即我們生存發展所在的世界，感官或儀器可觸摸的世界；暗物質就是大道的本原，幾乎不可知、不可測；暗能量是明物質和暗物質之間可相互轉化的中間狀態、疊加狀態、幻象狀態，經此狀態可轉成明物質也可轉成暗物質，其轉化的過程和平衡原理即是道的運行法則。

如果未來人們進一步掌握了暗物質、暗能量等的存在方式和運行規律，掌握了量子力學、量子糾纏等存在方式和運行規律，掌握了暗物質與明物質之間以暗能量為媒介的轉化關係和運行規律，那麼，人們就可能深刻理解道的運行規律及有無相生的關鍵和規

則：由混沌無極、無序無形，轉換到陰陽太極、有序有形；或者從陰陽太極、有序有形，轉換到混沌無極、無序無形。

大道是有形無形的總稱。有形佔據被支配地位，無形佔據主導地位。有形對應於明物質，無形對應於能量、暗物質和暗能量。天道、地道、人道主要對應於有形的一切，而無形的一切隱藏其後，暗中主導；大道主要對應於無形的一切，而將有形的包容其間，「無」成為運行的主角。所以，人之道應該依從效法地之道，地之道應該依從效法天之道，天之道應該依從效法至高無上的大道，而大道獨立不改，只依從效法自己，自然而然、自然卓然。

《老子五千言》所包含的科學性的哲理思考和表述，得到了國內外眾多傑出科學家的痴迷和青睞。

令人歎息的是，在人類歷史上最為悲哀的可能是老子。老子極為大度謙遜，獨立自信又自省。他明確歡迎後來者能踩在他的「巨人之肩」上去逼近天道、大道，結果自己卻被後代尊奉為巔峰，更糟糕的是方術、算命、計謀、厚黑、暗道等，都想假以道的名義大肆傳播，藉此營生。

帶有諷刺意義的是，人類歷史上第一個提出「自然」的老子，作為探討宇宙前世今生規律的科學哲思原祖，他的後代卻少有人能認識他的思想，表現為：長期對科學遲鈍、後知後覺；人類歷史上第一個以著述申明自然論者的老子，卻被後人奉為人格神論的神仙祖宗，被人祭拜，訪道修仙者祈求「一人得道，雞犬升天」；沉湎於修煉仙丹的後代們在製造丹藥過程中偶然發明了火藥，傳遍海內外，促進了歐洲物質文明發展，哪知道這火藥輾轉千年，竟又被外族的後人用於轟開老子後代的國門。

4. 超越生死：多重遞增的人生意義

不同的時間段、不同的經歷，讀《老子五千言》會有不同的新感悟。比如在不同的年齡，人們感悟到的內容各不相同，越早理解老子，就越能獲得幸福的人生、創造的人生。可惜的是，就個體而言，深刻理解並誠服於老子，往往在中年以後。

十歲初知人生，能明白「千里之行，始於足下」(64)；二十歲初出茅廬，能明白「知人者智，自知者明」(33)；三十歲事業初始，能明白「上善若水」(8)，善用他人之力(68)；四十歲事業穩定，能明白「大制不割」(28)，「善建者不拔」(54)；五十歲事業成熟，能明白善行無跡(27)，「無有入無間」(43)；六十歲事業結尾，能明白功成身退(9)，虛極靜篤(16)；七十歲開闢新趣，能明白返璞歸真(28)，「大器晚成」(41)。

猶如交響樂有四個樂章，可以說，人有四次生命。第一次生命，肉體是父母給的，我們無法選擇，可稱為生命 1.0。第二次生命，教育是國家、社會、父母和老師給的，我們只能部分參與選擇、有所選擇，可稱為生命 2.0。第三次生命，精神上完全的自我覺悟，取決於自我選擇，可稱為生命 3.0。第三次生命，就是領悟世界真諦的開始，踐行真理足跡的起步。老子給我們揭示了大道的真跡、德善的戒律，擺脫前兩次生命中桎梏存在的規律。第四次生命，生命 4.0，是最後也是最高的境界，即超越生死，與永恆的大道合體同一，最終成為具有宇宙關懷的超人類物種，猶如人生交響樂進入第四樂章。

人們常常調侃，一般人死後 50 年就會被徹底遺忘，好像自己從沒來過人間。歷史的常態是，一個人去世了，子輩會去祭奠，但

是孫輩卻不一定會。這既是悲哀也是幸運所在，幸運的是大道、天道對妄欲、貪婪、擅權、長存者保有最後的剝奪權。

其實，一般人一生會有三次死亡：第一次是斷氣時刻，生物學身份的死亡和消失，此是死亡 1.0；第二次是下葬時，其法律身份將在這個世界上被抹除，此是死亡 2.0；第三次是世界上最後一個記得自己的人死去，這一刻將是精神層面的消失，真正的死亡，從此不會有人知道自己曾經來過這個世界，此是死亡 3.0……實際上，如把時間尺度放大一些，人生達天年以後，每個人終將徹底地塵歸塵、土歸土，總共不過四萬多天，匆匆來匆匆去，最終都會煙消雲散。

那麼，人來世界的意義何在？意義就在於如何在死亡 1.0 之前，儘早不失時機地進入超越生死、超越慾望、超越「不知足」的死亡 4.0，也是生命 4.0，即大道的境界。從最初如物體的隨波逐流、自生自滅，跨越身體的慾望和享受，明瞭精神的共鳴和永存，進化到達靈魂的愉悅。

初級的脫俗者會認為，既然個人微不足道，不如順其自然，活在當下，體驗世間的酸甜苦辣，享受活着的每分每秒。而智慧者明白，個人是大道的一個幻象，本真的自我如同大道一樣重要。因為每個人都是因為偶然機遇和光同塵、道成肉身，因而能見天地、遂知自我。每個人的人生意義是由自己所定義、所選擇的。大道就是所有外在表像的真正內核，是所有形式的物質、所有頻率的能量、所有種類的意識的最終起源；任何人事物的始終和過程，都必經大道的審核、判定並獎懲：得道多助、失道寡助。與哪些物質匹配、與哪些能量共振、與哪些意識相容，決定了每個人活成甚麼模樣。

如果說，這個世界真有終極的智慧存在，那麼這個智慧就應該

是大道。而讓我們第一次全面知曉這個終極智慧的人就是老子。奧地利量子物理學家薛定諤在《生命是甚麼》中認為，人類是處於一種物質和意識共存的狀態。世界存在一個整體意識，而我們都是這個整體意識的一部分。空氣是物質，真空也是物質，目光相遇也是物質相遇。當代量子信息時代的認知告訴我們，過去傳統認知中的「物質」可能需要被重新定義。在時空的底層和深處，物質與意識相互轉化、相互依存、邊界模糊，已經難解難分。量子糾纏好似關乎意識，分子識別好似關乎意識，人事物分不清理還亂的關係似乎就是意識……而這個整體的物質和意識就是老子所描繪的「道」。

　　人們常常迷茫、不開心的真正原因，就是智慧不夠，就是從大道汲取的營養不夠。老子教導後人，做人不僅僅要懂得直取，更要懂得迂迴；成事要懂得前進，更要適時後退。而我們恰恰難以理解，在遵道而行者的眼中，不爭就是爭，盡力反會失。所謂「失控」，根源是有控就有失，無控就無失。只有放棄並超越管控，依道而行，輔助而動，才能「無為無不治」。

5. 天地有靈：時空自然和諧共生

　　早在 2500 多年前，老子就有了非常鮮明的尊重自然、尊重規律的生態理念；然而，近現代的幾百年裏，人們自然覺得工業社會強於農業社會，而忘記了基於牛頓經典思維的工業社會帶來的弊病，如分割化、精確化、格式化的思維模式，如對人和對生態的摧殘和異化，這些無意中忽略了人們對自然的理解，與自然產生了隔閡。人們現今對人事物相互關聯關係的理解與反思，是與量子論的產生、成長和完善密切相關的。自 1900 年能量量子化的舊量子論

誕生以來，20世紀20年代以波粒二象性為代表的新量子論誕生，也被稱為第一次量子革命；20世紀50年代至70年代左右量子理論的應用催生了諸如DNA、激光、互聯網等發現發明，量子科技開始加速影響社會。20世紀80年代開始，第二次量子革命爆發，量子計算與量子通信開始出現，從此相關的非決定性、混沌性、整體相關性的量子思維模式開始影響人類社會，人們開始大規模反思傳統工業社會的弊病。

1962年，源自卡爾遜女士的倡導並影響至今的生態環境理念應運而生，更將人類的命運與大自然緊密關聯糾纏在一起。由此可見，牛頓經典思維的影響力、對傳統工業化的崇拜、將人與自然的隔離意識等，在20世紀50年代左右到達最後的高峰期。而進入21世紀以後，進入信息社會的人們，已經普遍意識到人與自然及宇宙，人事物之間的不可忽視的關聯性。

人類的生態環境保護概念，起始於1962年卡爾遜女士所寫的《寂靜的春天》一書，該書以批判性思維評價農藥的影響。她和她的著作，催生了後來1992年的聯合國環境發展大會、21世紀的氣候變化大會，標誌着生態理念已經深入人心。而老子「生態智慧」價值觀早在2500多年前已經形成了系統概念，不僅包括自然環境，還包括社會環境，更包括最大的生態系統 —— 天地人，即道法自然。老子「生態智慧」是中華文化「天人合一」、人與自然和諧發展的源頭活水。歐洲中世紀重農學說創始人魁奈，就在《自然法則》中說：「自然法則是人類立法的基礎和人類行為的最高準則……但所有國家都忽視了這一點，只有中國例外。」

老子眼中，「一」就是「道」的一個別稱。《老子五千言》第三十九章這樣描述：經驗告訴我們，過去得一者（「一」即「道」，

「一」是「道」初始時所產生的），天得一而風清氣明，地得一而寧靜安定，神得一而顯奇絕靈妙，河谷得一而水滿充盈，萬物得一而蓬勃生髮，侯王得一而天下正大光明。以此推論到極端致逆反，即如果失去道（即「一」）的話，那麼，天將不再清明，恐怕將崩裂；地將不再安寧，恐怕將潰廢；神將不再顯靈，恐怕將消失；河谷將不再充盈，恐怕將枯竭；萬物將不再生長，恐怕將滅絕；侯王將不再正大光明，恐怕終將被顛覆。所以，天下不能硬性分割而極端化，尊貴以貧賤為根本，高大以低下為基礎。侯王們常自稱為孤家、寡人、不穀，此正是以賤為根本。最高的讚譽就是無需別人去稱頌讚譽，所以，有道者無欲不貪，高貴似玉，堅如磐石。

老子的生態倫理精神主要表現在以下幾個方面。第一，萬物一體的精神。最高崇拜是「道」，得道，就是通過修煉與大道一體，世間萬物一體，自然有存在合理性，人是天地億萬人事物的一部分，應當使生命不斷昇華，與自然和諧相處，營造和諧共生的生態文明的社會。第二，生而不有的精神。大道產生萬物而不佔有。要順應效法自然法則，無為而無不為，如此才可得心應手；如果強取豪奪，則適得其反。第三，和合萬物的精神。「人亦大」，人不能依附於自然，受制於自然，而要合情合理地利用自然規律。審時度勢不妄為，不毀滅各種自然物。適應自然、順應自然、引導自然，協調自然天地萬物。認識並保護多樣性，節制慾望，保護生機和循環，追求可持續發展，擁有和而不同的生態智慧。第四，融通萬有的精神。大道是天地起源，也是觀察萬物的出發點；以道觀天下，無此無彼，天地同一，萬物一齊，物我無分；雖然形態各異，各有其理，但根本上，各順其情，各盡其性，自然皆安，可體悟到其存在着差別之同，相異不異。

地球信仰和行動倡議與老子

聯合國環境規劃署和世界宗教議會於 2020 年 10 月 8 日在冰島舉行的信仰自然全球大會期間推出新書《地球信仰：行動倡議書》，以讓全世界讀者廣泛了解信仰教義的歷史和多樣性及其對保護環境的倡導。這本書全面概述了信仰傳統和科學發現，這些支撐了世界宗教對環境可持續性的理解和思考。它包括來自聖典和宗教領袖的明確聲明。它強調，保護地球、恢復生態系統、防止污染，並為下一代留下一個健康的環境，是一項倫理、道德和精神責任。

《地球信仰：行動倡議書》中明確指出：《道德經》是世界上被翻譯得最多的書之一。道家或者道教作為一種傳統在中國存在了至少 2500 年歷史。這本描繪「道路及其力量的經書」中所描述的「道」這個概念歸功於傳奇人物老子，這位「老夫子、資深大師」。這部偉大、深刻而美麗的作品，在世界各地的影響力已深深地嵌入在靈性、哲學與大眾流行文化當中。該書引用刊載了《道德經》的第二十五、五十二、三十四、三十五章。[22]

想想我們當代正在發生的種種生態事件，就知道老子的思想有多超前。人類破壞着保護地球的大氣層、臭氧層，污染着山川、河流、土壤，二氧化碳過量排放帶來氣候的極端變化。人類的貪慾和良心的泯滅，導致地球磁場受損變弱，地震、海嘯頻頻發生。所以，很多災難看起來好像是天災，事實上都是人禍。

「天之道，損有餘而補不足。人之道，則不然，損不足以奉有餘。」(77) 老子認為，天道是一種自然平衡機制，而人類社會因為貪慾卻是與天道背離的非平衡機制。強富、弱貧兩極分化，這種惡果又延伸至自然界——富貴者無限佔有，貧弱者一無所有，進而導致自然失衡、生態破壞。如此一來，猶如食草動物繁衍過於旺盛，超出了草原承載量，便會飢餓而亡，等待植被重新再生，進入天道主導的循環和平衡，直至運行至由生命或者人類的慾望導致的下一次失衡。

老子強調「無棄人」、「無棄物」(27)。我們人類在礦山資源開採利用上，常常強調「有用的成分」，如此的篩選淘汰既污染環境，又效益低下；而如果強調「成分的有用」，變「無」為「有」，為所有的成分找到出路，就能提高保護環境的效益。人類社會對人力資源、人智資源的開發使用也應如此。

為實現天人和諧、自然共存，老子希望人們「道法自然」，要「知和」、「知常」、「知足」、「知止」。「知和曰常」(55)，和諧是宇宙萬物的自然狀態，「常」是自然規律，「不知常」者，就會「妄作」而導致「凶」的下場。「知常曰明」(55)，知道了事物陰陽沖氣為和、對立互補的自然規律，就是明理、明智。「知足不辱，知止不殆，可以長久。」(44)這是處理人與自然的關係準則，體現在行動上就是「去甚，去奢，去泰」(29)，要顧及生態發展規律，而不能無限掠取。

有無互相依存，難易相輔相成，長短相互對照，高下相互比較，音聲協調配合，前後相互對應，相生相剋相擁，這些都是自然規律的常態。得道者是超脫的，懂得並尊重自然規律，不強行作為，不一味說教，只默默輔助引導。讓天下萬物按照各自規律發

展，讓萬物自然興衰而不強迫其做出改變，生養萬物而不據為己有，輔助萬物而不自恃有功，功成而不自我誇耀，正因為如此，他的功績反而永遠不會消失。

老子認為道是永恆不變的，自然現象的發展都遵循內外規律，而人為給予的各類形容詞評價，只反映了人們的喜憎好惡等世俗價值判斷，並不代表其本質。《老子五千言》第二章全面展現了老子對大自然相互依存的觀點和追求生態平衡的理想狀態。在自然生態系統中，生物與環境之間、生物與生物之間相互作用，互相建立的動態平衡十分重要，如麻雀吃害蟲，少了麻雀，害蟲沒有了天敵，就會大肆繁殖，導致蟲災發生。小小的因素，就能打破動態平衡，造成農田絕收。此也解釋了老子遵循自然規則的宗旨，人來自自然，要回到自然中去，才可以超越自然，但必須兼容於自然，一切遵從自然規律。

更進一步講，「無棄人」、「無棄物」(27)告訴我們，每一種物質、每一個人，都有其存在的獨立價值，要去充分發掘並運用。因此我們就能理解，對待自然環境生態，遵從大道的要求，就是要做到，每一個原子獨有存在價值，其本體和能量不能浪費，否則環境污染和資源浪費就難以避免。因此應運而生了「原子經濟性原理」、綠色化學十二原則、綠色工程十二原則、綠色文明、綠色製造以及評估評價等基本內容。對待人類羣體社會，「遵從大道、以德配天」同樣具有基礎性、原則性的重要地位，應該將上述原則從自然生態推而廣之，對言論行為、仁義禮儀、規則法律等進行是否符合大道、天道的道德評價，如對社會的綠色發展和綠色法規進行評價評估，促進綠色發展從物質層面上升到精神層面，以實現人力智力資源的綠色發展。

有關天地有靈和生態環境保護方面，除了上述自然環境的物質和諧、色彩光線和諧之外，音聲和諧等也是一個需要關注的方面。其中一種就是人在生理精神層面與環境生態的音聲關聯性。聲音頻率共振是人事物間深層的連接，可觸及身心靈，如能給細胞帶來好或壞的效應，能影響健康和情緒及精神；如適當的音頻可緩解疼痛，柔和音律和低頻運動能修復人們的睡眠，小於 10 Hz 低頻共振有治療癲癇和帕金森的效果等。以下是「音聲相和」(2)的一個典型例子。

音頻和人類心理狀態的關聯

　　比較 432 Hz 和 440 Hz 在同一個樂器、同一首歌曲中的效果，人們會發現，432 Hz 自然、安詳、柔和、放鬆、清醒，讓聽者個體與外界和諧融為一體，而 440 Hz 有力、亢奮、集中、執着、焦慮、煩躁、恐懼，讓聽者與外界隔離或者矛盾鬥爭。許多研究顯示，432 Hz 和大自然中許多事物的運動頻率相吻合，讓人有放鬆、平和、安逸之感。而 440 Hz 感覺上態勢鮮明，但又讓人有壓迫感，感到不舒適。如借由沙子進行聲音可視化演示可以發現，440 Hz 音頻呈現的是一個比較「紊亂」的波紋，而 432 Hz 音頻呈現的是一個相對「悅目」的圖形。432 Hz 曾被廣泛使用，如我國古代黃鐘律的標準音，出土的古埃及樂器、古希臘樂器也是依據 432 Hz 設計的。近代古典音樂大師們，如莫扎特、貝多芬、威爾第、巴赫等，都是以 432 Hz 來進行創作的。

20世紀50年代，是格式標準化、機械化大工業的巔峰時代，那時所確定並推廣沿用至今的標準化音頻440 Hz，重點體現的不是人文關懷，不是自然的標準，而是符合慾望社會的需要，符合視人為生產工具、可替代性機器的需要。在1900年之前，古典樂曲盛行，並偏好自然和諧的432 Hz。1939年，英國標準協會（BSI）規定了中央C上的標準音高為A=440 Hz。1953年國際標準化組織將440 Hz定為標準音高，是因其當時代表了德國等音樂發達國家的喜好和趨勢。但當時這一選擇就遭到了反對，其理由是440 Hz尖銳、頻率飽和，易造成情緒激進與心理不悅，甚至可能導致疾病。如果當代再次討論標準的選擇，結果可能會不一樣，有可能就不會人為武斷地確定唯一標準，更有可能允許標準多樣性，並允許非標頻率，而432 Hz極可能是標準之一，並很可能是排位第一的標準。

　　有人說，頻率相近的人事物就會互相吸引。頻率可以影響頻率，音流學或聲動學確實很早就演示了一些有趣的現象。音樂動聽悅耳的隱藏秘密在於，振動頻率能「直擊人心」，「無有入無間」(43)。同樣，如要尋找宇宙的秘密，特斯拉說，就得從看不見的力量，即能量、頻率和振動角度去思考。愛因斯坦則更直白：關於物質，我們都錯了。所謂的物質就是能量，即當能量振動降低到能夠被感官知覺。物質是被還原壓縮到可見程度的精神。因而可以說沒有物質。基本上，能量振動頻率第一重要。愛因斯坦還指出，所有的一切，包括你我的身體，都由不同頻率振動的能量所構成。

6. 無為善治：治理的道德與良心

　　領導者、統治者、管理者可以總稱為治理者，治理者不能有太多的個人的想法，一切以大道鐵律、自然規律為準。直接而淺顯地說，在社會治理中應以民眾百姓的意志為準，而不能想法太多、心血來潮，按照自己的設計去拚命努力治理天下或者屬下。最好的治理就是放手，讓大道規律發揮作用，休養生息、乘勢而為、因勢而動，讓大眾百姓做好自己的事情。這種狀況下，治理者對大眾百姓而言就是透明的，人們只知道治理者的存在，卻不知道治理者做過甚麼事情，但大家感覺都很好，並認為這一切都是由大眾百姓自己幹出來的，是自己的聰明才智、自己的首創精神取得了成功，對自己和未來充滿信心和希望，而不是對治理者充滿信心和希望。這樣的治理者在老子的眼中就是最高水平、最高道德的治理者(17)。

　　聖人無心，以百姓的心為自己的心。（從宏觀總體上講）民眾百姓的心是善的，當然要好好善待；而如果民眾百姓的心是不善的，也要妥善對待。如此就會逐步得到改善，達到大德之善。民眾百姓中，那些可信的，當然要信任；而那些不可信的，也要誠信對待。如此就會逐步得到誠信、信任，達到大德之信(49)。那些想要努力治理天下或者屬下，並且想有大作為者，往往難以實現預期的目標。因為天下是神器，不能因為想有所作為就勉強逼迫它違反自然規律、社會規律。誰要是勉強、逞強而為，誰就會失敗；誰要是執意去做，就會失去天下或者屬下。所以，不勉強、不逞強做事，就不會失敗；不執意去做，就不會失去天下或者屬下(29)。

　　2500 多年前，老子從鑽研實踐了一輩子的周代禮樂制度中抬起頭來，仰望星空，拋開了一切束縛。周代禮樂制度中，禮就是對

人進行三六九等的身份劃分並確定社會規範，形成壁壘森嚴的等級制。樂就是基於禮的等級制度，運用韻律節奏歌唱等音樂來釋放、分化、緩解社會矛盾。老子反思已然衰微的周室，指出作為當時立國思想體系的周代禮樂制度虛偽荒謬，老子視其為引發禍亂的罪魁禍首。(38)老子指出只有道德才是每個人包括統治者應該遵從的根本和第一原理。

不與人爭、不與天爭、不與地爭，但用道去爭。用道的觀點和方法去觀察、去改變，觀己觀人觀天下。回顧中國現代史，在中國貧窮落後、國際環境惡化之時，鄧小平在 20 世紀 90 年代提出「冷靜觀察、穩住陣腳、沉着應付、韜光養晦、善於守拙、決不當頭、抓住機遇、有所作為」[23] 的國際戰略方針，渡過了關鍵風險時期，從而讓整個國家享受了幾十年的穩定發展紅利，而這就是用「道」去爭。

治理中的政策偏向、錯誤或者失誤常常是要輪迴的，就像時光倒轉，恍如隔世。只有經歷多者或熟讀史書並有敬畏者，才能老馬識途。由於歲月輪轉，代代更替，一個在崗幾十年的資深領導者，常會發現其上級發的指令公文有多荒唐，幾乎能把二十五年前已失敗的事情準備再做一遍，而且無任何改進，因為走向領導崗位的新人早已不知或者不相信失敗的原因，以為這就是創新。歷史故事常常輪迴，人類的唯一教訓是常常不吸取教訓。所以一個通過親歷或研究典籍歷史而閱歷百年，目光所及千年萬里的人，格局就會變大，錯誤就會較少，老子就是這樣的人。

在對人的領導治理中，如學術、軍事、商業、政治的領導管理等，主觀和客觀是難以完全區分開來的。如對熱衷政治的人而言，難有純客觀的政治預測，即使真心相信自己是客觀的，卻也根本

逃脫不了「不確定性」、「測不準原理」。而且自己使的力量越大、越專注執着，其所參與的能量就越大，結果就越難客觀，最終物極必反。

在勸說治理者無為善為、無為善治的同時，關於被治理者，老子的觀點是民眾不要對政府抱太大希望，更不能奢望。民眾對政府的需求應該僅僅維持在一個低水平，只需要一個託起社會底線的、最低限的政府。[15] 民眾對現實治理採取冷靜取捨，有時甚至批判的態度。對無信無義的治理者，採取非暴力、不合作、冷眼觀察的態度，儘量遠離。「治大國，若烹小鮮」(60)，治理者不能不停地折騰，不能急於求成，否則容易爛成一鍋粥。故治理者對待天下「神器」，始終需要小心翼翼、小火慢燉、輕試緩調、從容淡定，如此可得「大道」，做到「德善信慈愛」。許多時候，決定根本變化的往往是慢變量，社會的慢變量就是文化，如習慣、風俗、潛規則等，改變文化需從一點一滴、細水長流做起，滴水穿石，而不能寄希望於疾風驟雨般的一蹴而就。

7. 反戰善戰：先勝後戰，哀兵哀儀

哀兵必勝，知足有幸，盈滿則溢。

20 世紀初，慘烈的第一次世界大戰爆發，展現給人們的是所謂西方理性文化的無力，牛頓經典思維社會模式和機械文明的失效。面對與中國春秋戰國時代類似的混亂局面，政治領袖進入瘋狂狀態，宗教組織癱瘓了，學者專家胡言亂語，人心散了，沒有人能把人們從戰爭的深淵中解救出來。戰後，眾多學者對西方文化進行了非常認真的剖析和反思，對西方文明自身的缺陷深感絕望。

他們希望在其他悠久的人類文明，如東方文明中尋找到彌補西方文明缺陷的解藥，特別是從歷史悠久、戰亂頻仍、分久必合又合久必分的中華大地，從世代中國人的數千年智慧中，尋找到能夠植根於自然、尊重本能、節制有度、追求和諧、遵循宇宙規律的良知良序良治方案。一些西方人實地考察後認為，中華大地確實有以老子學說為代表的實在又具有超越性的智慧，這種強調自驅向善、向內用力、含蓄適度、大道自然的文化文明，應該成為解救歐洲危機的「良藥」。

百年前，當時羅素等人對中國的訪問，就是帶着這個目的，並取得了一些收穫，還對當時的中國予以評價和忠告。然而可惜的是，僅僅經過二十年，第二次世界大戰又在歐洲和亞洲爆發，人類來不及深刻反省，來不及修正歐洲文明殺伐掠奪的妄欲。而且在「二戰」結束後，人類還繼續冷戰了幾十年。

在《老子五千言》中，老子明確反對戰爭，如「夫兵者，不祥之器……兵者不祥之器，非君子之器，不得已而用之，恬淡為上。勝而不美，而美之者，是樂殺人。夫樂殺人者，則不可得志於天下矣……殺人之眾，以悲哀泣之，戰勝以喪禮處之」(31)，「以道佐人主者，不以兵強天下……大軍之後，必有凶年」(30)。老子反戰並主張和平和諧的預見和論點，激起了許許多多反思質疑歐洲中心和西方文化優越的學者專家的強烈共鳴。人們讚歎並認識到，老子思維對消解人類的妄欲和佔有衝動，緩衝社會矛盾和消弭人類衝突，具有重要的當代意義與價值。

在 2500 多年前的大周王朝時期，老子就總結了在他之前中華大地 2500 多年的歷史經驗和教訓，在《老子五千言》中展現出鮮明的反戰、斥戰的和平理念，並提供了緩解社會衝突與動盪的重要方

法。而就從老子之後的 2500 多年的世界歷史和變化來看，老子的思考和判斷無疑是正確的。厭惡爭鬥不止、反對窮兵黷武、希望人類和平的眾多西方人士，特別嚮往老子所描繪的「小國寡民」(80)的「世外桃源」，即「甘其食，美其服，安其居，樂其俗」(80)的和平生活狀態。如亞瑟‧韋利等西方譯者大多在英譯《老子五千言》文本中彰顯「和平」、「反戰」理念 [24]，西方嬉皮士也特別喜愛老子的反戰觀念。當然，有人開玩笑，稱老子是最早的嬉皮士，是有追求的嬉皮士，喜歡獨立與自主，具有顛覆性的反叛精神，嚮往回歸大自然。

一般人懼怕戰爭而躲避戰爭，因擔心在戰爭中失敗而害怕戰爭。然而老子與這些人明顯不同，老子在反戰、慎戰的前提下，告訴人們如何善戰，即善於作戰並取得成功。所以，要想基本讀懂、悟懂老子、孫子這樣的大家，需要學習思考探索幾十年，甚至一輩子。

老子的軍事思想認為：國家之間的戰爭起於貪慾；要想取勝，必須以奇用兵；要杜絕國家之間的戰爭，重在協調好平等和諧的大國小國關係；任何時候都需要遠離危險，保護自己。

許多在人類歷史上經歷過戰爭的帝王、君主、能人、上士，後悔未能提前或及時看到《孫子兵法》，否則戰爭結果就會不一樣。由此拓展，可以這麼說，如果每個人能早點看到《老子五千言》，人生結果就會很不一樣。孫子則對老子學說中的兵爭思想進行了拓展並放大深化，孫子思維就是老子思維在軍事、兵法領域的延續。

8. 消解貪婪：權力財富利益歸一

俗話講：貪了人世的便宜，會吃天道的虧。

德國哲學家黑格爾曾感歎：「歷史給人類唯一的教訓，就是人類無法從歷史中得到任何教訓。」這句話對於全人類或者所有人來說，不一定完全正確。但研究兩次世界大戰以來的人類歷史，可以這麼說，黑格爾的判斷相當有道理。

只要人類欲壑難填，人性不能遵道而自律，不能向善進化，不能與道同一，歷史總會重演，甚至重複千年前的悲劇。所以，人們需要多閱讀、多思考由鮮血、汗水和無數失眠之夜凝聚而成的經驗、教訓、苦難，以及據此寫就的歷史、哲學、科普等經典書籍，通過了解過去以應對當今，預見未來。

對普通的個體而言，需要做的第一件事就是照顧好自己，而照顧好自己的最好方法不是放縱自己，而是在保證自身作為人的基本權利，尊重自身的正常慾望、合理需求的前提下，杜絕妄欲，如偏執、妄想、奢望、貪婪，接近大道，依照規律行事，讓道去為，隨道而為，達到「為無為，則無不治」(3)「功遂身退」(9)的超能善成境界。

老子告誡我們，大道允許、扶持億萬人事物按照自身規律，獨立自由自然地生長化育，而在此過程中自律起着重要作用，維持着整個系統的有序和良治。大道無私無欲，故而安詳。人應少私寡欲，偶爾妄欲仍會發作，慾望爆棚、無止境擴張、興妖作亂者時不時地仍然會出現。當妄作頻仍時，大道就用真純的樸素（即大道的另一個名字「真樸」），對這些無良失道者先規勸更正，無效後繼而鎮壓摧毀，以維持道法自然的生態及宇宙秩序(37)。

「天地不仁，以萬物為芻狗；聖人不仁，以百姓為芻狗……多言數窮，不如守中。」(5)天道會自然消解人們的極端和貪婪，使得權力財富利益歸一，實現均值回歸。

天道主導的均值回歸

中國民間俗語：「十分聰明用七分，留下三分傳子孫。」此話初聽似乎沒有道理，但仔細想想似乎挺靈驗，就如《紅樓夢》所說：「機關算盡太聰明，反誤了卿卿性命。」人們常會發現：父母非常聰明，甚至有的精明得讓人生厭，可他們的子女卻有些愚鈍，甚至不開竅。我們前輩古人經常強調「福氣」這個詞，看不見摸不著，卻真會決定一個人的發展。太過聰明、算計過頭的人會損害這種福氣，而招來周邊更多的妒忌、怨恨、算計。聰明過頭者，難免做些敗德之事，讓子孫沒福，如同落入自挖的陷阱；聰明過頭者，自以為掌握了天機和一切，實則還是圍繞定數在循環徘徊。而這些與人類遺傳上的「均值回歸」現象是吻合的。

俗話說：「龍生龍、鳳生鳳，老鼠的兒子會打洞。」而「均值回歸」是指物種下一代的潛能稟賦向物種平均值回歸，即父母的極端特徵不會完全遺傳給下一代，後代會慢慢向大眾平均值靠近。如政商軍學界的卓越傑出者，其子女天生的稟賦大概率不如其父或母，這些指標包括身高、智商、容貌等。由於人性具有妄欲、貪婪、不知足的缺點，由此進一步推論可以得知，掌握權勢資源的父母會人為地把一切好處往子女身上堆

積，而這必然與社會能接受的任人唯賢、公正公平相牴觸，也將更多的超常壓力或者敵視轉嫁到下一代身上，從而引發各種問題並惡性循環，加上天道自然的「均值回歸」，大概率會導致虎父犬子、虎媽鼠女，進而導致敗家皇二代、富不過三代、學霸弱後代的結果。這就是天道的平衡作用、大自然的調節智慧。

大道自身可以永存永生，除此以外，沒有任何人事物可以永存永生，否則就如癌腫，其無止境的擴張必導致自身的主動或者被動滅亡。對貪婪者而言，「看他起高樓，看他宴賓客，看他樓塌了」，是千萬年來的輪迴宿命。對社會而言，權力、財富的高度集中，甚至專制獨裁，嚴重的社會分裂和貧富不均，都將招致天道懲罰，如大規模的動盪、暴動、起義、革命等，以重新洗牌，重啟後一輪的運行。在此過程中，無數的擁有至高無上權力的霸佔者被歷史踏在腳下，被剝奪得一無所有，甚至遺臭萬年；無數的擁有數不盡財富的不良商賈被歷史清算，被剝奪得身無分文，甚至餓死街頭。貪婪者並非天生就壞，每個人如果不自律、無敬畏，都會貪婪。無論富者貧者，還是權勢者僕從者，遵道是最好的護身符，大道是對每個人的最好保護(62)。

老子提醒我們，世俗者不厭有，只嫌不足，往往多多益善；而不知道停止索取、適當適量適度最好。世俗者一味追求銳利、鋒芒畢露，而不知道過於冒尖的東西容易折斷，難以自保也難保全周邊。金銀玉石堆滿堂室，生不帶來死不帶走，不可能守得住；位高權重的豪富驕橫傲慢，終會咎由自取招來禍殃。善為成事、功成不居、隱而身退，如春生、夏長、秋收、冬藏，這樣才是天道呀(9)。

老子開導我們，有些時候，進就是退，因為如果純粹由慾望驅使而前進，一味地做財富、權力、名利的加法，那就是背道離德；有些時候，退就是進，因為知曉應該捨棄哪些妄欲、如何把握規律進而遇難成祥，時常做財富、權力、名利的減法，那就是得道上德。

深顯道／佛境界的《插秧詩》

關於退即進的道理，最為形象易懂的是南北朝布袋和尚的《插秧詩》：「手把青秧插滿田，低頭便見水中天。六根清淨方為道，退步原來是向前。」古代農田插秧時，需要手握嫩綠的秧苗，低頭邊退邊插，一撮一撮地插滿水田。插秧低頭時可看到水田水面倒映着的天空和雲彩。所插秧苗需根鬚清淨、沒有腐爛，將來才能長成稻（道）。插秧的人看上去是邊插邊後退，可插好的秧苗[將來的稻（道）]卻是一步步走向前的。

這個故事也隱喻了老子的「明道若昧，進道若退，夷道若類」(41)，即光明的道路好似暗昧，前進的道路好似後退，平坦的道路好似崎嶇。

貪婪而驕橫的秦朝很短命，根源在於秦始皇和秦二世在權力和利益方面的妄欲。「天下有道，卻走馬以糞。天下無道，戎馬生於郊。」(46)讓民眾休養生息，保持社會安定，自由組織生產，是富民強國的常用妙藥。秦始皇知曉自己的無道，故有被迫害妄想症，總怕被殺，所以風聲鶴唳，草木皆兵。為了滿足自己無止境的權力慾望，不停地在軍事上折騰，窮兵黷武，修建長城，耗盡民財。秦

始皇害怕最終的公平——死亡，迷戀長生不老，甚至被徐福等方士所騙；修皇陵，建兵馬俑，竭盡奢侈貪婪；為控制輿論、阻塞民口，毀壞文明、焚書坑儒。貪婪將他的皇朝送上了斷頭臺，最終萬里河山毀於一旦。

對土地的貪婪如納粹德國和法西斯日本，第二次世界大戰時，它們侵略攻佔了許多國家，霸佔大片的領土，貪心不足蛇吞象，妄圖吞併整個世界，最終物極必反，徹底崩潰。

對財富的貪婪，典型的例子如「和珅跌倒，嘉慶吃飽」。和珅長相俊美，通曉滿、蒙、漢、藏四種語言，從破落的八旗子弟升為清朝第一權臣。在擔任戶部尚書主管財政時、在擔任吏部尚書主管官員任免升遷時，皆不知足，隻手遮天，順手牽羊，中飽私囊，索要賄賂，聚斂財富，無所不用其極。在讀書人不齒經商的時代，一品大員和珅竟暗暗地做起了生意，開始經營土地買賣，各種各樣的商舖，如當鋪、古玩瓷器鋪，甚至糧、酒、灰瓦店等。最終落得入獄抄家的結局，獄中被賜自盡。經查抄，和珅貪污的總資產相當於大清皇朝全國二十年的財政收入，一併被繳沒入國庫。

所以，老子講，大道是蘊含在萬物千差萬別表像裏的真正內涵奧妙，是善良之人的珍寶，不善之人的保障。美好言辭可換來別人的尊敬；良好行為可得到別人的尊重。人有不善之處，怎敢捨棄道呢？所以天子即位時，設置三公，雖有拱璧在先、駟馬在後的獻禮儀式，還不如把大道作為禮物進獻給他們。自古以來，人們之所以把大道看得如此寶貴，不正是由於求它庇護就一定能得到滿足，犯了罪過也能得到它的寬恕嗎？所以，天下人才如此珍視大道(62)。

9. 永恆不死：道德的崇高和深邃

世上沒有一個所謂的人格神、人形上帝或者造物主，但確實是有一個造物者。這個造物者，用幾千年前老子的話講，就是大道。

所謂道德，其真正的含義是，依據人事物本來的自然規律，去奉天治世、為人處事，去觀察天地人；而不是遵照人為的清規戒律，特別是自己自以為是的想當然，去為所欲為。值得注意的是，世俗的人為「道德」一定程度上已成為禮義廉恥、風俗規範、循規蹈矩的代名詞，與老子的「道德」不是同一含義。

大道無處不在、玄妙深奧、無形無狀，單靠屏氣靜息也無法觀察到它的真貌全貌。因為主觀客觀無法完全區分，會存在因人而異的觀察者效應，猶如量子效應，從而仁者見仁、智者見智。要想真切、無干擾地觀察到大道，就要消除客觀，也要消除主觀，即進入無我的狀態、進入大道的狀態，進行無觀察者效應的觀察，即以道觀之，從而能看到永恆大道的體形神韻，看到真實的、有無限可能的世界。

如果說中文是中華文化的基礎，那麼「道」則是中華傳統文化中的根本核心理念。一個「道」字，讓中華文明站到了世界文明的最高點。「道」是一切的起源。「道」字，先「首」後「走之」的結構，既表明含義，又揭示規律。「首」就是大腦、腦袋，代表思維、思想、精神；「走之」就是行動，腳踏實地。「道」在字面上的淺顯意思是思考驅動行動，以行動運載思考，知行合一。這個「之」，像「龍船行水」的模樣。孔子對老子的形容便是見首不見尾的神龍！老子告訴我們：「上善若水，水幾近於道。」(8)但水能載舟，也能覆舟。可以這麼說，「道」的文字結構，代表了「道」的本體，揭示了「道」

的含義寓意，蘊含了道的功效或者應用，即德或善。

老子建立的以道及德為核心的宇宙觀、世界觀、人生觀、價值觀，是在中國先賢中表達最為深刻入微、宏大包容、齊全完整，內涵精神層面完全一致的思想系統。他告知人們，世界是由無及有衍生出的億萬天地人事物，人生是以道行德的代代循環，道是根本的評價評判。

老子天才般地將一切提煉為永遠糾纏在一起的「無」和「有」，有不是永恆，無是永恆。有是有形世界的來源，而無是無形和有形世界的終極來源，即道。道的特性：循環往復，不會枯竭，道法自然。道生成萬物，以德的形式存在於萬物之中。

《老子五千言》中的「道」，也就像一個巨大無形的、按照圓形軌跡循環往復的飛去來器，經過一段時間的等待，還會飛回來；也好像一個不斷循環上升的空間螺旋結構，不斷繞圈、不斷循環、不斷爬升，而生命的 DNA 雙螺旋結構也是如此形狀。但是，對人而言，壽命有長度，所以這個循環也有長度，如果放進整個人類的輪迴進化中，或許，這就是生命的一種無限延長……

10. 修身養心：物我兩忘，天人合一

老子的人生三寶：一慈，二儉，三不敢為天下先。

慈，就是慈眉善目、發自內心、由內而外地慈愛後人，慈善弱者、慈悲哀者、慈祥敗者、慈和強者。老子的三寶，反映在做人上，就是和氣的臉、克制的嘴、良善的心。正所謂「你的五官裏，印着你的三觀」。而和氣大度的人，往往心寬似海，言語神色，令人溫暖。和氣待人，和氣對事，好運才會不請自來，生活才會越來越順。

儉，生活儉樸，飲食穿着儉樸，反而健康瀟灑。簡化人事物的各類安排、自律自己的言行舉止、節制自己的慾望而分寸有度，不得寸進尺、貪得無厭。人敗皆因狂，事敗皆因貪，家敗皆因怨。「持而盈之，不如其已；揣而銳之，不可長保」(9)，老子忠告：拿得太多，不如適可而止，鋒芒畢露，就難以長久。慾望可能是成功的動力，但貪慾必定是失敗的源頭。

「不敢為天下先」(67)。億萬人事物都有自己的秉性，行動之前應先觀察其本質規律，就能達到事半功倍的成效，而不是擅自做主，因私心而妄動；不要在爭權奪利方面居於人先，以不爭為爭，爭好似不爭，終讓道去爭，不爭而善勝；英勇膽大如超過了天地允許的分寸，就容易被殺，英勇有度而謹守天地允許的法度，就容易存活。

老子規勸人們要把控好自己，遵道而養。「心使氣曰強。物壯則老，謂之不道，不道早已」(55)。工作生活節奏快，精神壓力大，意志又逞強，情緒波動化，心所欲所想驅使氣勢高昂、盲目逞強，即「心使氣曰強」，如此會對生命健康造成危害。如果性情急躁再加上飲食過度，營養過剩，肚肥腰壯，各種疾病發生的概率大增，無法保持胖瘦適宜的外形，更難以達到仙風道骨的狀態，難以健康長壽。

老子希望人們包容豁達，遊刃有餘。如果說通常人們喜歡黑白分明、黑白針對、非白即黑，老子則更強調知白守黑、黑白轉化、黑白和諧。所以代表老子理念的顏色應該是最包容、最普通的「無色之色」——灰色，它包含了黑、白、紅、黃、藍等；代表老子理念的味道應該是最包容、最普通的「無味之味」——水。

老子的自覺傳人，道教的祖師之一葛洪，將老子學說中貴柔少

私、見素抱樸的思想加以改造，轉化為長生、成仙之道，開闢中醫健康道路。他提出要成為「神仙」，首先必須遵道功德，積累善行，慈愛為懷。老子以自己的一生身體力行地提示人們，人不能單純修煉，也不能僅是遁隱山林，而是要像大道一樣，無為無不為、無為無不治地服務蒼生和天下。

人一生需要順境修力，逆境修心；說話留德，做事留心，做人留路。人要讀書，以昇華氣質，凝練靈魂；人要行萬里路，以見眾生，珍惜此生；慎重遇人，因為近朱者赤，近墨者黑。

人的一生要「見自己，見眾生，見天地，悟大道」。「德者，同於德；失者，同於失。」(23)有德的人，會遇到同樣品性高尚的人；失德的人，會吸引同等品性卑劣的人。人生對待自己有三種境界：閱己，越己，悅己。放得下的人，處處是大道。「江海之所以能為百谷王者，以其善下之，故能為百谷王。」(66)「敦兮其若樸，曠兮其若谷」(15)，平時虛懷若谷，關鍵時才能安之若素。水低為海，人低為王，不虛榮者，才有尊嚴。

人這一生，就是一邊得到一邊失去的過程。「禍兮，福之所倚；福兮，禍之所伏。」(58)禍福相倚，得失相伴。世間萬物，沒有絕對，有好有壞，有得有失，才是人生常態。失去了，不絕望，因為暗到極致必有光明；得到了，不張狂，因為順境後必有坎坷。當你明白無常，你就不會張揚。

人生這場修行，修的是自己的心，行的是自己的德。「企者不立，跨者不行。」(24)要是自己能力不夠，即使別人幫得了一時，最終也會因內在和外在的不匹配，得到的全部會失去，甚至還會招致災禍。所以說，當不夠優秀時，即使有機遇，也難以把握；即使遇到貴人，也未必是幸事。真正智慧者，懂得按照自己的節奏行

走，做自己的貴人，創造想要的事業和生活。打破原有認知，突破固有局限，做最好的自己，才能看見更廣闊的天地，遇見更好的別人。因為你遇到的所有人，都是另一個自己，他們的所有特徵，都是你思想觀念的顯化，所以要不斷完善自己，才能遇到更好的人，看到更清明的世界。

修身體現在言行得當，遵道而行。「信言不美，美言不信。善者不辯，辯者不善。」(81)諸葛亮舌戰羣儒，一生經常與人辯論，可謂雄辯之才，可他也說：大辯不辯。辯論的最高境界，就是不辯！對待有些人，不辯可能是最好的方法。和不同層次的人溝通，會是一種無奈，最好微笑對待；和不同層次的人爭辯，會是一種消耗，最好是好言求敗。愚者喜爭高低，智者以退為進。不爭的訣竅：身退道進；不理睬的價值：沉默是金；不怒的緣由：放過自己。

「信不足焉，有不信焉」(17)，人一旦喪失了誠信，就很難再獲得他人的信任與尊重，而不守信的名聲也會伴隨一生。人活一世，一朝失了誠信，就會淪為孤雁，無人再願與之交往。甚至商人會因不守承諾，而丟掉性命。所以要「與善仁，言善信」(8)。

不傷人心，是做人的修養，「善言無瑕謫」(27)。會說話的人，說出的話既不傷人，又能以柔和的方式解決他人的困難和尷尬。「天乃道，道乃久，沒身不殆。」(16)做事情要順應上天的規律，做人亦要有底線和原則，才能長久地生存發展下去，於人於己都不會帶來災禍。

我們每個人需要身體、心理、精神三個層面的健康，而最為核心的是對心靈的呵護。心靈是甚麼？心靈是精神性的意識，它並不是指具體具象的心臟、大腦，而是超越心臟、大腦，能夠操作心臟、大腦，具有重疊、多樣、糾纏等特點的精神系統。心靈與時空相應，

具有規律和不確定性。它是經年累月訓練積累而成，並不斷進化升級，如模擬的數學模型不斷迭代完善。

相由心生，病從心起！好的心態，讓人健康長壽；消極的心態，讓人疾病纏身。最好的心態：對過去釋懷，對未來不憂，對當下珍惜。「其安易持」(64)，只有事態穩定，局面才容易維持；而想要把持好人生，就要有穩定的心態。釋懷過去，才能擁有幸福。「飄風不終朝，驟雨不終日。」(23)狂風刮不了一個早上，驟雨也下不了一整天，所有不好的事情終究會成為過去。我們需要做的就是去釋懷，去放下，若一味地沉浸在過去的痛苦中，只會無端地消耗自己。

人們都知道，心理醫生難做，而且風險很大，因為很容易角色代入，將所有他人的煩惱和痛苦，變成自己的煩惱和痛苦，並且難以自拔。也就是說，當你進入人的世界、人的內心去解決心理或者精神問題，風險很大，極易沾上煩惱，醫治幫助的人越多，煩惱也會越多，猶如下入泥潭，不但救不了別人，甚至還賠了自己，可謂是事倍功半。而另一種方法，基於大道的方法，反而更為可行，即帶人進入大道的世界，而不是你自身進入人的慾望世界，設法用大道的原理去清靜、安靜地發現問題、解決問題或者讓其自行消化，可以事半功倍。因此，每個人都可用《老子五千言》，自己做好自己的心理醫生。

第四章

永恆困境：
人性的妄欲貪婪不知足

　　人性最大的罪過就是妄欲、貪婪、不知足，人的惡毒、惡劣、罪惡能超出想像，如盜取販賣器官，殘害持不同意見者，滅絕種族，戰爭謀利，等等；人性最大的智慧就是物我平等、和光同塵。人的慈善、大愛、光輝也能超出想像，如傾家捐助，收養素不相識者，主動犧牲，等等。人要根除妄欲、貪婪、不知足等人性弱點，就必須遵道、用道，與大道同在。否定大道的愚鈍者，得不到大道的教誨，就會變為迷途的羔羊，任憑宰割而不知前途；拋棄了大道的聰明者，會陷於巧計而最終自毀；懷疑大道存在的極端聰明者，會常有難以消除的壓抑和孤獨；樂於擁抱天地自然社會者，時刻與大道為伴，就能感悟到甚麼是寧靜和幸福。擁抱大道就是擁有智慧，智慧帶來幽默；違逆大道就是邪惡，邪惡帶來粗鄙。

　　人類有許許多多需要共同面對的挑戰和難題，如未知世界、地震洪災、氣候變化、疾病醫治、生命救護、生態保育、環境維護、生離死別等，但人類因為各自私欲而無法凝心聚力，陷於自我慾望中無法自拔，無法拯救人類自己。

　　一個人一生最基本的核心命題是如何對待罪惡、權力、名利、責任和義務，重點是如何提高警惕，防止貪慾，保證心理狀態的

「常足」，以及如何通過重視責任和義務，以轉化、轉移、消減貪慾之念。「得到食物、衣服、住處及醫療，是一項基本的人權。」1976 年諾貝爾經濟學獎得主、被譽為 20 世紀最具影響力的經濟學家及學者之一的弗里德曼認為：「如果福利是一項基本人權，那麼提供福利的人豈不成為享受者的奴隸了？」這就告訴我們，每個人不能僅僅伸手享受社會、家庭和別人給予的好處與福利，更應該擔當起自己的責任。

人類根本的權益，就是基本生存需求必須得到保證；人的最低發展需求和精神成長環境應該得到保障。在此基礎上，人對外在的欲求應該適可而止，而不能永不知足，應該將最大精力用於自我修養、修煉、提升上。責任和義務不是本章討論的重點，本章重點探討更為沉重的人類原罪和弱點問題。

1. 人類的需求、慾望與滿足

老子告誡我們，青、黃、赤、白、黑五色均沾，顏色就會眾多而繚亂，使人目不暇接如同色盲；宮、商、角、徵、羽五音均出，聲音眾多而齊鳴，讓耳朵難以分辨如同耳聾；甘、酸、苦、咸、辛五味雜陳，味道眾多，使人感覺味覺失調，食慾受傷；縱情馳騁田野圍獵，使人身心躁動發狂；稀罕的珍貴寶物的誘惑，使人不擇手段而行為走樣。（12）遵道有德之人，只為維持基本權益，如衣食住行等，做簡單有限的取捨；把一切名利權情等世俗之事，儘量簡單化，不過分介意別人的評價，摒棄算計多思帶來的勞累和煩惱，化繁為簡；只遵從內心的呼喚，遵從大道的呼喚，將精神財富和崇高作為自己的追求。

人類最大的原罪就是妄欲、貪慾、貪婪（3，46，80）。

甚麼是妄欲？這要看慾望的等級和定義。人類的慾望可以分成如下等級：欲求、慾望、妄欲、貪婪、窮奢、極欲。能力與慾望相匹配會帶來短時間的滿足或者快樂，而長時間的滿足和幸福，則來自知足，來自信仰，來自自我肯定。當代積極心理學早已詮釋了這一點。[24]

甚麼是對物質、財富、權力等的正常需求、合理滿足？甚麼是畸形貪慾？如何判斷？依據是甚麼？無論低級的需求還是高級的需求，如果保證了一個人生存所需和健康壽命的最低最基本所需，就是兌現了最低程度的滿足；如果在保證了最低程度滿足的基礎上，還進一步實現了潛在的最近發展區的需求滿足，可算是一個人已經達到了最高的滿足。

人們的知足而足，就應該發生在最低程度的滿足和最高程度的滿足之間。這就好像摘下低垂在面前的蘋果，是最低程度的滿足；需要跳起來才能夠摘下的高處蘋果，是最高程度的滿足；而要採摘遙不可及的高遠處的蘋果，企圖一步到位、飛躍而至，就是妄想性的慾望。

最高程度的滿足是正常需求和妄欲之間的突變臨界點。追求遙遠發展區的物質、財富、權力等極限程度的需求滿足、慾望充填，就是妄欲，包括程度更嚴重的貪婪、窮奢、極欲等。人們在低級層次需求、高級層次需求中，都可能出現妄欲，只要超過了合適的界限，就是妄欲。

當然，每個人的能力和天生特點有所不同，最近發展區大小寬窄有所不同，所以，是已經抵達最高程度的滿足，還是屬於妄想程度的慾望，因人因事因時因地而異，得靠每個人自己的感悟和與周

邊的互動感受。

人類的需求與馬斯洛理論

需求可以區分成初級、中級、高級三個層次，包含生理、安全、社交、尊重和自我實現從低到高五個等級的需求。[25]

初級層次。生理需求：這是最低級別的需求，包括對食物、睡眠、水、空氣和居住等的生理需求，只有滿足了這類需求，人們才能轉向較高層次的需求。安全需求：這是略高一點的需求，包括對人身安全、穩定生活以及免遭疾病威脅或痛苦等的需求，是和生理需求一樣重要的基本需求。

其中享樂型的生理需求是最低級的自毀型的需求，是一種通過放縱就能獲得的條件反射型的低級慾望。放鬆自我約束、自我要求，放縱自我，就可以滿足自己的各式各樣的感官或肉體的低級慾望，如賭博、貪食、縱慾、狂歡、傳謠、吸毒等，會讓人沉浸其中不可自拔。許多公司通過各種刺激和上癮的設計，利用人性的弱點去賺錢。而大道規律是，凡是讓人極樂的，也必定讓人痛苦。如個人的低級慾望被無限制地滿足，毀滅就在不遠處。

中級層次。社交型需求：當生理需求和安全需求得到滿足後，就會產生這一層次的需求，包括對友誼、愛情以及隸屬關係的需求。這些需求能否滿足，會影響精神面貌、敬業精神、工作態度和情緒表達。尊重型需求：包括自我成就感，自我價值的存在感、實現感，他人對自己的認可與尊重。希望別

人按照自己的實際形象來接受自己，並被認為有能力。別人是否尊重或者認可會直接關係到自己的晉升、名聲、成就和地位。這些需求被滿足，自我會充滿自信；不能被滿足，就會沮喪頹廢。

這些需求都要通過自律而獲得，甚至是苦行僧般的自律，即敬畏、揣摩大道允許的尺度，並據此進行有德行的行動。自律就是自由，即大道指導下的自由，否則就是放任縱容；明白哪些是大道德行，內心良知知道哪些不能幹，那就真正獲得了自由。人因自律而變得優秀。一個人遵道行德的自律程度，決定了人生高度。

高級層次。自我實現需求：目標是發揮潛能或自我實現。達到這一境界者，能接納自己也能接納他人。自覺性高、獨立判斷、善於處事、善解難題，受到激勵後，會富有創造性和建設性。要實現這些，進而盡情發揮自己的才能，應該已在某個時刻部分地滿足了上述其他需求。同時，能夠自我實現者也可能因為過分關注這種高級層次需求的滿足，從而自覺或不自覺地放棄上述層次的某些需求。

高級層次需求的滿足，需要通過煎熬才能獲得，因為這是在挑戰一個人能夠到達的人生巔峰。讓人極樂的，必讓人痛苦；讓人痛苦的，必會讓人獲得延遲的高倍收穫。黎明前的夜是令人絕望的、最黑暗的階段，猶如宇航器回歸地球前的最後階段會有恐怖的黑障時刻。未經歷的人，難以真實描述此感受。在此時空階段的人，需要堅韌、頑強，對未來充滿希望，即對大道本原和規律的敬仰。要經受住並沖過這個階段，穿透人性、穿透冷暖、穿透真相，就需在日常鍛煉出忍受各種委屈

的能力：付出不被認可，努力反被否定，辛苦沒有成果，隱忍反被誤解，真心遭遇拒絕。在此絕境過程中靜悄悄地痛哭，進而成熟醒悟而使生命昇華，從而積蓄顛覆性的能量。

上述列舉的各類各級人類的欲求，甚麼是在大道允許的度以內，很難判斷，會因人因事、因時因地而變，一個比較簡潔的判斷方式，就是避免「德不配位」、「德不配天」的狀況。願望、慾望超過了自身的能力和潛能，就會成為妄想，從而失道寡助，禍福就會轉向。當然人的潛能不是一成不變的，是在認知和實踐中不斷提高的，這是一個不斷動態變化、不斷進步的過程。

而判斷潛能的比較好的依據，就是蘇聯心理學家維果茨基的最近發展區理論。儘管其是關於兒童教育發展的，但筆者認為其對成人的潛能與發展判斷同樣具有參考價值。筆者認為，人的發展有兩種水平：其一是每個人的現有發展水平，指獨立活動時所能達到的解決問題、滿足需求的水平；其二是每個人的可能發展水平，也就是通過教育、實踐、創造所能獲得的潛能、潛力。現有發展水平與可能發展水平之間的差距就是最近發展區。而超出最近發展區之外的人們意欲在個人私利方面實現的念想、夢想、慾望，就都是一些可望而不可即的妄欲。

人類社會就是慾望之海，無可逃避，必須面對，既要渡己，又要渡人。人們要能在如此海中，藉助浮力而漂起，以到達彼岸，就不能在游行中嗆水、窒息、沉淪甚至溺亡。我們需要了解慾望，以便復原人性，回歸本性，最終讓大道德行得以發揚。所以人們需要像進行情緒管理一樣，進行慾望管理，進而達到內心對大道的認同，最終從內而外地展現出德善信慈愛的容貌。

2. 人性最大的禍殃是不知足

人類的共同挑戰是疾病瘟疫、饑荒貧困、深遠太空、極短時長、微觀尺度、健康長壽等；人類的共同敵人是罪惡、愚昧、戰爭等。這些挑戰或者敵人，需要我們每一個人去面對、去解決，而不是人與人之間你爭我奪、爾虞我詐，也不是人類對自然的掠奪和榨取，而是互惠互利，互補有無，共同生存發展。

當人們遵道立德，即使以前被徵用於奔馳作戰的駿馬，也會被用於回歸農田積糞耕作(46)。人類所有的聰明才智，所有人力、物力、資源都會從事良性活動，即聚焦於全體人類都可以享受的福祉，如探索太空、科學技術、人文藝術、醫療健康、生產耕作等增長人類精神財富和物質財富的活動，而不是某個人、某個集團的私心貪慾。

精神和物質財富的增值活動，可以被稱為良性活動，是為了滿足人類生存、發展必不可少的需要，以不違反天地、不違反大道的本原及其規律為前提，因而不會被道所拋棄而招來天地報復或者懲罰。這些活動是讓人們滿足基本慾望，而不會煽動其更大的慾望，更不會引起欲壑難填之憂(46)。一旦人們貪婪，對權力、金錢、美食、情色、名利、地位等慾望過甚，就會走向良性的反面。

人的基本需求不是貪慾，而是每日三頓營養餐、衣着和住宿無憂、工作有保障等。能在律法和規則範圍內自由表達而無生命之憂，是必須保證的常足，也是每個人應該感知而不能忽略的常足。常足就是符合大道規律的人的需求與欲求。人的基本權利，即最起碼的生存與發展權，應該得到滿足。社會和政府應該恆常保證每個人的衣食住行、言論表達的基本權利，同時每個人應該勤奮勞動以

獲得屬於自己的各類基本回報，而不是想着不勞而獲，甚至想霸佔掠奪。

當天下「無道」，就連懷孕的可憐母馬都被拉上戰場當成戰馬，只得悽慘地在野外分娩生出小駒(46)。在無良的時代，所有的聰明才智和一切資源都會被用於龐氏騙局、金融霸權、橫徵暴斂、詐騙掠奪甚至戰爭謀利等惡性活動。正是各方的貪慾和不自製才導致了人類歷史上無休止的戰爭，必須堅決反對戰爭以及導致這些戰爭的源頭，包括戰爭在內的這些惡性活動是殘酷甚至滅絕人性的，為天理天道所不容(46)。

人最大的原罪就是多欲、濫欲，人最大的禍殃就是得寸進尺、貪得無厭、不知足，人最大的錯誤就是喜好擁有，不願失去，只欲獲得。這些行為與大道是完全不符合的，甚至是忤逆大道，是真正的缺德。與老子的論斷類似，佛陀認為：貪嗔痴，殘害人類身心，使人沉淪於生死輪迴，為人性之惡的根源。基督認為：人天生有原罪，即人會自作聰明，濫用自由意志，以自我為中心，放大人性醜惡的那一部分。當利慾薰心，妄欲得不到滿足，一些仇恨社會、反人類的罪惡就會出現。然而如此的罪過行為，如此的個人、家庭、社會、國家、人類的悲劇，卻在歷史上一再重演。

突破人類道德下限的惡性案件

2008 年日本秋葉原，25 歲的加藤智大開着貨車沖向人行專用道，撞倒、碾壓路人，隨後又下車繼續用匕首攻擊路人。從此「無差別殺人」這個概念流傳下來。

在國內，2021 年大連寶馬無差別殺人案、2023 年廣州寶馬 SUV 無差別殺人案……在這些無差別殺人案中，人們無從防備，無法識別潛在兇手，任何陌生人都可能是攻擊者，呈現在人們面前的是一個不公平且極度危險的世界。

公平世界假設還會讓我們對無差別殺人衍生出一些不那麼正確的揣測，譬如兇手殺人，一定是因為原生家庭的失敗。每當重大兇殺案發生後，社會輿論譴責的對象先是兇手，然後是兇手的家人。人們努力從兇手的家庭教育裏尋找失誤根源，遺憾的是，這種失誤的存在是薛定諤量子態的，是不確定的。根源是人類的原罪：妄欲、貪婪、不知足。

從個人層面講，無差別殺人犯，是道德標準很低的人。否則，一般人會寧願傷害自己，也不願無差別傷害他人。無差別殺人是個人、家庭與社會綜合的結果。

妄欲的目標就是過度佔有，如此逆道違德的妄作等，是在人事物的生長化育壯大的過程中必將產生的(37)，是對社會環境生態和本人自身有害的副產物。要對付原罪、禍殃、錯誤這些有害的副產物，就應該用最為樸素、絕對真理的大道本原和規律去鎮壓、去削弱，讓人事物進入虛心至極、守靜誠信的境界(16)。

「極欲」是對外在人事物的極度貪婪。對自我的過度重視和抬高，則把自己的慾望置於天地宇宙萬物的上面，把我置於世間第一原理，而不是把大道置於世間第一原理。正因為把自我的一切看得特別重要，所以才會不擇手段地滿足自我，追求多多益善、好之又好、頂尖之頂尖，直至最終失敗或者徹底毀滅，也許方才大夢初醒(9)。

大道、天道無私無欲，沒有佔有的想法；而世人即使少私寡欲，也難以避免霸佔、妄想、多欲、貪婪等，而帝王權臣富賈更甚。死亡是大道、天道用於解決人們貪婪妄想的終極策略，以便給後來的生命、後來的人們、後來的思想、後來的精神，騰挪出位置。

　　要看清妄欲及其危害，需要以五十年、一百年為時間軸的基本刻度，用千年的眼光，去觀察、研究億萬人的命運。通過回眸過去、展望未來應能發現，一個個產生又消亡的朝代，一個個流芳百世和遺臭萬年的人物，都揭示着興替規律的存在，而其背後是大道規律在導演；人的無盡善良或者極端惡毒，超凡智慧或者狂妄愚蠢，都在歷史舞臺上張揚展出。人們可以看到靈魂空虛的卓越，也可以觸摸到靈魂感人的平凡。人們的痛苦源自僅陷於自己此生慾望而不能自拔；人的幸福在於善知、善待歷史和當代眾生，並且明瞭自己應該如何度過此生。

　　跟隨大道而擁有德善信慈愛者，既不貪戀自己的人生，也不拒絕自己的人生，而是始終關心億萬人曾經擁有或者正在擁有的人生，讀史明智，進而可以善待並超越眾人。研究早已表明，生命是處於經典規律和量子規律交接處的神奇 [26-28]。眾所周知，量子是波粒二象性，而人性就像是物性與神性的二象性：疊加、糾纏、不確定。人性的貪婪程度遠遠超過動物。動物最多只會貯存一個冬天的食糧，而人們會拚命佔有幾輩子用不完的資源、財富等；令人欣慰的是，人性有遠勝動物的羞恥心，絕大多數人會反省、自責、自律，不會禽獸不如。明白了這些，我們就要防止被動地沉湎於人慾，而要主動投入大道的懷抱。禍福相依，身在福中不知福，故將無福；福無雙至、禍不單行，身在禍中不知禍，故必有禍。我們需要看清人性的卑劣或崇高，人性的軟弱或剛強，人性的愚鈍或智

慧，人性的惡毒或善良。

　　人類歷史舞臺上，政治交易骯髒血腥，資本逐利貪婪無恥，名利標榜而不知足。歷史上的篡權政變（殺兄欺父的篡位、殺女害兒的後宮）、財富掠奪、資源盤剝同樣會出現在當代，只是表現方式更隱秘，或者更加赤裸裸，一切均源自貪婪；好大喜功、勞民傷財，一切源自「奮發有為」的求勝心。帝王好標榜的是為民作主，而歷史不需要自以為是的為民作主，而是要讓民作主，讓道作主。

　　由於人不可能完全消除妄欲、貪婪和不知足的弱點，所以人們信誓旦旦所追求的平等，很容易墮落成一種標榜，往往最後導致的是新的不平等；而大道、天道導致的平等，反而是長久永續的平等。警惕貪婪，也是為了讓每一個人能擁有吉祥平安的一生，因為大道會清算每一個人，以提醒其親朋好友和每一位仍在世上的人以及後來者。對成年人而言，世上最愚蠢的行為就是講道理，因為此時教育已經不再有效，而內心自律或者當世懲罰和淘汰以及後世鞭撻，才是最為有效的清醒藥。抑制人性醜惡罪過的有效途徑基本就是三種：一是信仰，二是制度，三是教育。

　　人性有一個天生的弱點：不愛聽真話，原因在於妄欲、貪婪、不知足蒙蔽了自己的內觀辨別能力。所以有人說，經常誇你、讚許你的人，不一定是你的朋友，往往是想從你身上索取好處的人；冒着得罪你的危險敢於告訴你缺點的人，可能是你的真朋友，至少在行動上是你的真朋友，因為他告訴了你本人可能失敗的原因。但人性與生俱來的弱點，讓人們牴觸說自己的缺點，故而身邊往往沒有了真朋友。

精緻的利己主義者

　　錢理羣在解讀魯迅時感慨：當今中國的人性、國民性最大的問題是，人已經不再是一個精神性的人（有理想、真理、信仰的追求，有獨立思考行為的人），而是一個純粹的動物性的人，是按照人的動物本能活着的人。動物的本能的基本生存法則就是趨利避害。現在大部分中國人，都是按照趨利避害的原則在說話，在活着（對自己有害的話絕對不說，對自己有害的事情絕對不做，只說對自己有利的話，只做對自己有利的事情），這就決定了當下有些國人說話做事的一個基本特點，說兩面話，做兩面人。在不同場合，不同利益需求下，說不同的話，做不同的事。你要我說甚麼，我就按照你的要求去說。這裏就產生一個重大問題，作為一個人，作為一個有精神追求的人，而不只是為物質生存的人，作為一個健康的中國人，我們應該如何說話。我們的一些大學，包括北京大學，正在培養一些「精緻的利己主義者」。他們高智商，世俗，老到，善於表演，懂得配合，更善於利用體制達到自己的目的。這種人一旦掌握權力，比一般的貪官污吏危害更大。[29]

　　人生並非沒有幸福，大道就是智慧，就是幸福；人生不幸福的主要原因，就是總不知足。凡是追求身外之物的人，都是因為內心精神世界空虛無主。一個人的慾望不加遏制，只會越來越膨脹，一旦超過一個人所能承載的極限，災難也就降臨了。物質的滿足終會超出人的生理極限，但是精神不會；人在精神世界獲得滿足時，

外在的物質很難成為他的羈絆。學會靜修內觀，如同做自己的旁觀者，這是一種道德修養。

人若是貪得無厭，罪惡或者災禍必將臨頭。精神解放和個人自由的前提是，謹記老子告誡：災禍誘因沒有超過不知足的，罪過根源沒有超過貪得無厭的（46）。人們常常糊塗，虛榮和生命相比，哪個更親切？生命和財產相比，哪個更重要？獲得和喪失，哪個更有危害？因此，過分貪愛溺愛，必有大的危害；貯藏愈多，損耗也愈大。任何獲得必付代價，貪得必定消福耗心，最終折損健康、縮短壽命（44）。

「不貴難得之貨」（3），即不要看重稀罕難得的寶物，「見素抱樸，少私寡欲」（19），即要外表樸素單純，內心淳樸憨厚，私心、慾望盡可能少。「為而不爭」（81），即做事重在專注或者服務到位，而不是和別人爭奪權力名利地位，以免造成精神緊張，危害身體健康。「飄風不終朝，驟雨不終日」（23），即狂風刮不了一個早晨，暴雨下不到一個整天，所以為了持續發展，反應或者力度還是適度為好。「多言數窮，不如守中」（5），即言多必失、黔驢技窮、諸行不通，不如保守中道適度。

「去甚，去奢，去泰」（29），即應該去掉那些過分的、奢侈的和極端的。「方而不割，廉而不劌，直而不肆，光而不耀」（58），即要做到方正而不生硬傷人，廉潔而不至於把人刺傷，正直而不至於放肆無忌，光亮而不會閃耀刺眼。這就是說，做任何事都不要過，這樣自己才不受損失。「強梁者不得其死」（42），意即強暴霸道者不得好死。「至譽無譽」（39），即追求無數的榮譽反而沒有榮譽，「不欲琭琭如玉，珞珞如石」（39），即與其做看似高貴的美玉，還不如做平凡的堅石。

由人類的妄欲貪婪不知足所造成的悲慘事件許許多多，如金融詐騙、龐氏騙局、偷稅漏稅、潛規則、地溝油、三聚氰胺奶粉、蘇丹紅鹹鴨蛋、毒豇豆等。以下的故事是讓讀者了解，人類的貪婪能到甚麼樣的程度。

愚蠢的「眼鏡蛇法令」

　　眼鏡蛇毒性大，易傷人，因此早年英國統治印度時出臺法律，要求每家印度人定期捕捉上交一條眼鏡蛇，並予以獎勵。寄希望於全體行動，使眼鏡蛇瀕危。然而荒野捕蛇，需要專業技巧，還不一定能捉到。於是聰明的印度人就在家飼養眼鏡蛇，限期一到就上交一條。最終英國治理者發現這條法令很蠢，因為印度人交的眼鏡蛇越來越多，當地蛇患越來越嚴重。於是英國統治者廢除了該法律。人們震驚地發現養蛇不再賺錢了，於是氣憤地把蛇放到街上，結果導致印度眼鏡蛇泛濫。

3. 瞬息快樂刺激與長久美好幸福

　　當今社會飛速發展，看似信息在自由傳播，其實背後有形形色色謀權謀利的操控者。信息越來越發達，人的心智卻在退化。要適當控制自己的慾望，許許多多人都沉溺在各種短視頻和娛樂節目之中，淺層的刺激誘惑人們「上癮」，人們對快感的要求就會越來越高、越來越苛刻，一旦停下就會空虛。而這種「快活」的感覺和持

續上癮，是通過算法設計、精準推送、誘惑欺騙、輪番轟炸所造成的「信息繭房」、「思維牢籠」的效果。這種針對人羣的「算計」，強化人的條件發射和與淺層思維相關的動物性，霸佔人們的注意力、思考力，使得人們對真正有價值、需花時間琢磨的東西視而不見。

人無法通過低級慾望的瞬間滿足而獲得持續的快樂，人們通過自律和夢想追求而能擁有永續的幸福。慾望和夢想所引起的人體的生理反應也不一樣。

人體內分泌的激素有很多種，如典型的至少有多巴胺和內啡肽兩種，到底是哪一種，視具體情況而不同。可以簡單地說，追求多巴胺還是內啡肽，是人與人拉開差距的原因之一。這兩種激素類型的差異，一定程度上決定着人們層次的高低，決定着人們獲得的是短暫的快感或是持續的安詳，瞬間快樂或者是長久幸福。多巴胺的快樂就是一個「嗨」，幾乎無需努力，只需放縱自己，敢享受就能立刻舒爽。多巴胺的快樂門檻極低，是極易陷入的慾望泥潭；內啡肽的幸福看似門檻高，但如一步一步踏實攀緣而上，定能獲得內心的安寧、靈魂的美好。多巴胺屬瞬間心動，猶如快樂陷阱；內啡肽是長久美好，是幸福源泉。多巴胺就是觸手可及的爽感和低級慾望的滿足，但快樂轉瞬即逝；而更高層次的幸福源自內啡肽。多巴胺易求，內啡肽難得。多巴胺讓人「先甜後苦」，內啡肽讓人「先苦後甜」；多巴胺好似「竭澤而漁」，內啡肽好似「吉祥長久」。隨着年齡增長，每個人要儘量遠離多巴胺，如果偶爾為之，權當消遣和休息，要保持清醒，不能上癮，上癮就是自暴自棄；應該儘可能地自律，遠離多巴胺，靠近內啡肽。

內啡肽的產生，以及超越內啡肽的長久美好幸福體驗，來自人對大道的信仰和服從。人類的愚昧尤可原諒，而人類的理性偏執實

不可饒恕。「人類一思考，上帝就發笑。」康德早就提醒人們警惕人類的理性：理性就是把世界對象化，但忘了我們恰在其中，因根本無法真正對象化，理性本身就存在缺陷。愛因斯坦還說過：「我對宇宙基本規律的理解不是通過理性思維得來的。」老子提醒我們，世界、宇宙本就「大制不割」，今天的量子理論也告知我們世界是存在狀態疊加、不確定、糾纏的，「整體大於部分之和」。所以，我們認知世界，不能只有理性一個坐標，更不能只有以笛卡兒、牛頓為代表的傳統狹隘的理性坐標，也不能只有以量子為代表的最新前沿的理性坐標。要全面地認知世界，我們至少需要三維認知坐標：理性、感性、靈性。所謂靈性就是信仰。如此才會對未知保持謙虛和敬畏，言行上有所「不敢」，並消除感性偏執、理性偏執，從而敬天愛人。

如果人無法認知「道」是最終本源、第一原理、根本規律、底層密碼，那他就會執迷不悟，自以為自己是例外，天生特別，幸運特殊，而不知道「人生無常」，不知道人事物的聚散離合是經常發生的。在大道的規範運行下，如果說道有「道欲」的話，那怎麼可能讓過度的、額外的「人慾」得以肆意保留呢？「多言數窮，不如守中。」(5)作為人，若無法做到大道才會有的無私無欲（7，34，57）之品德，但至少可以做到「少私寡欲」(19)，而切不可貪婪妄欲(46)。事實上，如果一個人能獲得天下之寵，如果他的窮奢極欲可以被無限滿足，那麼他離徹底滅亡就不遠了。

抑制人、事、物自然規律的激進派，相信「人定勝天」；濫用人、事、物自然規律的保守派，喜好「放任自流」。所有的妄欲和罪惡發展到最後，就會以終極形式（個人層面就是自由和生命的剝奪與被剝奪，國家層面就是戰爭）來表現，結果無論是輸還是贏，

得意的或者復仇的，都會惡性循環到山窮水盡，最終的輸家是每個人和全人類。

人類在地球、星系、宇宙的變化 —— 如大洪水、地震、海嘯、星球碰撞 —— 面前，非常弱小，微不足道得可以忽略。知足就是「為腹不為目」(12)，只求滿足基本需要，不追求額外的享受，更不能有貪慾。知足，就是「及吾無身，吾有何患」(13)。有時難得糊塗，吃虧可能就是福。知足才能不辱，知足才能不痛苦(44)。知足者不是不上進，而是在自我肯定中發現自己的潛力和天賦，從而給自己帶來幸福。

真正的財富，是「知足者富」(33)。三天沒有飯吃的人，撿到一個饅頭，就是富。「名與身孰親？身與貨孰多？」(44)老子告訴我們，身體重要，生命重要，是故「甚愛必大費，多藏必厚亡」(44)，愛財愛到發瘋，多多益善，丟失的就會更多；藏得再多而超出應有，就是為別人所藏。

真正的福氣沒有標準，福氣只有一個自我的標準，自我的滿足。也許一杯茶、一杯咖啡、飽睡一晚就是舒服的享受，就是福。「知止不殆」(44)，知止才不會有危險。不要被虛名所騙、被情感所耽、被巧利所誘、被權力所纏，凡事要在恰到好處時，剎車止步，適時止損，否則慣性使然，失去控制，滾坡翻車，一切枉然。人生的整個歷程或者各個階段，就是要在恰到好處時知止，就是應該在「功遂身退」(9)中結束或者完成多次循環，切不要落得個被懲罰剝奪的下場，這樣才可以長久。

人類社會儘管偶有純真的天使，但更多的是一個個欲罷不能的慾望個體，忙忙碌碌，惶惶不可終日。人的一生中基本都會遇到各式各樣的人，他們可以用無欲、常欲、妄欲、貪慾、貪婪等級別分

為聖人、君子、良民、小人、流氓、惡棍、罪犯⋯⋯有捐助奉獻的、有拾金不昧的、有熱衷慈善的、有蹭熱度玩碰瓷的、有電信詐騙的、有挑鬥好辯的、有設計陷害的⋯⋯我們希望一生都不要碰到惡貫滿盈的人，但我們又不得不防備遇上這樣的人。在慾望橫流的世俗社會大潮中，如果能夠修煉自身，遵道有德，同樣能淡定豁達，擁有令人尊敬的仙風道骨。

用不爭之爭、用「道」去爭，以替代人人之爭。用與自然環境的良性互動、開疆拓土、開發深空、保護自然生態等改變人類命運的探險去替代人人之爭、人與自然之爭。

慾望過剩的統治者，長於奪權立威，卻疏於良治善行。身居高位的聰明人會做出愚蠢的決策，甚至權力越大越傲慢越愚蠢。從沒擁有過權力的普通人，有時更容易貪贓枉法、徇私舞弊，因為「有為」，妄欲、貪婪充填了內心。愚政是難以治癒的自然絕症。那種「我判斷」、「我堅信」等先入為主的偏見，總會演變成不顧事實的自我欺騙；通往奴役的路上，遍地是理性的自負和貪婪的慾望。主動溫習歷史上的災難或者經常遭遇小災小難，可能是避免大災難的好方式。

國家的貪婪不僅僅表現為軍事戰爭，同樣表現為金融戰爭和經濟掠奪。如美國以超強國力獲取美元發行權和金融霸權，先增發貨幣使其成為淹沒並裹挾他國財富的潮水，然後離岸引爆他國市場或通過戰爭，驅趕資本回流，從而將增發的海量美元作為收放自如的洪水，收割其他國家以轉嫁內部的困難和危機。數十年來，一直如此。如 2022 年美元瘋狂加息，導致斯里蘭卡破產等。美國通過加息收割發展中小國，沉重打擊這些國家的民生。

慾望會驅使人去奮鬥、爭鬥，慾望也會讓人生不如死、欲罷不

能。許多人不知道自律，不願意自律，不願意控制慾望，是因為他們不知道沒有妄欲以後，人是甚麼狀態。以下是弘一法師的故事，以讓讀者了解慾望是何物。

李叔同 —— 李嬰 —— 弘一法師

李叔同出身富貴，錦衣玉食，但在二十多歲時，患上嚴重的神經衰弱，整晚不眠，內分泌失調，身體常常生病，精神也跟着恍惚。三十七歲那年，看了報上的斷食法後，一時興起，在杭州虎跑寺斷食。他按照書上方法斷食 17 天，並寫下了《斷食日誌》。這種斷食並非完全不吃，而是逐漸將進食減到最少，將慾望降至最低，然後再逐漸緩慢恢復。他嘗試斷食的初衷，是看能否改善自己的身體狀況。不承想，斷食不僅僅改善了他的身體狀況，更在精神層面上將他徹底改變。斷食結束後，他對好友說覺得自己已經脫胎換骨，因此用老子「能如嬰兒乎」(10) 一句，給自己取了個新名字「李嬰」。

斷食讓李叔同感受到了翻天覆地的變化，他第一次體會到了飢餓。飢餓難耐時，他的眼前呈現的都是形形色色的食物，聞到的是沁人心扉的香味。斷食後，他體重減輕，精神狀態變好，變得耳聰目明，文思如泉涌，身體疼痛也消失了，基本沒有失眠。在斷食的那段時間，他體會到了沒有俗世俗塵的知覺，自覺舒服愜意。這一斷食，竟也將李叔同的慾望給斷了，他再提不起對物質財富的慾望，對他而言，世俗的名利，包括妻子兒女，也變得不那麼重要了。

三十八歲那年，李叔同留下一件書法作品，折斷毛筆，了卻塵緣，在虎跑寺剃度為僧，法號弘一。他將最後一份工資分割贈予自己的日本妻子和學生。他給妻子的訣別信寫道：「放棄你，非我薄情寡義。」世人一般難以理解李叔同了卻慾望而出家，因為凡塵中人，常是慾望過多，極少碰到失去慾望的情況。他的弟子豐子愷評價，李叔同試圖擺脫物質生活的羈絆，不僅僅停留在學術文藝等精神生活，而希望在靈魂生活中重塑自我。李叔同的成就涵蓋繪畫、寫作、詩歌、音樂、篆刻、歷史、教育等，他曾說：「有很多人猜測我出家的原因，爭議頗多。我不想昭告天下為何。每個人做事有每個人的原則、興趣、方式、方法和對事物的理解的差異，就是說了別人也不會理解，所以乾脆不說，慢慢地就會淡忘。」、「人最傻的行為就是急着要結果，得不到便又急又鬧。殊不知冥冥之中自有天意，一切都是最好的安排……識不足則多慮，威不足則多怒，信不足則多言！」

4. 人性之惡：妄欲貪婪與卑劣不可測

人是善還是惡？人是工具還是目的？在老子看來不言而喻，人既善也惡，人既不善也不惡，人就是載滿慾望之身，取決於大道指引，故有多種可能。

可以說，人間有「地獄」，人間有「天堂」。當周邊的人們大多心靈邪惡，那這些人的內心就是「地獄」，由他們所組成的人間就是「地獄」；當周邊的人們大多心靈善良，依道而行，他們的內心就是「天堂」，由他們所組成的人間就是「天堂」。所以，我們要告

訴人們，人間有天堂也有地獄，有善良也有邪惡。為人不可邪惡並試圖偽裝善良，因為人在做，天在看，蒼天輪迴不會放過任何一個邪惡者；做人也不能過於善良而沒有鋒芒，更不能一味善良、愚昧善良到輕信而放過邪惡，或者缺乏基本的戒備而一再上邪惡的當、被惡魔所害。為認知世界的多面性，需要知道如章瑩穎、江歌等令人唏噓的悲慘遭遇，又如譚蓓蓓、白雲江案件等，從而不會幼稚或者極端地應答這個世界。對待如此的人間「地獄」或「天堂」，最好的處理方式是老子說的「善者，吾善之；不善者，吾亦善之；德善。信者，吾信之；不信者，吾亦信之，德信」(49)，即對善者當然要感恩並回以善良的報答，對不善良者也要回以妥善處置和適當的尊重，而不能簡單地惡語相向，如此才是真正的善，並能創造向善的局面；對有信譽者當然要相信，對無信譽者也寧願相信其可能守信並予以尊重，如此才是真正的誠信，並能創造信任的局面。

進化論揭示的是大自然的「適者生存」的正向淘汰結構特徵，自然的進化創造了人類文明的進步，這是一種推崇「道德良善」的篩選效應；有了人和人類社會以後，複雜程度和變量增加，集權或者專制體制會放大人性的「妄欲、貪婪、不知足」等缺陷，違反自然的進化規則，出現「庸人當道，英傑被害」的逆向淘汰結構特徵，愈演愈烈，會造成人類文明的停滯或者倒退，這是一種推崇「奸惡小丑」的篩選效應，即「逆淘汰」機制。直到最後遭到大道規律的嚴懲。

權力、財富、享樂會腐蝕每一個人，沒有例外，只是程度不同。絕對的權力、財富、享樂，會導致絕對的腐敗。

人們對權力的貪婪程度與出身、人品或者社會地位等關聯度不大，主要取決於權力對每個人的具體腐蝕程度。權力越大越集中

越獨斷，權力的腐蝕性越大越有危險，直至最終潰敗消亡，這幾乎成為一種鐵律。有人認為佔據社會高位者容易腐敗，而不知道社會地位低下者，如果有機會獲得權力將同樣腐敗，甚至會更腐敗，只是暫時機會還未到來。這也向人們展示了權力對人性的腐敗。人們在擁有權力、身處權力中心或者管理崗位時，要考慮如何慎重善待權力；同時，如果我們身處被管理崗位或者權力中心以外時，需要考慮的是如何慎重獨立地對待權力，監督權力，警惕我們中華大地曾經有過的專制化、獨裁化、太監化、奴婢化的餘毒。我們既要防止自己成為玩弄權術者，也要防止成為高價值的工具人，最終被權力玩弄而毀亡，類似的如「愚民苛政」的商鞅、「指鹿為馬」的趙高、「請君入甕」的來俊臣等；要懂得並謹守大道，做德善信慈愛的良心人，如范蠡、蘇軾、王陽明等。

魯迅曾經指出社會醜陋現象：「社會底層的人，也會經常互相傷害着，他們是羊，同時也是惡獸，但是遇到比他們更凶的獸時便現羊樣，遇到比他們更弱的羊時便現惡獸樣。」底層的惡體現在有了一點權力後，由於缺乏敬天愛人的信仰，在迫害同類中比誰都狠。有人說，在人生中，遲早會碰到毫無血性的陰陽人 —— 對上級，搖尾乞憐地當狗；對下級，窮凶極惡地當狼；對同級，兩面三刀當鬼。這些人還常被稱為「高情商」。道不同不相為謀，有人總結，須防備狠人的三道三謀 —— 王道：不聽話就幹掉你；霸道：聽話也要幹掉你；天道：用因果關係幹掉你；陰謀家：面帶微笑幹掉你；陽謀家：明確告知你再幹掉你；權謀家：悄悄幹掉你，你還心存感激。

和平的社會管理是一級一級的構架，各崗各司其職。但在天災人禍下，某些社會基層管理崗位上的行為不端者，突如其來地發現

手中權力無比關鍵，甚至能夠生殺予奪，會驚喜並擅權，猶如社會內亂時趁機造反奪權，似沐猴而冠。人們會發現，負責居民生活服務與管理的某些基層社區工作者，最初盡心盡責，感覺很好，但時間一長，互動產生矛盾，就開始變法折騰人，甚至惡作劇捉弄人。從最初崇高感驅使，服務為先，轉變成情緒對立，拿雞毛當令箭，出臺措施五花八門，即使匪夷所思而不通情理，也敢於強行實施無礙。從往日對上司的低眉順眼服從聽命，轉變為對居民的趾高氣揚，為所欲為。這種時候，如何守好本分，就憑着內心深處的良知和本心，以及對大道的敬畏。

慾望大多關於權力利益、資本財富、情感情緒，而涉及它們的獲取、繼承、分配和平衡，是人類社會的歷史難題和危險根源。所以有人說：人敗皆因狂，事敗皆因貪，家敗皆因怨。

一旦人們舊的慾望有所滿足，新的慾望就會馬上出現並升騰，世俗之人的一生，永遠被慾望怪獸牽着鼻子走，永遠沒有能停下的時候。朱載堉為明朝王子，卻謝辭官爵，甘為平民，在藝術科學學術方面對人類貢獻卓著。他專門為後人留下了著名的《不足歌》，內容意蘊深長。

不足歌

終日奔波只為饑，方才一飽便思衣；衣食兩般皆俱足，又思嬌娥美貌妻；娶得美妻生下子，恨無田地少根基；良田置的多廣闊，出門又嫌少馬騎；槽頭扣了騾和馬，恐無官職被人欺；七品縣官還嫌小，又想朝中掛紫衣；一品當朝為宰相，

還想山河奪帝基；心滿意足為天子，又想長生不老期；一旦求得長生藥，再跟上帝論高低。不足不足不知足，人生人生奈若何？若要世人心滿足，除非南柯一夢兮。

與明朝朱載堉《不足歌》相呼應的是篡漢復周的王莽，他的故事具體而生動地演繹了權力貪婪的結果。

永遭世人唾罵的新朝皇帝王莽

王莽的發跡緣於當皇后的姑姑王政君。王莽出生於破落貴族，父親早亡，與母相依為命，艱苦孤寒。由於家庭因素，他過早接觸爭鬥而早熟，熟讀孔孟。

姑姑對王莽憐愛備至，不顧非議和反對，極力提拔，三十八歲時，王莽已是朝廷重臣身兼大司馬。姑姑如此行事，便有人向她進言：「王莽是您至親，加恩未嘗不可。但王莽看似敦厚，未必心存感激。一旦心存二意，您苦心白費，大漢江山危也。」姑姑私下召見王莽說：「你有今日，非姑姑之功，乃皇恩浩蕩。我們王家深受漢室大恩，無論何時，我們都要恪盡職守，報效天子。」王莽裝得涕泣橫流。王莽利用姑姑為靠山和皇帝年幼無知，欺上瞞下，培植勢力，最終一手把持朝政，位極人臣。然而王莽貪心不足要當皇帝，姑姑拼死反對，她招來王莽，準備訓斥，然而王莽不再恭敬，搶先傲慢又蠻橫地威脅說：「我意已決，姑姑不必多費脣舌。天命在我，漢室氣數已盡，若是識趣，就把玉璽交給我。」姑姑悔恨王莽羽翼已成，

無法駕馭，她無奈憤恨地摔出玉璽，玉璽落地有損，少了一角。在朝野廣泛支持下，王莽登基做了皇帝，建立了「新朝」。王莽完全靠一個人的力量和計謀，未動用一兵一卒，篡取帝位，改朝在位 15 年。後世有人認為王莽是「中國歷史上第一位社會改革家」。他推動土地國有、均產、廢奴三大政策，想恢復大周王朝的制度。但他敗在輕於改作、不切實際、剛愎自用、所用非人、妄為擅動。由於大興土木、輕啟戰端，導致天災人禍，民眾淒苦。公元 23 年，南方赤眉、北方綠林兩支起義軍攻入長安殺死王莽。「新朝」滅亡，隨後漢朝又被恢復。

中國歷史上，這種奪權情況經常出現。所以中國古代政治機制中有嫡長子接位的傳統，目的就是消除無規則非法奪權的危險，有利於政府運作和社會穩定。即便如此，中國皇帝和太子，也是世界上最危險的職業之一，近四成的皇帝都不得善終。多少父子互殺、兄弟相殘、母女相害的事情記載在中國的史書上。

除了對權力的貪婪以外，人們對財富的貪婪更是觸目驚心。因為貪婪而導致傾家蕩產，甚至招來殺身之禍的歷史事例頗多，足以為戒。

權錢交易的貪婪商賈

戰國時期呂不韋，富甲天下，眼光獨特，結識了在趙國作為人質的秦國太子、秦始皇父親嬴異人。後幫嬴異人回到秦國，自己棄商從政，也順勢做上了相國。嬴異人當了秦王三年

就去世了，而嬴異人兒子嬴政年齡太小，才十三歲，所以國家事務全由呂不韋拍板。隨着嬴政的長大，嬴政恨呂不韋私心太重、有利就上、見便宜就佔，將其罷免。呂不韋鬱鬱寡歡，最終服酒自殺。

晚清首富胡雪巖既當官又做生意。他選擇投靠左宗棠，結果財運亨通，操控了市場上所有的軍火、絲、茶、船政等。後來，胡雪巖壟斷上海所有蠶絲廠，結果遭到外商聯合抵制。胡雪巖無力回天，只好賤賣生絲，幾乎賠掉了家產。見此情景，牆倒眾人推，在他那裏存錢的官僚們，一哄而起，羣起敲詐。更雪上加霜的是，李鴻章一張奏摺呈給慈禧太后，告他收了洋人很多回扣。結果慈禧大怒，下令抄了胡雪巖的家。短短三天不到的時間，富可敵國的胡雪巖瞬間傾家蕩產。六十二歲時鬱鬱而終。

既然人對權力、財富會有妄欲、貪婪，那麼人的慾望能否測試考驗？明確的回答是：無法精確探測，不可以考驗。因為人的表現有多面性、疊加性，並且會因時因地而變，會因觀察窺視者的不同而變。人性有好的一面，如善施；有不好的一面，如自私。但這些均屬自然屬性。人性具有疊加性、多樣性、互動性，會呈現類似量子的「觀察者效應」，即會出現仁者見仁、智者見智。並且這種觀察和測試本身會影響一個具體的人的人性發展方向和最終品行。所以，老子說的「天下神器」(29)、「道法自然」(25)、「信者，吾信之；不信者，吾亦信之，德信」(49)、「道大，天大，地大，人亦大」(25)，就是告訴我們，人也神聖，不可捉弄、考驗和測試，考驗和測試出來的不一定是條件反射下的真情流露，往往不是其真實的品質，而

是趨利避害、察言觀色、巧妙偽裝的行為藝術表演，具有很大的欺騙性和不道德性。這種考驗本身也是一種違背人性的行為。考察人的正確的做法，應該是在真實風浪中，依據績效、道德而自然遴選和淘汰。

人性及慾望不可考驗

李世民快死了，但又玩起了帝王心術。他突然把徐茂公無理由地貶官外地，並告訴太子李治：「仔細觀察此人，如果他因貶而不爽，說明此人不可用，趕快殺了；如他坦然接受無怨無悔，說明此人可靠，等你上位，可以重新起用他。我做惡人，為你鋪路，你得了他的心，就可以儘管放心使用。」徐茂公接到貶職外放的聖旨後，沒有怨言沒有牢騷，連夜走馬上任。

後來李治想要廢除皇后，欲立和父親同枕共眠的「才人」武則天為皇后，朝中譁然，文武百官心中均認為：「本來你跟武則天暗中已經亂倫，皇家醜事一樁，現還要立她為皇后，張揚天下，讓人恥笑，怎麼可以呢！」本想力排眾議的李治也犯難了，就諮詢最資深的大臣徐茂公。徐茂公直接回答：「這是您的家事，與國家無關，您有自由，輪不到別人說三道四。」李治心花怒放，立刻立武則天為皇后。此事對唐朝的危害極其惡劣，母儀天下，能只是私事嗎？徐茂公不會不明白這點，他是明知故答，投其所好，甚至可以說是坑蒙下套。因為李世民死前其實是用取人之術對他進行了一次負篩選，刪去了良好品行存在的可能性，留下了奸詐欺騙使其存活下來。集權專制下

會出現類似「指鹿為馬」的「逆向淘汰負篩選機制」，經篩選存活下來的，無一例外都是大奸臣。

比如現代社會，也會出現類似案例。如果領導對你態度突然不好，該怎麼辦？首先是排查原因，看看是誰的問題，問題在哪裏，如何改正自己的缺點或者溝通消除領導的誤會。這種人往往被認為是憨傻，而實際是言行如一、忠誠厚實。而另一種態度則是，只要是領導態度突然不好，肯定是我做得不對，我要認真反省排查讓領導順心，這種人被認為機靈聰明，很得領導歡心和眾人歡喜。其實後者往往是狡猾奸詐甚至巨奸大猾之人。

李世民等晚年犯錯的原因是，久居高位者會習慣性地認為，自己總是對的，領導總是對的，下屬必須堅決服從，不可以有疑問或者自己的小心思，而這是蔑視人性、輕視人性、玩弄人性，如此必遭報應。把人當傻子，把人不當人，只允許領導者慾望橫溢，而不允許下屬有任何慾望或者私心，並且還愚蠢地非常信任曾經被自己隨意折辱的人們，這是自取禍殃。正確做法是應依照老子的善信理念，用人不疑、疑人不用。

5. 人性光輝：善良與感恩及愛智慧

老子強調：足而為富（33，46）。一些俗語非常值得銘記：害人之心不可有，防人之心不可無。心向善，福未到，禍已遠；心向惡，禍未至，福已失！虛心就是納福，和氣自能生春；虛心萬事能成，自滿十事九空。福不可耗盡，勢不可用竭。花看半開，酒飲微醺。大道忌剛，天道忌滿，地道忌盛，人道忌全。如果說，釋迦牟尼的

學說強調放下屠刀，立地成佛，那麼，老子的學說則強調放下妄欲，瞬間得福，洗心革面，瞬成神仙。人們身邊那些長期習慣性否定、抱怨他人有錯，認為自我永遠正確者，是有毒之人，源自他缺乏感恩和懺悔的習慣，核心根源是他沒有建立起超越自我個體的終極崇高信仰 —— 大道，缺乏對大道的尊敬。

對權力、財產、情感、名聲、利益的妄欲和貪婪，確實是人性的弱點、缺點，也是許多罪惡的起源。但是，人性同樣擁有感恩、奉獻、慈善、悲憫、共情等方面的美德和優點。人性不是簡單的善或者惡，生命特別是人類是處於經典規則與量子規則交界處的特殊現象 [24-26]，人類言行思考的量子思維狀態是不可忽略的特點。基於此，可以推論，人具有不確定性、多角色疊加性、整體不可分割性，具有善／惡、美／醜、神仙性／動物性等二象性。至於人具體會呈現哪一個特點，取決於人的本性、環境以及觀察者與他的互動。

所以，我們既不能把人性看得那麼不堪，也不能把人性看得那麼高尚，也不能因為人性有那麼多矛盾之處，而遠離或滅絕人性。人性就是自然，就是從屬於天地的自然屬性，核心關鍵是我們不能掉以輕心。將人性問題看嚴重一點，適當防範，我們就不會遇到或者陷於貪婪等人性的災難；將人性特點看得非常美好，過於樂觀，疏於防範，我們就會一再遭遇人性的欺騙。所以有人說：當我們太嬌慣，畜生便產生了；當我們不會質疑，騙子便產生了；當我們不會反抗的時候，奴隸便產生了；當我們跪下去的時候，偉大帝王便產生了……

人的高深智慧不是來自「個性」，而是來自水一樣的「活性」，即大道所賦予的德行。人類的光輝和智慧，體現在老子等強調的物我平等、和光同塵，老子的平等理念超越了人人平等，且並不止步

在物我平等,而是強調天、地、人與道的平等,鼓勵人們與大道玄同,與孔德玄同(21)。雖然人性存在着貪慾原罪,但我們不該對人類的未來失去信心。下面以捨棄私心貪慾、弘揚人性光輝的五則故事為例。

第一個是中國鄉村「一諾千金」的故事。

因一句囑託,照顧鄰家智障兒 41 年

浙江杭州郊區農村的宣世才,生於 1969 年,先天智障,從小到大沒離開過村子。13 歲那年,他父親因病離世,並於臨終前委託鄰居宣丙水、李彩英夫妻幫助照看妻兒,此時宣世才的智力只在 5 歲水平,生活無法自理。兩家雖同姓但無血緣關係。就因一句承諾,宣丙水夫妻就一直照顧着宣世才的衣食住行和生活起居。兩年後宣世才的母親也病倒了,半年裏,宣丙水夫妻既照顧自己家的三個孩子,又照顧他,還帶着他母親去看病。宣世才母親離世後,宣丙水夫妻承擔起照顧他的全部責任。

隨着夫妻倆年紀逐漸增大,為讓宣世才今後生活有保障,2013 年,宣丙水夫妻幫他申請辦理了低保,但從來不動分毫。到 2022 年,夫妻倆照顧宣世才已 41 年,宣世才常在吃飯時對着夫妻倆笑,他倆知道,這個「孩子」把他們當作了這個世界上最親近的「親人」。夫妻倆用愛詮釋了「一諾千金」。

第二個是幫助失學女童和孤兒的女教師的故事。

「時代楷模」張桂梅

1974 年 10 月，滿族姑娘張桂梅隨姐姐從東北下放插隊來到雲南，成為在雲南待了大半輩子的東北人。1996 年，丈夫因胃癌去世，她放棄大理優越的工作環境，申請調到深度貧困山區華坪縣師資最弱、條件最差的民族中學任教。她沒有再組家庭，沒有親生兒女，全身心投入教育和慈善事業。在貧困地區堅持 40 多年，傾力建成全國第一所全免費女子高中，至 2023 年，已讓 1804 個學生實現大學夢。為不讓當地女孩因貧失學，她堅持家訪，遍訪貧困家庭 1300 多戶，自己近乎苛刻地節儉，把工資、獎金和社會各界捐款 100 多萬元全部投入孩子身上。2001 年，她開始長期義務兼任華坪縣兒童福利院院長，成了眾多孤兒的「媽媽」，至 2021 年，她已養育了 136 名孤兒。

張桂梅因此榮獲「全國優秀共產黨員」、「時代楷模」等稱號，獲得「感動中國 2020 年度人物」等榮譽。

第三個是一位中國年輕人與外國老人的故事。

英國房東和中國留學生

英國的漢斯年少時和家裏人鬧翻，離開瑞士來到英國定居並直到退休。1999 年，老人拄枴乘坐地鐵回家，因行動遲

緩，中國留學生宋陽主動攙扶了漢斯，一起上了地鐵。在地鐵車廂，兩人愉快地攀談了起來，在漢斯看來，宋陽好像是當初那個離開家的自己。漢斯熱情地邀請宋陽到家做客，於是宋陽把老人送回家。到漢斯家後，宋陽發現，他家滿地都是酒瓶，到處雜亂無章，漢斯不好意思地笑了。漢斯沒結婚，也沒孩子，一直是孤身一人。漢斯留宋陽吃個簡餐，宋陽就在漢斯做飯時做起了大掃除，客廳變得乾乾淨淨。漢斯看後驚呆了，一邊用餐一邊邀請宋陽過來同住，宋陽猶豫着，漢斯說給他時間考慮。三天之後，宋陽住進了漢斯家。

兩人協議，宋陽不需付房租，只需負責漢斯的一日三餐即可，宋陽不喜西餐，所以常做西紅柿炒雞蛋給漢斯吃。為避免漢斯吃膩，宋陽就向國內的母親求教，學習簡單又美味的新菜肴。漢斯雖然從沒去過中國，但吃了8年的中餐，漢斯早把宋陽當成自己的孩子。一次宋陽出車禍，漢斯哭着跑到醫院，嚴厲斥責肇事司機，自己掏錢給宋陽治療，讓遠在英國的宋陽感受到了家一般的溫暖。漢斯生病住院，宋陽也會請假去醫院照顧，兩人如同親爺孫，相依為命。

2007年，宋陽不打算在英國發展，準備畢業後回國，漢斯心有不捨，但只能含淚送別。在機場，漢斯拉着宋陽的手問：「我們還會再見嗎？」宋陽沒忍住哭了：「我會每天給您打電話的，漢斯爺爺。」漢斯落寞地回到家，臨睡前他習慣地說「晚安，宋陽」，剛說出口才想起宋陽離開了。一次，宋陽在電話裏得知漢斯腿疼，無法下牀，他忙向英國好友求助，讓好友幫忙照看一下漢斯。漢斯住院的當晚，宋陽就出現在他眼前，漢斯抱着宋陽問，這是不是真的。等到漢斯可以下牀了，宋

陽問漢斯：「您願不願意跟我去中國，我給您養老送終。」漢斯聽了，紅着眼眶點點頭，但臉上閃過一絲疑問，未等他說出口，宋陽說：「我父母都贊同，他們很期待您的到來。」

　　漢斯跟着宋陽到河南鄭州定居。每天宋陽下班，都會帶着漢斯上街逛公園，老頭適應得很快。宋陽帶漢斯做了腿部手術，在漢斯臥牀期間，宋陽一家全力地照顧漢斯。節假日，宋陽常帶着漢斯和家人一起出去旅遊。漢斯十分喜歡中國，臨終前交代宋陽：「一定把我安葬在中國。」2013 年，漢斯去世，宋陽將漢斯安葬在了鄭州墓園，每年清明，他都會前去看望。

感人至深的第四個故事，發生在抗日戰爭時期的中國北方。

媽媽！《六福客棧》

　　英國女傭格拉蒂絲・艾偉德，出身貧寒，身體沒有發育齊全，從小就受到歧視。她想參加耶穌會傳教團來中國傳教，卻因為身材矮小、發育不良而被拒絕入團。她並沒有因此放棄，而是孤身一人，由西伯利亞鐵路來華，到天津再到山西，一路上歷經波折，卻矢志不渝，到六福客棧幫忙並傳教。

　　1931 年，20 多歲的格拉蒂絲・艾偉德來到中國陽城，在這裏生活了 9 年。她不僅學會了陽城方言，而且被當時的縣政府委以「禁纏足督導專員」，監督當地婦女，禁止她們纏足。後來，抗日戰爭爆發，陽城遭到日軍的轟炸，街頭出現許多流浪孤兒。格拉蒂絲・艾偉德便開始收養救助中國孤兒，通過

開辦六福客棧這樣的車馬店，為這些孩子解決日常生活所需。1936 年她加入中國國籍，並遇到中德混血兒國民黨情報官林上尉，林上尉力勸她回英國，而她則以自己是中國公民而拒絕。為躲避日軍的殘害，她便帶領百名孤兒從陽城上路，經過二十幾天的跋山涉水，終於將孤兒們帶到了西安。到達目的地時，她再也沒有挺住而昏厥過去，她頭部受重傷，肩膀中彈，還得了肺炎，而她醒來的第一句話是：「我的孩子在哪裏，我有 100 個孩子。」她完成了被一般人視為不可能的壯舉。

1941 年，她返回英國寫了自傳《我的心在中國》。英國著名作家艾倫‧伯斯奇以其自傳為版本寫了小說《小婦人》，感召了無數歐美青年自願前往中國抗日，包括美國飛虎隊的許多飛行員。1958 年，好萊塢拍攝了著名電影《六福客棧》。格拉蒂絲‧艾偉德受到了全世界的尊敬。1970 年，她在台灣因病去世，在她的葬禮上，悼詞是這樣寫的：我們今後最大的罪惡，是對她的遺忘。

第五個是關於黑暗戰爭年代一位英國人與 669 名猶太兒童的故事。這個故事可以讓我們深刻理解老子的「上德不德，是以有德」（38）。

溫頓救了 669 名兒童，隱瞞 50 年

1988 年，英國某演播廳，79 歲的尼古拉斯‧溫頓受邀參加一檔節目，平靜地坐在觀眾席第一排。突然，身邊觀眾全都

站了起來，這些人都年過半百，白髮蒼蒼，微笑地看着他，沒有一人説話。老人整個人蒙了，不知道發生了甚麼。幾分鐘的沉默後，大廳裏響起「我們都是你拯救過的孩子」的歡呼聲，演播廳忽然掌聲雷動，經久不息。

老人身上隱藏了整整 50 年的巨大秘密，在此被揭開。

1938 年，第二次世界大戰即將全面爆發之際，29 歲的普通英國青年溫頓，去瑞士滑雪時途經捷克，看見為躲避納粹鐵蹄而逃亡的猶太兒童，他們的悽慘命運讓溫頓心有不忍。於是他寫信聯繫素不相識的各國政要和海關邊防，打通關節，拿出全部積蓄，接受身陷囹圄的父母們的委託，悄悄幫助 669 名孩子逃出納粹集中營，給孩子們編號，安排列車將他們送去英國，為他們找好新的家庭，讓這些孩子活下去。1939 年，在倫敦車站，一位記者無意中拍下溫頓與獲救孩子。他用一己之力拯救了 669 條生命，而兒童的父母均喪生在納粹的集中營和焚屍爐。溫頓把所有資料都鎖進箱子裏，放入地下室 50 年。

整整 50 年，他從未提起。直到 1988 年，溫頓妻子打掃地下室，無意中踢到舊箱子，看到裏面一張張孩子照片、一張張獲救名單……人們將最高榮譽授予他，而他平靜得一如往常，只簡單説：「做好事，不是為了讓人知曉。我不是故意保密，我只是沒説而已。」

2015 年，溫頓先生逝世，享年 106 歲。

在本章結尾，筆者要強調，敬畏信仰大道，能接納認知慾望，而不被妄欲所綁架，人就會進入圓融智慧的境界。馬斯洛認為，1%的人能達到智慧的人生之境。當愈趨近這種境界時，人生會愈有喜

樂、愈有意義。智慧者作為「自我實現者」（成長者）擁有以下 8 種特徵：

第一，觀察判斷善預測。有超乎尋常的判斷力，對人事物觀察透徹，只根據現有，就能夠正確預測將要發生的演變。

第二，獨立慈愛願奉獻。能享受獨居喜悅，也能享受羣居快樂；喜歡有獨處時間面對自己、充實自己；不依靠別人來樹立自己的安全感。像要滿溢的福杯，喜樂吉祥，常願與人分享，卻不會向別人收取甚麼。

第三，寬容悲憫有愛心。寬容接納自己、寬容接納別人，泰然面對順境或逆境；對不完美的現實，往往是先接受、不抱怨，然後主動擔起改善現狀的責任；雖知人類有很多醜陋劣根性，但仍滿懷悲天憫人、慈善愛人之心，能從醜陋中看到別人善良可愛的一面。

第四，平等待人尊重人。他們的朋友或許不多，但所建立的關係，卻比常人深入。他們可能有許多平淡如水的君子之交，素未謀面，卻彼此心儀，靈犀相通；他們比較民主，懂得尊重不同階層、不同種族、不同背景的人，以平等和愛心相待。

第五，少私奉道有使命。對人生懷有使命感，投入精力解決與眾人有關的問題。不願以自我為中心，不會單顧自己的事。

第六，圓通不偏擅哲理。他們有智慧明辨是非，不會像一般人採用偏執的黑白、善惡、好壞等絕對二分法分類判斷；說話含有哲理，常有詼而不謔的幽默。

第七，純樸自然有童真。單純、自然而無偽；大腦裝滿智慧，內心葆有善良。對名利沒有強烈的需求，不戴假面具，不討好別人。

第八，懂得欣賞簡單事物，從一粒細沙能見天堂。天真好奇如孩童，能不斷地從最平常中找到新樂趣，從平凡中領略人生的美；

心思單純如天真孩童，極具創造性。會真情流露，歡樂時高歌，悲傷時落淚。與那些情感麻木，喜好「權術」、「控制」、「喜怒不形於色」的人截然不同，他們的衣着、生活習慣、行為方式和處世為人態度，似乎比較傳統、保守，然而心態開明，必要時能超越文化與傳統的束縛，也會犯一些天真的錯誤。專注真善美時，會對其他瑣事不太在意。 [23]

第五章

永恆大道：
古今中外幾千年的人事物例證

1. 道的本體：第一原理和量子視角

道，是一切的第一原理。

宇宙、自然界由大爆炸產生，這讓人們感到神秘並不可理解。如果人們簡單關注一下我們身邊的事物，就能知道與大道奧秘有關的圓形、圓狀、圓曲線等無處不在。比如，飛機外形和翅膀的流線型、河流形狀的流線型、沙粒形狀的圓球形、恆星行星的圓球形、纖維的圓柱形、樹木枝幹的圓柱形、細胞的圓球形等，都告訴我們大道的運動蘊藏在億萬人事物之中。為了便於運動、減少阻力，眾多事物採取了圓球圓柱形。當然也可以換個角度理解，大道就是圓形循環，不停進化，凡是阻擋運動和規律的一切，不是被毀滅而消失，就是被改造為圓球、圓柱、圓曲形。而這一切源自局部看似靜止，實質上整體處於運動的大道規律。所謂靈性，指的就是大道的無處不在、運動不息、圓形軌跡、自在永恆、絕對智慧。

儘管我們不知道如何描述無形、無影、無蹤的暗物質、暗能量，但今天科學解釋的物質世界、今日世界是從漫無邊際的「無」中生成的（用老子的話講，即無之極端「無極」），是從最初世界億

萬人事物的起始點「有」（有之始端「太極」）開始的 —— 無限小的奇點量子波動引起的宇宙大爆炸，直至延伸到今天。那時物質能夠採取的是立方體的還是圓球狀的？無法知曉、無需知曉，無論最初瞬間是甚麼形狀，很快所有物質都將採取流線型，或者圓球、圓柱、圓曲形，如此既可以有利於運動、減少阻力並與周邊達成和諧，又可以最大程度地保留自身。而規定圓特徵的「常名」、「恆名」、第一原理、宇宙常數，是幾乎永遠無法精確求取的帶無限不循環小數的 π。

由此既可見道法自然的大道至簡，也可以想見道法自然的深不可測、神秘無限。

「有生於無」(40)。「無」是大道的第一特徵。

老子強調「道」即「一」，是一切的本原，是一個整體，是有感知和智慧的混沌一體。這個道是「無」也是「有」，無有互生，「無有二象」糾纏、疊加而融為一體。道是根本的本原和規律。為甚麼我們要認知本原？因為一切從它開始，知它才能知道一切，儘管我們不能完全知曉它，但嘗試知曉它，就能走向光明正道。為甚麼我們需要認知規律？因為規律就是週期，就是會循環發生的人事物，儘管我們不可能知曉規律的全部，但只要心中充滿敬畏並有所把握，就能少一些失誤和痛苦。

在科技幾乎一片空白的幾千年前，老子就探討描述了宇宙「有物混成，先天地生」(25)，即宇宙之間一直存在着不可言明的道，它渾然一體，在未有宇宙天地之前，它就已經存在。它不生不滅，是天地億萬人事物的源頭。它虛空，無形無象；它實有，融入不同的人事物，呈現不同的形象，賦形成象為無盡無邊的人事物。

老子讓我們學會打開「第三隻眼」，看到宇宙的起始，看到循

環往復、互變互生的實有和虛無，看到實數、虛數、複數……

從無到有與現代物理

玻爾的學生，美國著名的量子物理學家、黑洞學說的創
立者約翰·惠勒曾這樣讚揚老子：「現代物理學大廈就建立在
『一無所有』之上，從『一無所有』導出了現在的所有。真沒想
到的是，近代西方歷經數代，花費大量物力財力才找到的結
論，在中國的遠古早已有了思想的先驅。」

「視之不見……聽之不聞……搏之不得……三者……故混而為
一。其上不皦，其下不昧，繩繩兮不可名，復歸於無物。是謂無狀
之狀，無物之象，是謂惚恍。迎之不見其首；隨之不見其後。執古
之道，以禦今之有。能知古始，是謂道紀。」（14）

看不見、聽不到、摸不着，三者的形狀無從探究、渾然為一。
稱其為「一」的理由是：其上不明亮，其下不陰暗，無頭無緒、延
綿不絕、不可名狀，循環運動又回覆到無物無形無象的狀態。這就
是無形的形狀、無物的形象，這就是「惚恍」。迎着它，不見它的
頭首；跟着它，看不見它的後尾。把握着早已存在的「道」，來駕馭
現實存在的人事物，能認識、了解一切的初始，這就叫作認識「道」
的規律。

暗物質與暗能量

通過哈勃太空望遠鏡，人們發現宇宙不僅在膨脹並且在加速膨脹，從此加速度中人們可以判斷暗能量的存在。愛因斯坦最早提出暗能量這個概念，它在宇宙中佔據極重要地位。從引力場研究中，人們間接知曉了暗物質的存在。我們現在已知的物質是由電子、質子、中子，以及極少量正電子、反質子等構成。甚麼叫暗物質，甚麼是暗能量，人類到目前一無所知，只知道它佔據了宇宙超過 95%。宇宙總能量中只有不到 5% 是已知物質的能量，即其餘超過 95% 仍處於未知狀態，其中 26.8% 為暗物質，68.3% 為暗能量。

「天下萬物生於有」（40）。

老子指出，道在時間上先於天地存在，與天地存在融為一體並起核心作用。道既以虛的形式存在，好似無形無象，處處存在，只是沒有固定具體僵化的形象；道又以實的形式存在，各具不同的形象模樣。老子所闡述的宇宙真理與老子之後幾千年的現代物理學、天文學所挖掘的宇宙起源奧秘是如此相似。這遠遠超越了 2500 多年前當時人類的智慧。

一個無限小，小到似乎存在卻又不存在的點，在物理學上被稱為「奇點」。「奇點」是天體物理學概念，是宇宙剛生成時的那一瞬間狀態。空間和時間在此點開始或者完結，有類似於黑洞的無限高密度，其體積無限小，時空方程的分母無限小，所有物理定律在此失效，它具有無形的能量，宇宙之初在此點上發生，而老子就在此

點上看清了過去和未來的宇宙真理和奧妙。這就是老子當時所說的「道生一」，道是一切的母體，是我們這個有形世界和宇宙的起源。

　　先於「實有」就已存在的大道，即「虛無」。大道虛懷若谷、包容一切、渾然一體、無形無象、難以確定、寂靜無聲。理解這一點非常重要，它是「玄之又玄，眾妙之門」(1)。實際上，老子觀到了「奇點」之後，竟然又觀到「奇點」之時，甚至觀到天地創生之時及其之前，老子竟然觀悟到道是「象帝之先」(4)。老子不僅僅觀到了「有」是天地之母，甚至觀到與「實有」互補的另一面，即融為一體、無法區分、作為「有」出生初始背景的「無」。

奇點大爆炸形成宇宙

　　當代量子科學理論告訴我們，宇宙誕生於 138 億年前，在大爆炸中形成，萬物從無到有。具體為，一個質量、能量、熱量、密度均無限大，而體積無限小的奇點，因為量子波動而爆炸了。最初的爆炸一切混為一體，含混朦朧，無法區分，爆炸後時間、空間、物質、能量、熱量等瞬間開始形成，產生了基本粒子及隨後的中子、電子、質子等。爆炸膨脹不斷進行，爆炸的雲團塵埃不斷冷卻形成星雲，進而逐步形成了宇宙，誕生了天地，如行星、恆星、黑洞，而後產生了人類。時至今日，爆炸的邊緣作為宇宙的邊緣仍在對外拓展。而大爆炸之前，是沒有我們這個宇宙的，也沒有任何空間、時間，甚麼都沒有。起點是一個時間、空間不分的，沒有空間和時間概念的，無限小而接近無的奇點，因為偶然的量子波動而爆炸。奇點的奇妙

之處在於，物理學和宇宙演化膨脹證據可推算確定它的存在，但又無法證明它的存在，它事實上是一個存在又不存在的東西。當然奇點再往前，是套裝的多宇宙，還是宇宙膨脹收縮的生死輪迴循環？是否可能就是一組數據編碼？今天的科學已經無法回答。目前還沒有人知道。

「天下萬物生於有，有生於無。」(40)

按照老子的認知，確實存在一個作為萬事萬物一切的本原和規律的大道，但老子不知道如何稱呼和描述它，它的名字可以叫作「無」，以代表天地未出生之前的無形無相、無聲無息、渾然一體的那個始端；它的名字可以叫作「有」，以代表它是天地萬事萬物的有形有相、有聲有息、千姿百態的那個生母。所以，若人們能恆常處於「無」，如「虛無」的狀態，就能觀察到一切的奧妙；若恆常處於「有」，如「實有」的狀態，就能觀察到一切的臨界。「無」與「有」兩個字，同出於道而字不同，共同稱之為道，方才基本正確圓滿，這就是玄妙，玄妙中的玄妙，也是認識一切玄妙的入門。所以，我們的實踐和認知一切的本原和規律，都需要從「無」和「有」兩個方面去觀察體悟，只有「無」和「有」及其互生互變才是永恆之道。

幹細胞與人的從無到有

人類因為量子理論的啟發而發現 DNA，從而創立當代的分子生物學，建立了幹細胞學說。具體為：幹細胞是生命的起源細胞，人體起源於單細胞受精卵，即第一代幹細胞，而在此

之前，只有男性的精子和女性的卵子，都屬於「無」，受精卵
是第一代幹細胞，即新生命，屬於「有」。這個受精卵經歷卵
裂，即幹細胞持續擴張，細胞數量增加；進而幹細胞開始分化
成面向眼鼻耳喉四肢內臟等器官發展的各類不同功能的細胞，
形成胚層，隨後這些功能細胞有序排列形成不同的組織器官和
胚胎，經歷發育等一些後續過程。最後生命離開母體而出生，
開始獨立發展。這也是一個從無到有的過程。

「道可道⋯⋯此兩者，同出而異名，同謂之玄。玄之又玄，眾
妙之門。」(1)

老子認為：道，先於人類而存在、先於天地而存在；道是無也
是有，道不是無也不是有，道是一切的本原和規律。這告訴我們，
道不僅僅是無，也不僅僅是有，更不僅僅是無有之間簡單的互變互
生和共存，而是這些所有的總成。如以量子思維去理解，道具有
「無有二象性」，類似於「波粒二象性」。

「波粒二象性」是量子世界、量子態物質和能量的存在方式。
一方面，量子可以類似「無」，或者表現為「能量」的「波動性」，可
以用「場」去表達；另一方面，量子可以類似「有」，或者表現為「物
質」的「粒子性」，可以用「場」的激發去描述。粒子處於能量最低
的基態，即「基態場」，「場」能被激發形成各級高能量狀態的粒子。
基態的「量子場」可算作是「量子真空態」，即類似於「無」的真空
態是物質或者能量的存在狀態之一，一切物質性粒子都可以從真空
態中被「激發」出來。[30]

充分體現量子規律的世界最小單位，如基本粒子，是物質的初
始根源，也是能量的初始來源，其顆粒尺度可以無窮小，其波動範

圍可以相當大，取決於概率半徑的取捨。由「波粒二象性」規律和特徵可知：其「粒子」性，相當於「有」；其「波動」性，相當於「無」。

量子論與波粒二象性

處於量子態的物質表現形式是不同於我們習慣的經典態的：量子態主要指微觀世界，但不限於微觀世界；經典態主要指宏觀世界，但不限於宏觀世界。而最能從形象和理論上展示量子論的典型代表，就是波粒二象性。例如，光同時具有波和粒子的雙重性質，並超越簡單的雙重性質的加和。粒子是波，波是粒子，兩種性質疊加、糾纏在一起，具有不確定性、不可分割性，這對我們傳統慣性的經典認知和規律是一種超越。簡單描述，光是波也是粒子，光不是波也不是粒子，光是光量子。2015 年，科學家成功拍攝出光同時表現波粒二象性的照片，自然界所有的粒子，如光子、電子或是原子等都能用一個波動力學微分方程來表達，如薛定諤方程，請注意，這是一個包含虛數和實數的複數方程。

當被探究對象（如物質）小到不能再小，即為「無」；達之極限，即為「無極」。這個階段時間和空間消失，從而展露出人們難以得知的「大道」的玄妙。「天下皆謂我：『道大，似不肖。』……若肖，久矣其細也夫！」(67) 普天下的人都說，道是一切中最大的，這種最大的存在，大到無法描述它。如果硬是要描述它，向着事物的由來根源深究下去，就會找到它的蹤跡，可以說它是永久的存

在，就是那細微渺小而最基本的存在──「無」。這個「無」可以說就是量子、基本粒子，這時粒子顯露出奇妙，因為它接近於道。小到無限的存在「無」，展現的是無處不在的、一切的共同根基，即大到無限的「道」。道的特性，就是兼具最大與最小，是兩個對立極端的完美和諧統一。

量子論告訴我們，量子是波粒多狀態疊加，具有無限可能性，在被測量或者觀察之前，都不會擁有嚴格的屬性，如一個粒子可能同時出現於兩個或者多個地點。當它一旦被測量或者觀察，它的疊加態會崩塌而消失，便陷入經典的現實世界，只能存在於某一個地點，成為某一種模樣。量子的存在形式與觀察者相關，即存在觀察者效應。

《老子五千言》中，類似於量子狀態的描述語句很多，特別是關於大道的，主要類近於二象性、疊加、糾纏、不確定、不可分割性，分別見如下章節：（1，2，4，14，15，21，25，28，36，40，41，42，43，45，47，54，63，67。）特別明顯的章節是：（1，14，15，21，25，67）。（見「原文參照」）

「同謂之玄。玄之又玄，眾妙之門。」（1）

「無」、「有」的「玄之又玄」與「波粒二象性」隱約具有類近性，如「粒子性」與「波動性」就是一體兩面、互補互變的「玄之又玄」狀態。人們對世界基本單元的認知是不斷深化的，由原子繼續細分為誇克、介子、輕子、強子、膠子、希格斯玻色子（W 玻色子）等，顆粒尺度可以玄乎地不斷細分下去，而奇妙之處在於此過程中「粒子性」和「波動性」並存並互相轉換，直到最後到達「玄之又玄」，無法再區分「粒子性」和「波動性」的「超弦」境地，如弦論所描述的世界底層。

世界物質底層的弦論

弦論認為宇宙的基本是弦，弦在空間運動，才產生了各種粒子。不同的粒子就是弦的不同振動模式。世界的一切相互作用，所有的物質和能量，都可用弦的分裂和結合來解釋。超弦理論，是引進了超對稱的弦理論，指世界的基石為十維時空中的弦。

組成世界的最底層是比分子、原子等更小的量子形態，如基本粒子，它們當然具有波粒二象性。絕大多數基本粒子都極其短命。這些自然界的基本單元、基本粒子，如電子、光子、中微子和誇克等，看起來像粒子，實際上不是粒子，而是極微小的、一維的、具有不同振動模式或各級振動態的「玄之又玄」(1) 的「弦」。弦的尺度約為普朗克長度（1.6×10^{-33} 厘米），這些弦不停地振動，每種振動模式都對應有特殊的振動頻率和波長，不同頻率對應於不同的質量和能量，猶如樂器琴弦的一個振動頻率對應於一個音階。

宇宙就像這些弦的各種可能振動態，猶如無形無狀的音符，通過相互關係而組成交響樂。這些弦通過相互轉換而不斷產生和消失。

「樸散則為器……大制不割」(28)；「故道大，天大，地大，人亦大」(25)；「有無相生」(2)；「無，名天地之始」(1)。

顯序和隱序與宇宙全息論

全息照片裏面的人像，如果切成兩半，從其任何一半中仍能看到原先完整的人像；如果把它撕成許多碎片，仍能從各塊碎片中看到原先的完整影像。

全息論的核心思想：宇宙是不可分割的、各部分緊密關聯的整體，任何部分都包含整體的信息。任何一個點，都涵蓋着整體所有信息，類似於「故道大，天大，地大，人亦大」(25)，眾生眾物平等。

「大制不割」(28)。著名量子物理學家玻姆是現代全息理論的最早提出者，他把世界看成一個整體，用此理論來解釋量子躍遷與各類量子力學現象、宇宙演化、人類意識等科學與哲學難題。

宇宙是其各部分間全息關聯的整體。在整體中，各子系與系統、系統與宇宙之間全息呼應，呼應部位較之非呼應的部位在物質、結構、能量、信息、精神與功能等宇宙要素上相似程度較大。子系包含系統的全信息，系統包含着宇宙全信息；子系是系統縮影，系統是宇宙縮影。宇宙本質上是一個全息投影，是一個幻象，猶如全息照片；局部包含全部，而全部又包含局部。

用宇宙全息論的進一步表達是：從隱顯信息總和上看，任一部分都包含整體全部信息，即一切事物都具有時空四維全息性，一切都存在着相互的全息對應關係；整體包含部分，部分包含整體，每部分中都包含其他部分，同時它又被包含在其

他部分之中；物質普遍具有記憶性，事物總是力圖按照自己記憶中存在的模式來複製新事物。全息是有差別的全息。

與老子的道的「無有二象性」、「有無相生」、「無中生有」理念類近的是，玻姆提出了顯序和隱序（即分別為顯展序和隱卷序）的概念來解釋量子態和宇宙的基本結構，該理論大致可以描述為：客觀世界存在兩個層次或兩個維，一個維在生物學和物理學的層面上顯示自己，玻姆稱之為顯序；而另一個則在比較深的層次，我們無法直接認識，只能間接地了解它。對宇宙的正確描述必須包括後者這個根本的層次，玻姆稱之為隱序。隱序的基本特徵是，在時間和空間（顯序）中所發生的一切都被摺疊在內，猶如電腦壓縮文件及其解壓展示的視圖畫面。基本粒子看上去是實體，實際上它們來自基本的摺疊隱序。

隱和顯的關係通過一些例子就容易理解。肉眼直接所見的三維獨立個體，實際是更高維整體的投影，由於人類不能理解更高維度的整體性而誤以為所看到的是一個個獨立的人或物體，例如三維立體整體的實體的手與按在二維平面的五個獨立指印。高維能夠容納低維、理解低維，而低維難以理解高維。一維包含零維，如直線由點構成；二維包含一維，如紙上可畫直線；三維包含二維，如盒子可裝紙片；四維包含三維，長寬高和時間四維時空裏有我們三維的人。提高維度，就大大增加自由度，增加展示度、美感度。一維只是一條線，描繪方式有限得可憐；二維是面，可以描繪各種圖畫，甚至以假亂真的、假三維的世界，二維美感比一維多無窮倍；三維是立體，三維可描繪的空間和可能性及美感度比對二維又增加無窮倍。人需要提升意識的自由度，提升維度。

二維生物與三維生物相比較而言，前者是愚者，後者是智者。智者講愚者不可理喻，是指三維事物無法用二維語言準確描述。三維的人對理解和表達更高維度事物存在同樣困難。即使我們所處的世界並非三維，可能是四維、五維、六維……而我們的直接感知只能是三維而已，如果我們人能夠直接感知時間，進而熟知歷史，包含了第四維，就已經絕頂智慧了。

　　宇宙全息論由著名量子物理學家戴維‧玻姆在《整體性與隱纏序：卷展中的宇宙與意識》一書中提及，由諾貝爾物理學獎得主、荷蘭著名理論物理學家 G. 霍夫特於 1993 年正式提出，並得到了雷納德‧薩斯金的進一步闡述。

　　美國普林斯頓大學的 John A. Wheeler 學派則認為世界是由信息構成的，信息才是最重要的，物質和能量不過是信息附屬物而已。人們因此思考，極小體積中的極大信息存儲容量的終極是多少，能透過一粒沙看世界嗎？真是「一花一世界、一葉一菩提」嗎？

　　「天之道，損有餘而補不足；人之道，則不然，損不足以奉有餘。」(77)

　　上述前半句表明，天地自然能夠讓多的變少，少的變多，如高山崩塌，低谷淤平，逐步走向均勻化，耗散平均化，地殼內力消耗殆盡，結果可能就是「熵增」而一片死寂。後半句指出，快速發展的人類社會，在「人之道」，特別是在慾望驅使下，發生財富權勢的局部聚集歸趨，貧富差距必然是在不斷增加的，猶如「熵減」，類似著名的「馬太效應」。到一定程度以後，必然產生巨大的貧富差距。

　　熵減能得以存在的前提、可持續的先決條件，就是資本和權力

能夠謙遜、包容、少私、寡欲、自律、自然、慈善、奉獻，以求得大道天地百姓大眾的接納和允許。否則，溫和的運動或者暴力的革命（熵增）就會發生，這就是「天之道」在起作用。就猶如，癌症就是一種能夠從外界掠奪資源能量從而實現自組織、自有序的，善於熵減永生的細胞，從而害死宿主主人。為治病救人，要麼有效控制癌的擴增，要麼通過熵增將其消滅，如斷絕其周邊毛細微血管的外源營養輸送。

「人之道」和「天之道」，是互補互變的兩種力量和統一的普適性規律。以「人之道」的方式獲取外部資源，藉助「熵減」，新陳代謝，保持活力。而一旦走到極端，要麼「天之道」以平衡和柔和的方式進行「熵增」干預；要麼「天之道」以強力出現，失衡崩潰，污染滅絕，暴動戰亂等劇烈的「熵增」就會出現。

老子的天道、人道和熵定律

熵的概念源自物理學，表示系統的無序程度，體現了能量從集中到耗散、從有序到混亂的狀態變化。熵定律被稱為科學定律之最，表明在自然過程中，一個孤立系統的熵（即「總混亂度」）不會減小，不可阻擋地朝著混亂與荒廢發展（熵增）。最終整個宇宙各處物質都一樣，溫度也一樣，不再發生任何運動，一片死寂。例如，打掃乾淨的房屋，即使封閉，天長日久自然就會混亂骯髒；清除乾淨的田地，即使封閉，久而久之自然雜草叢生，要避免或者改變這一切，就需要對外開放，引入能量，必須有外力加入去付出勞動，才能加以改變。

熵定律決定了宇宙的命運，人類也受其支配。儘管宇宙的暗淡死寂，是千百億年後的事情，用不着杞人憂天，可一個系統或者組織，包括個人的存在和發展，即可見的未來是存是亡，是停滯還是發展，卻近在眼前。要讓某一個有限的系統變得有序（熵減），就需要對外開放並從外界吸取能量來抵抗熵增，讓系統變得更加有序，增強社會或者組織的生命力，自然自由才能自組織，互補協作、鬆弛有度才能自複製（如 DNA 雙鏈）。對人的意義同樣，謙遜、開放、包容、少私、寡欲、自律、自然，就能熵減而充滿生命活力，健康長壽。

2. 道的運動：虛靜反向彎曲循環

大道的圓形循環往復運動是一切運動的基礎，其特點是從「無」到「有」和從「有」到「無」的雙向反向循環運動。明白了「無有二象性」，即「無」和「有」的特點，無有的共生性、互變性，無有的不可分割性，無有之間的確定性和不確定性，就基本明白了道。

「有物混成，先天地生。寂兮寥兮，獨立不改，周行而不殆，可以為天下母。吾不知其名，強字之曰『道』，強為之名曰『大』。大曰逝，逝曰遠，遠曰反。」(25) 老子認為，大道雖「無」、「有」同在並互生，但「無」更基本。道的運動，關鍵在於動態的「生」，初始是源起的「靜」，生生不息，在於物質間的相互關係和作用；靜而守道，無為之為，道德善為，寂靜微擾，微動永續。老子從對自然的觀察感悟中發現，「道」無休止的圓形運動和變化的循環回覆規律，即從「靜」到「動」，從「小」到「大」，從「大」到「逝」，從「逝」

到「遠」，從「遠」到「反」，從「反」到「復」，從「復」到「歸」，從「歸」到「靜」。

「大直若屈」(45)；「昔之得一者：天得一以清……」(39)這個「一」，即道。時空局限僵化，是無法觀察到「道」的；放開空間尺度、時間跨度，將會發現，「道」從來不是直線，而是曲線，是運動着的「弦」，就像天下沒有完全的絕對直線，只有絕對的曲線和相對直線，這個曲線就是弦波。世界中包含世界，弦波中包含弦波，黑白位相週期律動，就猶如傳統經典的陰陽魚，整個陰陽二魚合一的曲線就是「一」，一個一氣呵成的「一」。

相對論與光線彎曲

人們通常認為光線是最直的，光總是沿着直線傳播；事實上，光從來都不走直線。愛因斯坦指出，光線會在引力場中發生彎曲。他的狹義相對論認為，光速對所有慣性系觀測者都相同，不論它們的速度如何，推論就是能量和質量是等效的。如此也就是說，一束光的能量就對應着一定的質量，也就可以受到其他物質的引力作用。他的廣義相對論指出，質量製造空間扭曲，曲率使物質運動。質量越大，引力場越大，扭曲得越大，光線穿過扭曲的空間當然會改變方向。總之，加速度可以使得光線彎曲，當光線經過有引力的地方時，就會發生彎曲。

「致虛極，守靜篤」(16)，虛是似空非空乃無窮，有「虛」，才能大容無限，功用不窮。「虛而不屈，動而愈出」(5)，虛無而致不可

窮盡，生生不息，不斷湧現，有着無窮的動力。「虛其心，實其腹」⑶，以樸實無華充實人們的心靈，平和心態，對生活充滿信心。老子像看中「無」一樣，看重「虛」，以獲得對大道更深層次的理解和最大程度的運用。老子不僅僅看到了「實有」的世界，同樣看到了「虛無」的世界，看到了虛實互變不可分；好似讓人們不僅僅看到了實數，還看到了虛數，看到了能描繪一切的、實部虛部結合的複數。

　　量子世界的許多奇異來自虛數部分。意識與實體的聯繫，可能類近於虛數與實數的聯繫。認知世界需要從務實到悟虛，從實踐到理論；改變世界則從悟虛到務實，從理論到實踐，如同從「務虛會」到「路演」。

虛數與量子理論

　　笛卡兒 1637 年給出「虛數」這一名稱，與「實的數」相對應。甚至萊布尼茨在 1702 年都說過：「虛數是神靈遁跡的精微而奇異的隱避所，它大概是存在和虛妄兩界中的兩栖物。」歐拉 1777 年首創符號 i 作為虛數的單位，第一次用 i 來表示 -1 的平方根。「虛數」不是想像出來的，而是一種確實存在的，可以用圖示給出直觀的幾何表達。

　　在量子力學最為全面核心的薛定諤方程中，包含有虛數。薛定諤方程是虛部、實部結合的複數函數，這也可見「核心的」量子規律與我們通常所見的「表面的」規律的不同之處，這也暗示世界的一切是虛實結合和相互轉化的，超出我們過去所陷

於的單純「實有」世界。而在宇宙的起點，宇宙大爆炸一直延伸到今天，虛實一直是相互結合、互變共存的。量子力學如同打開了人類的「第三隻眼」、「天眼」，使得人類看到了更廣闊的一切，讓人們可以在更高層次和維度研究理解甚麼是物質、意識和精神，以及探討它們共軛相互關係的可能。

量子力學很多地方都要用到虛數，並且迴避不了，這讓物理學家很困惑。畢竟真實世界的測量值都是實數，就連薛定諤本人，最初推導方程時都想不用虛數 i，但如那樣表達和計算都太複雜，只好為簡便起見又保留了。很長時間裏，虛數在量子理論存在的必要性，一直令人疑惑。潘建偉和範靖雲兩個團隊分別在 2022 年同時獨立通過實驗驗證確認了虛數的必要性，即僅用實數不能夠準確描述標準量子力學的實驗結果。

「萬物負陰而抱陽，沖氣以為和。」(42)

「孔德之容，惟道是從。道之為物，惟恍惟惚。惚兮恍兮，其中有象；恍兮惚兮，其中有物。窈兮冥兮，其中有精；其精甚真，其中有信。自古及今，其名不去，以閱眾甫。吾何以知眾甫之狀哉！以此。」(21)

老子告訴我們，德善信慈愛的音容笑貌就源自道。道是真實存在，道不一定可見可知，常常隱於無形，不依賴於人類的感知而真實存在，猶如氣場、能量場、量子場。老子明確指出，道是以「象、物、精、真、信」的方式，即表像、實物、精氣、真理、誠信的遞進的方式而展現真實存在，同時，道又是「恍惚窈冥」，難以感知把握。從古到今，道的威名永恆流芳，已被眾人認知它是一切之父，我何以知曉眾物眾生一切之父的上述模樣？依照道的規律，由表及

裏、由宏及微。

在老子的描繪中，大道虛虛實實，虛中有實，實中有虛，是虛實結合的承載體，其微小至極，飄忽不定，看不見，摸不着，猶如一個捉摸不定的「氣」，故「專氣致柔」（10）。道就是「無」和「無形」，場的概念不僅包含在「道」的概念中，而且明確表達在「氣」的概念中。[31]

氣與場及量子場

老子所說的「氣」，有可能就是今天的「場」。萬物的陰陽兩方面，在充滿空虛、無所不及的「氣」的作用下達到和諧狀態。萬物是由陰陽氣三者和合而成，即「萬物負陰而抱陽，沖氣以為和」（42）。場，往往是看不見摸不着的普遍存在。場，是物質存在的一種基本形式，具有能量、動量和質量，能傳遞實物間的相互作用，例如經典的電場、磁場、引力場等。場動成波，如風場，根據樹葉總體波動，人們知道風的存在、方向和大小；如磁場，人們從發現一種能吸鐵的東西，到明白磁場的波形軌跡、大小和方向。經典物理學的場是光滑的、連續的，性質有理論最小值或者理論最大值，這種認知不再適用於量子世界。

量子場不僅存在於擁有任何場源，如質量或電荷源的地方，而且無處不在、無時不有、普遍存在。沒有電荷、質量、場源的「真空」，並非完全是真正的空。「真空不空」，其中仍然存在這些量子場，即使「大腦一片空白」時，起碼還有量子

場的存在。太空絕大部分是真空，其中沒有任何物質或者傳遞粒子介質，無線電波能穿越太空的原因就在於此。無論宇宙是來自大爆炸，還是大爆炸前的另一個宇宙（諾貝爾獎得主彭羅斯的循環宇宙觀點），量子場與宇宙一直同在。由於場的量子性質與海森堡的不確定性原理相結合而產生的量子漲落，也存在於整個空間，擁有每種可能的量子模式和狀態，其出現的特定概率可以推算。

物質存在有兩種形態：一種是由基本粒子所組成的實體，另一種是感官不能覺察的場態。每一種基本粒子，即波粒二象性的超微粒子，就是一種場。生命或者人恰恰處於量子和經典規則的交接區域，「氣」的本質可能就是超微粒子及其場，可稱為生命的氣場。現代科學與之可近似對應的就是「量子場」。當然人的精神狀態可以影響人體場的強弱大小，人體之氣具有自主可控性的特點，即可受意念控制。

人們很容易僵化地認為，「道法自然」(25)，就是順其自然，而忘記了「道法自然」的真正內涵，其含義是大道不模仿任何外界事物的行為和方式，獨立自主、自由，自然而然，周行不殆，這裏的「自然」更多的是一個動詞的縮寫詞。當然描寫大自然的中國字「自然」也源自老子，這個詞是名詞。

對於我們人類而言，因為「人法地，地法天，天法道」(25)，所以「道法自然」就是要以道為準繩和核心，以德善為依據，獨立判斷。因此，在此前提下，是順、是逆還是借或還均可以，順逆借還都能道法自然。關鍵是要能得道多助，否則失道寡助。要因應自然，適當有度，最小損耗，最大利用，德行善果，以德配天，為道

所容，如此便沒有後患。

順流而下，逆流而上

　　通常情況下，魚都是順流而下，偶爾逆流而上，如鯉魚跳龍門。而最為新奇的是貪吃的虹鱒死了還能游，甚至逆流而上，其根源是虹鱒柔軟的身體能夠巧用迎面而來的水流，借力打力，反向推動自身的前進。其原理就是當水或氣體經過一根棒槌的時候，棒槌後方就會出現一連串左右交替的渦旋，這就是卡門渦街。其臨近兩個渦旋還會相互幫忙，發生相長干涉，導致一股朝着棒槌方向的逆行水流，把附近的水流往棒槌那兒擼。那麼，逆行水流終止於卡門渦街的末端棒槌直徑 2 倍處，即抽吸區的邊界（人們野外游泳危險區）。但是和人類不同，虹鱒特別喜歡逛卡門渦街，喜歡追着抽吸區跑。

　　另如，小鴨幼鵝以長長「一」字形的編隊跟隨「媽媽」向前游，如此陣型游泳前行更省力，可以節省很多能量，原因是能夠乘浪和傳浪。此雷同於船舶前行，水面前行的水禽之身後，也會產生開爾文船行波系，以約 39 度角向後傳播。興波當然有一定程度的耗能，要使得這個能量不被白白浪費，能被全部利用、吃乾榨盡，就得採取此種隊形。如六隻小鴨如此尾隨母鴨，小鴨乘坐母鴨所興波浪以減小自身的興波能耗，進而前行。乘波而行給所有尾隨小鴨帶來福音，第一隻最省力，第二隻次之，第三只到最後一隻，所有個體興波阻力都趨於零。整個羣列達到巧妙動態平衡，系統總興波阻力維持恆定，每只

小鴨都是波浪傳遞者，可將來自身前的波浪能量傳給尾隨個體，此阻止了波浪能量向周邊輻射耗散，以利大家均衡平分。

3. 老子道論：後世名家的繼承、同鳴、契合

「無，名天地之始；有，名萬物之母。」(1)

《老子五千言》第一章開宗明義，「無」和「有」都是作為萬事萬物根源和來源的道之表現方式。「無，名天地之始；有，名萬物之母。」(1)「無」是天地開始時的整體狀況和背景；「有」是原初生出萬物的母親。「始」和「母」都強調的是根源和來源，但有所區別。

「有」和「無」二者同出一處，同源而異名。「無」相應於「妙」，無邊無界，不確定；「有」相應於「徼」，有邊有界，具有精確性——二者有所不同、有所分工。「虛無」的裏面還有「虛無」，「實有」之中還有「實有」，就叫玄；「虛無」與「實有」難以精確區分、分割，也叫玄。「無」和「有」同在，並相生互補互變，「虛無」的裏面還有「實有」，「實有」之中還有「虛無」，就是玄的裏面還有玄的「玄之又玄」，「虛無」能轉變為「實有」，「實有」能轉變成「虛無」，環環相扣，無窮無盡。萬事萬物及其來源都呈現「有」和「無」兩種形式的「無有的玄之又玄」狀態，對「有」和「無」二者的深刻認識，是認知大道和世界萬事萬物的「眾妙之門」。

康德與老子

　　德國著名哲學家、天文學家、古典哲學的創始人康德（1724—1804），是德國較早涉獵老子學說的哲學家。他確信，斯賓諾莎的泛神論和親自然的思想與老子思想有關。他同時認為，老子所稱「道」的「上善」在於「無」，即這種以「無」為「上善」的學說，就是一種通過與神格相融合、通過消滅人格從而取得自我感覺消融於神格深淵之中的意識。

　　康德所描述的「消滅人格」，實際含義是指超越自我。人格的發展可以理解為是一個螺旋上升的否定之否定的躍遷過程。最初狀態的初生之人是無我的，隨後自然成長並自我實現，進階到有我的狀態，再經過否定之否定躍遷，重新復歸到更高層次的「無我」境界，這就是「復歸於嬰兒」，如此狀態的人超越了自我的局限，葆有獻身精神，能將自我生命保護提高甚至奉獻給另者生命，能將個體才能和生命去服務並塑造集體的靈魂和精神。

　　康德把老子學說看成「自我意識下的哲學」「醉心於超驗之物」。黑格爾部分地接受了康德的觀點。

　　可以這麼說，康德理解了老子的「人法地，地法天，天法道，道法自然」(25) 所寓含的逐步昇華與超越，而沒有完全理解老子的「故道大，天大，地大，人亦大。域中有四大，而人居其一焉」(25) 所寓含的一切平等，即超越了「人人平等」之上的「道、天、地、人四者之間的平等」，因為四者均由無形的大道貫串始終，這就是大制不割 (28)。

黑格爾絕對精神與老子之道

　　黑格爾（1770—1831），德國哲學家。馬克思哲學批判地繼承吸取了黑格爾哲學的「合理內核」即辯證法思想。黑格爾在《歷史哲學》中說：「中國人承認的基本原則是理性，叫作『道』……道為天地之本，萬物之源。中國人把認識道的各種形式看作是最高的學術……老子的著作，尤其是他的《道德經》，最受世人崇仰。」黑格爾稱讚老子是「與哲學密切相關的生活方式的創始人」，認為老子的道文化就是一個可行的世界管理理念，人類現在所傳播的就是這個理念和具體的做法，讓每個接觸這個理念的人心裏都充滿希望，充滿陽光，更加熱情幸福，合乎自然地去生活。

　　以諸玄識為代表的一些學者引述德國哲學家艾爾伯菲特在《德國哲學對老子的接受》中的描述：「歐洲中心論的哲學奠基者黑格爾，以歐洲中心論的方式，讓非歐洲文化為其自己的體系服務，並使得非歐的思想傳統不再有尊嚴。」諸玄識等進而認為 19 世紀的黑格爾的許多思想及觀點，衍生或者摘抄於公元前 5 世紀的《老子五千言》。如以《小邏輯》為代表，黑格爾辯證法中「絕對精神」主導一切，從「一」、「虛無」開始，包含「無」和「有」，然後矛盾展開，經過「正反合」，從「絕對精神的異化」到「絕對精神的復歸」，即最終回到絕對精神本體，與《老子五千言》十多處概念和表述高度相似。該書從內容上看，幾乎就是《老子五千言》核心思想的減縮版，將老子的「道」平移為「絕對精神」，直接地使用「有」和「無」的概念不

下百次，論述「有無對立統一」等。

　　馮友蘭說：「老子在第一章講了三個概念，一個是『有』，一個是『無』，一個是『道』。這是老子最概括、最抽象、最難懂的一部分。……黑格爾的《邏輯學》，從三個概念講起，一個是『有』，一個是『非有』，一個是『生成』。這並不是說誰抄誰，也不是說他們對於這三個概念的理解和用法都完全一致，只可以說，在這一點上，他們所見略同。」[32]

　　「道生一，一生二，二生三，三生萬物。萬物負陰而抱陽，沖氣以為和。」(42) 玻爾家徽上新添加上去的陰陽魚圖案常為人們津津樂道。[30]

太極陰陽魚圖案與玻爾

　　1937 年，諾貝爾物理學獎獲得者、量子物理學家玻爾應周培源的邀請，來到中國訪問和講學。周培源陪玻爾看了京劇《封神演義》。當玻爾看到姜子牙指揮天下英豪和各路神仙的令旗時，立即對令旗上面的太極陰陽魚圖案大加讚歎，自認為和他的互補理論非常相似，他所引領創立的基本粒子原理、波粒二象性等原理均可用此圖去闡釋。因傑出的科學貢獻，丹麥國王 1947 年封玻爾為「騎象勛爵」，爵士徽章應鐫刻被封者族徽，於是他親自設計，並且採用了太極陰陽魚的元素，還刻下一句拉丁文箴言：對立即互補。玻爾的「對立即互補」契合了幾千年前老子的「萬物負陰而抱陽」(42) 理念。

大道本體自身是一切的本原，如何認知「道」呢？道由「無」和「有」所組成，好似是「無有二象性」，類近於量子的「波粒二象性」；道至少具有「有」、「無」兩面，此外還至少存在着既是「無」又是「有」、既不是「無」又不是「有」的不確定的第三面（超越「無」、「有」兩面，如硬幣的側面），甚至更多的面。所以，悟道，先從認識「無」開始，隨後認識「有」，先從「無」、「有」兩個確定的極端方向切入。例如，用簡單的通俗語言描述，禪修靜坐對應於「無」，忙碌煩躁對應於「有」，當自如地感知體悟「無」、「有」之後，就要學會體悟「有」中之「無」，「無」中之「有」，以及「有」、「無」的不確定性。先寧靜無欲地觀悟紛紛擾擾的慾望世界，後從紛紛擾擾的角度去觀悟寧靜無欲的世界；先從「虛無」觀「實有」，後從「實有」觀「虛無」。

愛因斯坦與《老子五千言》

美籍華裔數學大師陳省身 1943 年在美國認識愛因斯坦時親眼所見，愛因斯坦書架上的書不多，但有《老子五千言》德文譯本。陳省身總結道：「西方有思想的科學家，大多喜歡老子、莊子哲學，崇尚道法自然。」愛因斯坦家族圖書館展示的愛因斯坦的藏書裏確實有《道德經》和《老子與道教》，筆者存有此電子照片。據傳有人曾經問過愛因斯坦對老子《道德經》的感受，他說真的看不明白！可見愛因斯坦的淳樸坦誠。聯想愛因斯坦對量子論及量子糾纏的懷疑，他有這樣的感受可以理解。

「道可道，非常道；名可名，非常名。無，名天地之始；有，名萬物之母。故常無，欲以觀其妙。常有，欲以觀其徼。此兩者，同出而異名，同謂之玄。玄之又玄，眾妙之門。」(1)（註：歷史版本中，西漢馬王堆之前的是「恆道」，以後為避諱漢文帝劉恆之名，故被改成通行本的「常道」。）

老子說：如能用人的語言描述的道，就不是那永恆不變的「大道」；如能用人的語言描述的名，就不是永恆不變的「真名」。無，是天地混沌未開之際的開始狀態，有，是萬物生成的源頭母親。因此，要常在「無」中去觀察領悟「大道」的奧妙，要常在「有」中去觀察體會「大道」的端倪。「無」與「有」這兩者，來源相同而名號相異，可稱為玄奧，而且是玄奧中的玄奧，是宇宙天地億萬人事物一切奧妙的入門。

湯川秀樹尊崇老子

湯川秀樹在 1949 年獲得諾貝爾物理學獎，是日本第一位諾貝爾獎獲得者，他在量子理論的基本粒子領域做出傑出成就。他如此理解《老子五千言》第一章：「真正的道，即自然法則，不是慣例之道、常識之道。真正的名或概念，不是常見之名、常識性概念……17 世紀之前，亞里士多德的物理學是『常道』，牛頓力學確立，並被稱為正確的『道』，它便成了物理學上唯一的『道』。『質心』這種新名，不久成了『常名』。20 世紀物理學又從超越『常道』、發現新道開始。如今，狹義相對論、量子力學等形式的新道已成了『常道』，『四維時空』『幾

率幅』等奇妙名稱，幾乎成了『常名』，因而必須再尋不是常道之道，並非常名之名。如要如此思考的話，兩千多年前老子之言常能讓人獲得非凡的新意。」湯川秀樹喜歡閱讀老子、莊子，他稱讚老子是看透人類最終命運的智者。湯川秀樹在探討人類創造性思維的著作《創造力與直覺 —— 一個物理學家對於東西方的考察》中寫道：「老子是在兩千多年前就預見並批判今天人類文明缺陷的先知。老子似乎用驚人的洞察力看透個體的人和整體人類的最終命運。」

「道可道，非常道；名可名，非常名。」(1)

老子思維的開放性、開創性、批判性和創新性，極其突出。對「道可道……非常名」的另一種解釋是，任何探索出的道路，可以成為今後實踐的道路，但不能成為我們永恆不變的道路；任何探索出的認知，可以成為今後的認知，但不能成為我們永恆不變的認知。

李政道與測不準的道和名

諾貝爾獎獲得者、物理學家李政道 1972 年 10 月 2 日在香港大學發表演講：「牛頓力學已被量子力學代替了，在量子力學中有條很基本很重要的『測不準定律』，它說明我們永遠測不準一切，任何物體假如能完全測定它在任一時刻的位置，那同一時間，它的動量（即質量 × 速度）就無法固定。對普通一般物體來講，動量不定，就是速度不定，進而就無法預定這物體將來路線了。從哲學上講，『測不準定律』和老子的『道可

道，非常道；名可名，非常名』，頗有符合之處，所以近代物理學有些看法，與中國太極和陰陽二元學說有相似的地方。」

「孰能濁以靜之徐清？孰能安以動之徐生？」(15)；「獨立不改」(25)；「知其白，守其黑」(28)。

老子對大道本體的描述是「有物混成，先天地生」(25)，是「其上不皦，其下不昧」(14)，猶如見上下前後的臨界點、分界處。上面或前面是不明不晰，下面或後面是林林總總隱藏不住；這個「有物混成」，既是「繩繩兮不可名，復歸於無物」(14)，也是「無狀之狀，無物之象，是謂惚恍」(14)。而這「有物混成」與「大爆炸」理論中宇宙約 150 億年前的「奇點」，以及大爆炸後最初產生的基本粒子多種多樣，多麼相似。對於「惚恍」，老子表述「吾不知其名」(25)，但他肯定「有物混成，先天地生」。可見，老子的「無」，不是通常世俗之人臆想的那個甚麼也不存在的為「零」的「無」，而是特定含義的具有存在性的「無」。大道的「無」，不是世俗之人眼睛所看見的「無」，不是沒有事物存在的「無」，而是隱藏着的尚未顯形的未來的「有」。一旦條件吻合，就能「有無相生」。

海德格爾與老子大道思想

「向死而生」的存在主義哲學的創始人 —— 大哲學家海德格爾（1889—1976），非常尊崇老子。他請朋友為他寫一幅中文條軸，「孰能濁以靜之徐清？孰能安以動之徐生？」(15)。意思是說：誰能在渾濁中安靜下來，使它漸漸澄清？誰能在安定

中活動起來，使它出現生機？道！這段話兼顧動靜，即靜中之動，靜動。說明老子不單是守柔不爭，更有不爭之爭。

海德格爾認為西方哲學從古希臘開始就跑偏，忘記了存在本身，將其與具體存在的「存有之物」（即世俗之物）混淆。哲學本原含義是「愛好智慧」，其最高的目標應該是指向絕對的智慧、絕對的真理（即道），也就是作為億萬人事物基礎的存在本身。而他驚喜地發現，老子的「道」，就是對「存在本身」最直接而簡潔的描述！人們可以在億萬人事物中尋覓大道，因道無所不在，即使一切皆滅，道依然不受影響而存在，「獨立不改」(25)。所以，不能沉迷有形並無窮變化的萬物之中，而忘記作為根源與歸宿的道。

「道可道，非常道」，即「道，可以用言語表述的，就不是永恆的道」，因為真正的「存有本身」確實是超乎言說與理解的。他認為「道」超越了形而上學，是一種存在思想，「道生一」、「道」是萬物本原、思想根源。他認同老子對於「無」的內涵的論述，認為在「存在」的現實存在裏，伴隨「無」的「存在」，他在論真理的本質中強調「知其白，守其黑」，認為天、地、神、人四者各為一方，「四方」協調隸屬，與老子「四大」(25)思想相對應。

「是以聖人之治，虛其心，實其腹，弱其志，強其骨」(3);「人法地，地法天，天法道，道法自然」(25)。

託爾斯泰視道為神

　　託爾斯泰不止一次地承認，自己受到中國文化很深的影響，表示喜愛中國文化。在中國的諸子百家中，託爾斯泰特別欽佩老子，不僅給予熱情的評價，還親自翻譯了《老子五千言》的部分章節。託爾斯泰認為「老子學說的實質與基督教是相通的」，他是從基督教的角度來接受老子學說的，在他的心目中，老子的「道」就是「神」，所以他把「道」譯為「神」。當有人問他世界上影響最大的文化名人是誰？他說：孔子是很大，老子是巨大。

　　老子的「道可道，非常道；名可名，非常名。無，名天地之始；有，名萬物之母」(1)，他譯為：「可以叫得出名的神，不是永恆的神；可以稱呼的名，不是永恆的名。還沒有名的東西，是天和地的本原；有了名的東西，是世界萬物之母」；老子的「人法地，地法天，天法道，道法自然」(25)，他譯為：「人像地，地像天，天像神，神像他自己本人」；老子的「故常無，欲以觀其妙；常有，欲以觀其徼」(1)，他譯為：「只有沒有慾望的人，才能看清那神的本質；為慾望所驅使的人，不能完全看清那神」；老子的「人之道，為而不爭」(81)，他譯為：「聖者默默地教導別人，他創造一切真實的東西而絲毫不攫為己有」；老子的「不尚賢，使民不爭；不貴難得之貨，使民不為盜；不見可欲，使民心不亂。是以聖人之治，虛其心，實其腹，弱其志，強其骨」(3)，他譯為：「對聖哲的讚美，在民間會產生爭論。輕易得到的珍貴物品，在民間會產生偷竊。貪看能

激發淫欲的對象，會使民心騷亂。因此聖者為了治理民眾，就要排除內心的願望，壓制自己的意志，增強自己的體力」。託爾斯泰晚年時，靈魂處於極度焦慮之中，與老子的相遇，為其對人生的思考增加了一個參照系統，他自稱因此而獲得了「良好的精神狀態」。[33]

「以道佐人主者，不以兵強天下，其事好還。師之所處，荊棘生焉。大軍之後，必有凶年。」(30)

黑塞尊崇老子大道智慧

　　赫爾曼・黑塞（1877—1962），德國作家，詩人。黑塞出生於德國，後遷居瑞士併入籍，獲得 1946 年諾貝爾文學獎。1907 年，父親將老子介紹給他。1914 年，第一次世界大戰爆發，住在瑞士的黑塞目睹了戰亂頻仍的人間慘狀，人類失去了生活的平靜。他崇尚浪漫、喜愛自然、反對戰爭，結果被批判和攻擊。黑塞尋找精神解放的路線，開始研究中國文化，特別是老子思想。一戰結束後的 1921 年，對老子的探究極大改變了黑塞對自我、人生和世界的認識，他在給好友、法國著名作家羅曼・羅蘭的信中說：「多年來老子帶給我極大的智慧和安慰，對我意味着全部的生活真諦的就是『道』這個字。」相信矛盾對立不可調和的西方人普遍不理解道家思想，1922 年，黑塞在寫給奧地利著名作家茨威格的信裏說：「目前老子在德國十分流行，但所有人都認為他的理論十分矛盾，其實老子

的哲學思想根本不矛盾，而是辯證看世界，認為生活是兩極的。」黑塞斷言：「我們現在急需的智慧都存在於老子的書之中，將其準確翻譯成歐洲語言，就是我們當前面臨的唯一精神使命。」

「三十幅，共一轂，當其無，有車之用。埏埴以為器，當其無，有器之用。鑿戶牖以為室，當其無，有室之用。故有之以為利，無之以為用。」(11)

無用之用與夏普萊斯

2001年諾貝爾化學獎得主夏普萊斯曾每天讀一小時《道德經》，他認為，其中的哲學思維正在他的研究中得以體現。他非常欣賞老子的一句話——「故有之以為利，無之以為用」，他認為這道出了「點擊化學」的哲學真諦：平時不會反應的碳-雜原子的結合，看起來似乎沒甚麼用處，可當帶上了特殊的官能團後，就會具有很高的選擇性。他在2001年獲獎之後，離開熟悉的領域，轉變思路，探索條件溫和、針對性強的「點擊化學」，引發了化學界劃時代的變革，影響遠超他2001年的得獎成果，因此於2022年再次獲得諾貝爾化學獎。

有關羅素、湯因比、李約瑟與老子的共鳴和關聯性，第一章已經涉及，在此不再重複。

「天下之至柔，馳騁天下之至堅」(43)；「柔弱勝剛強」(36)。

約瑟夫・奈的軟實力與老子

約瑟夫・奈是哈佛大學傑出教授、甘迺迪政府學院教授和院長，曾任美國副國務卿、國家情報委員會主席、國防部助理部長，被評為美國外交政策領域最具影響力的學者，2011年被《外交政策》評為全球前 100 位思想家之一。他一直強調老子思想的重要性，2021 年他曾如此表述：「中國的軟實力有很多來源。其一是中國的傳統文化，它非常吸引人；其二是中國經濟重要性，過去 40 年，中國使數億人擺脫了貧困而廣受稱讚，產生了影響力、吸引力。軟實力的理念可以追溯到中國偉大的思想家，比如老子。我可能是使用了『軟實力』這個詞，但在中國哲學中，通過吸引力去影響他人的概念很早就出現了。」

「無為而無不為」(48)；「大道泛兮，其可左右。萬物恃之以生而不辭，功成而不有，衣養萬物而不為主。常無欲，可名於小；萬物歸焉而不為主，可名為大。以其終不自為大，故能成其大」(34)。

普利高津與自然自組自發

諾貝爾化學獎得主、耗散結構理論創始人普利高津迷上了道家自組織思想，他在自己的眾多著作中，如《從存在到演化》、《從混沌到有序》、《探索複雜性》、《確定性的終結》等，

喜歡引用老子、莊子的原作。他認為「無為而無不為」具有「自組織」、「自發運動」的思想，如果與西方傳統結合起來，也許能導致一種面向未來文明的自然模型。他評價道：「在探究宇宙和諧奧秘、尋找社會公正與和平、追求心靈自由和道德完滿這三個層面上，道家的思想對我們這個時代都有新啟蒙思想的意義。道家在兩千多年前發現的問題，隨着歷史的發展，越來越清楚地展現在人類的面前……『耗散結構理論』對自然界的描述非常類近於中國道家關於自然界中的組織與和諧的經典觀點。」

「我無為，而民自化；我好靜，而民自正」(57)。

哈耶克與老子思想是否有關？

諾貝爾經濟學獎獲得者、西方現代自由主義經濟學家、政治哲學家哈耶克於 1966 年 9 月在朝聖山學社東京會議發表了題為「自由主義社會秩序諸原則」的講演。後人則傳說哈耶克的自發社會秩序理論契合了老子的精髓——「我無為也，而民自化；我好靜，而民自正」。

中國經濟思想在西方的傳播，是從法國重農學派開始的，重農學派是西方第一個經濟學派別，是西方經濟學的真正鼻祖，該學派提出了「自由放任」的經濟思想，直到現在「自由主義」思想仍然在西方經濟學中居於主流地位。魁奈吸取老子的「無為」思想，第一個把「無為」翻譯理解成「自由放任」，

創立依賴自然法則的重農經濟學。亞當‧斯密經濟學思想也來源於重農學派，該學派是中國思想與西方經濟學之間的橋樑。甚至有人說，創造西方經濟學的是一批漢學家，因而有人開玩笑講，老子是西方經濟學教父。哈耶克是 20 世紀最重要的自由主義理論家，當代自由經濟的鼻祖。他的「自發秩序理論」被看作亞當‧斯密理論的重要發展和補充。

尼采與老子有關聯嗎？

尼采（1844—1900），德國著名哲學家、西方現代哲學開創者、語言學家、作曲家。在尼采看來，打着真理旗號的人或思想都在騙人，目的是讓別人聽從並服從自己，以滿足其私欲——權力意志。他討厭、貶低蘇格拉底是一位專門蠱惑年輕人的辯證法大師，在他眼中，蘇格拉底不是古希臘文明的精華，也不是古希臘文明的根本。古希臘文明代表了人的慾望和激情的精神意志，即人的本能！這些不是來自蘇格拉底的理性，而是酒神狄俄尼索斯的慾望；理性是世間社會的秩序和規則，慾望才是古希臘文化的破壞力和創造力。他貶低柏拉圖、嘲諷康德，甚至看不起基督教及其上帝。他的觀點與老子差別極大，甚至相反，但傳說他對老子敬仰有加，如評價老子《道德經》時說：「像一個永不枯竭的井泉，滿載寶藏，放下汲桶，唾手可得。」但目前並無證據表明他的話語評價的是《道德經》。

「道生一，一生二，二生三，三生萬物」(42)；「我有三寶，持而保之。一曰慈，二曰儉，三曰不敢為天下先。慈故能勇；儉故能廣；不敢為天下先，故能成器長。」(67)

李‧約克三生萬物定理

　　科學是不斷進步的動態概念，任何科學定律、理論、體系，都有可適用、可應用的邊界，這界限常以特定的自然常數為標誌。光速是向無窮大探索時，牛頓力學難以逾越的邊界；普朗克常數是向無窮小探索時，牛頓力學難以逾越的另一個邊界。人們幾乎公認，在生長、演化、生命等複雜性領域，主要應用量子、混沌、分形理論等。混沌破滅了牛頓經典思維的簡單性念想；最新的分形理論揭示「空」是「潛在的」，即隱藏着的存在，對於生長而言，「空」或「無」比「有」更有價值；量子的波粒二象性則更顛覆了牛頓經典思維的基本邏輯。在這些領域，代表多的起點和生成演化起點意涵的自然常數「3」，成了牛頓力學也似乎難以逾越的又一個邊界，從而「3」也就有了類似宇宙常數的意義。混沌學始於「三體問題」。19世紀末，彭加勒表示：「經典力學能很精確地解答單體、二體問題，但對如日、月、地三者的相對運動等三體問題，無法給出精確解。」

　　1975 年，約克和李天巖發表《週期三意味着混沌》，文中證明並建立了「李‧約克三生萬物定理」。烏克蘭數學家沙爾可夫斯基在此之前用數學證明了「3」在所有自然數中的特異

性、領先性，建立了「沙爾可夫斯基次序和定理」。

「3」往往是系統演化的第一個突變點，由此可以理解，「三角戀愛」、三國演義、質子三誇克、視覺極限三光子的魅力所在。中文特別關注「3」的集成突變，如：三人為眾，三虎為彪，三石為磊，三木為森，三口為品，三水為淼⋯⋯而這些思想與數千年前就存在的老子「道生一，一生二，二生三，三生萬物」思想極其吻合。李約瑟曾經指出：以前西方科學是在笛卡兒·牛頓的機械主義的旗幟下闊步前進⋯⋯如今西方現代科學正與中國傳統的自然觀體現出越來越深刻而驚人的相通⋯⋯[34]

4. 治業治身：道本、德容、善行、信果

每個人治業治身，均應該以大道為根本，以大道為準繩：遵從大道而為，就會有品德高尚的儀容，就會行為善利四面八方，就會言而有信，信而有果。

「持而盈之，不如其已；揣而銳之，不可長保。金玉滿堂，莫之能守；富貴而驕，自遺其咎。功遂身退，天之道也。」(9)

商聖、道商鼻祖范蠡

范蠡（前 536—前 448），是老子傳人中第一位成功的政商兩棲達人，被稱為商聖。范蠡歲數小老子三四十年，北魏李暹為《文子》作注稱范蠡是老子的弟子文子的學生，意即老子的

第二代傳人。范蠡是楚國人，春秋末期政治家、軍事家、商人，被經商者當作財神，被從政者奉為典範。他出身貧賤卻博學多才，多次艱苦創業。他年輕時與文種相識，相交深厚，因不滿楚國政治黑暗而與文種一同投奔越國，輔佐越王勾踐復國滅吳，功成名就後急流勇退，夜晚乘船悄然而去。他勸告文種「飛鳥盡，良弓藏；狡兔死，走狗烹」，而拒絕歸隱退出的文種雖後來身居高位，但最終被勾踐所害。范蠡退隱後遨遊於山水之間，經商期間三次成為巨富，三次散盡家財。後定居宋國陶丘（今山東定陶），開始了後半生的實業生涯，自號「陶朱公」，被後人尊稱為「道商」、「商聖」，被譽為「忠以為國，智以保身，商以致富，成名天下」。

相傳范蠡設計了十年助越滅吳的戰略，其中一條是實施「美人計」，讓吳王沉迷女色。范蠡歷經千山萬水，在諸暨浣紗河畔訪得義德才貌皆備的西施，隨後將西施獻給吳王，與之裏應外合消滅吳國。滅吳後的慶功宴之夜，范蠡悄然帶走西施不辭而別，乘上阿得大叔的小木船，穿越護城河，轉圈後直向太湖而去。

「抱樸」(19)，「小國寡民」(80)。

陶淵明的桃花源與小國寡民

陶淵明（約365—427），東晉詩人、辭賦家、散文家。曾任江州祭酒、建威參軍、鎮軍參軍等職，最後出仕彭澤縣令，

僅八十多天便棄職歸隱田園。他是中國第一位田園詩人，被稱為「隱逸詩人之宗」。陶淵明對世界非常淡然，具有傲岸不屈、追求自由的人格，崇尚老子、莊子、列子等的自然美學。他創造了一個烏託邦式的人類理想棲居地──桃花源，而其藝術原型出自老子的「小國寡民」、「知雄守雌」思想。他將安貧樂道作為自身生存的追求，用「去名利、守窮居」來保持大道和真性，以守真的方式終其一生。

「故知足不辱，知止不殆，可以長久」(44)；「多言數窮，不如守中」(5)。

蘇軾的老莊情結

蘇軾（1037—1101），號鐵冠道人、東坡居士，思想家、哲學家、文學家。他一生才華超眾、思想獨立而屢遭打擊。他敬仰老子、莊子等哲理道家，鄙夷迷信的道教方術。他越不幸，越曠達，越超然，坦然面對宦海浮沉、生活悲喜，以超脫塵世的心態化解憤懣不平，用生花妙筆揮灑豪情。他對老子有景仰之語：「博大古真人，老聃關尹喜。獨立萬物表，長生乃餘事。」他為老子作詩《樓觀》（秦始皇立老子廟於觀南，晉惠始修此觀），還創造了「大勇若怯，大智若愚」、「博觀約取，厚積薄發」等具有老子境界的著名文句。

蘇軾二十一歲即得主考官歐陽修的賞識，二十六歲踏上仕途。順境之中的蘇軾，認為賈誼經不起政治打擊而鬱悶而

死，是因「不善處窮」。老子的「知足不辱」就是面對逆境，「處窮」的良方。

　　他不主張遽變，反對「求之過急」，曾接連上書反對王安石變法方案，於是引起王派排擠。為了遠禍，先後外任杭州通判，密州、徐州、湖州知州。「烏台詩案」後被貶黃州，蘇軾卻用淡泊寧靜的心態去面對人生，用道家「坐忘」、「心齋」之法修身養性，文學創作進入新的境界，趨近虛靜、無為、超然、曠達。1091年，蘇軾以翰林學士奉召還京，不久派知潁州，後改知揚州、定州。後被貶惠州，又遭受妻子病逝打擊，他反視生命本原，用道家長生久視的養生態度醫治身心劇痛，將陶淵明的詩歌幾乎全部唱和了一遍。蘇軾與陶淵明在諸多方面都表現出驚人的相似。

　　蘇軾六十多歲時，又改貶瓊州流放海南。當時「食無肉，病無藥，居無室，出無友，冬無炭，夏無寒泉」，但他「勝固欣然，敗亦可喜。優哉悠哉，聊復爾耳」。他隨遇而安，在黃州、惠州、儋州都造了房子，準備在那裏終老。最後蘇軾獲赦北還，行至常州病逝，去世前的詩作有回歸混沌、天人合一之感。

「故貴以賤為本，高以下為基……是故不欲琭琭如玉，珞珞如石。」(39)

王陽明與老子道家

　　王陽明的「此心不動，隨機而動」隱含着老子「無為」的

精髓。「每臨大事有靜氣」，更要沒有事時的「有靜氣」，如此才能此心不動，不對事情進行過多的人為干擾，至多適時小心微擾一下，這就是「無為」真諦。

王陽明最欣賞老子：「故貴以賤為本，高以下為基。是以侯王自稱孤、寡、不穀。此非以賤為本邪？非乎？故至譽無譽。是故不欲琭琭如玉，珞珞如石。」(39)

王陽明認為，屈從處下，是謙虛和尊賢的態度，能得到人們的尊重和愛戴，這是一種難得的氣勢和風骨，自覺高貴者很難真正做到這一點。他不管是做官還是治學都能屈從處下，絲毫沒把自己當成達官貴人，待士兵如兄弟，同吃喝，能聊天。他每次的重大轉折都與不期而遇的道士相關。如九華山的「蔡蓬頭」道士，二十年間兩次相遇的「無為」道士。1488 年，因父母之命和媒妁之言，十七歲的王陽明隻身來到南昌岳父家成婚，新娘十七歲，是江西布政司參議諸養和的女兒。結婚當天，王陽明見離她家不遠處有個「鐵柱宮」道觀，就好奇進入，忘記了時辰，與九十六歲「無為」老道就長壽和養生打坐聊天談了一夜。第二天中午諸養和親自帶人四處找尋才找到了穿着新郎官禮服的王陽明。臨別，道士說：「以後要保重，我們還有見面的機會，下一次我們見面，你的人生將迎來轉折點。」王陽明追問：「何時能再見？」道士回答：「二十年後。」二十年後，因得罪了劉瑾，王陽明為躲避追殺，誤入一座寺廟，見一位老道靜坐。腳步聲使老道睜開了眼，他看了看王陽明，哈哈一笑，說：「我終於把你等來了。」此時無為老道已一百一十六歲，容貌和二十年前一樣。王陽明把自己的經歷一五一十地說給道士聽，說完他們各自歎了一聲。在道士的開

導下，才有了後來的龍場悟道，才有了繼往開來的心學。

　　王陽明倡導「做個內心光明的人」，他臨終前留給弟子們的最後遺言是：「此心光明，亦復何言。」

「功遂身退，天之道也」(9)；「禍兮，福之所倚；福兮，禍之所伏」(58)。

曾國藩和大道至拙

　　曾國藩「一生三變」。他最初在京十多年，勤奮努力，崇尚儒家理學，講求直接，奮發有為、積極進取；後投筆從戎鎮壓太平天國，推崇法家學說，嚴刑峻法，不留後患；南京久攻不下，咸豐七年（1857）回家奔喪。其間，他回想自己能文能武，戰功赫赫，不但沒得到朝廷應有的功名或者封賞，還因為鋒芒畢露，與同僚矛盾重重。夜深人靜，輾轉難眠，心態失衡，最終病倒了。歐陽兆熊為他醫治，看出了病症所在，開了方子：「岐、黃醫身病；黃、老治心病。」他年輕升遷得意時，早把讀過的《老子五千言》忘卻，此次再讀老子，隨即醍醐灌頂，在人生低谷期大徹大悟，徹底改變，前後判若兩人。他奉旨再次率軍馳援浙江，他用「大道」帶兵，最終攻克南京。日中則昃，月盈則虧，曾國藩深得「花未全開月未圓」、「物極必反」、「盛極而衰」之精髓，做人做事不求圓滿，甚至主動求缺惜福。

　　他將別人的功名排列在自己之前，主動申請裁撤湘軍。

他推崇道家思想，懂得以柔克剛，以小博大，明白「剛柔互用，不可偏廢，太柔則靡，太剛則折」的至理。以「敬勝怠，義勝欲；知其雄，守其雌(28)」自勉，深諳「物壯則老」的道理，進而功成身退，急流勇退，防止惹禍上身。他「戒盈滿」，書房為「求缺齋」。曾國藩說：「天下之至拙，能勝天下之至巧。守拙，才能勤、慎、韌。」他的許多對聯很有老子的境界，如：大處着眼，小處着手；羣居守口，獨居守心。天下無易境，天下無難境；終身有樂處，終身有憂處。戰戰兢兢，即生時不忘地獄；坦坦盪盪，雖逆境亦暢天懷。

老子能教導人們感知幸福

著名主持人白巖松，自封為《道德經》的義工。網上有大量他本人傳播《道德經》的視頻以及相關的深入報道匯總，這裏摘要一些網上記載的他的觀點：「《道德經》是除《聖經》外翻譯語種最多、發行量最大的書籍。5000字的東西，越往裏看越能看出深意。這是我的生命之書，助我突破人生瓶頸。」他認為該書有點像巴赫的音樂，看似非常簡單，實則越看越複雜。《道德經》如同一位智者，給了他無數的啟迪和警醒，解答了他的很多人生難題，引領着他前行。以前，巨大的壓力曾使他五年抑鬱，三度欲自我了結，卻被老子「救醒」，所以他表示，永遠不要低估讀過《道德經》的人。

上善若水式的管理和成功

　　馬雲愛讀《道德經》。2020 年 9 月 18 日，在世界知識論壇上，馬雲與潘基文對話時，兩人都表示很喜歡老子，崇敬老子，世界應該以「上善若水」的態度，去應對疫情、動亂、戰爭。郭台銘強調領導人要以德服人，他常引用《道德經》中的「天之道，不爭而善勝」(73)；「人之道，為而不爭」(81)。日本「經營之神」松下幸之助最推崇老子的管理哲學，透過文字表面深刻理解老子的精神實質，拿來就用。他深受《道德經》啟發，將「素直」作為原則，直接以「水的哲學」經營松下，把企業帶到世界 500 強。「我並沒甚麼秘訣，我經營的唯一方法是經常順應自然的法則去做事」；「過分追求慾望的結果是不僅不能舒適，反而會感到痛苦，喪失自我」。在松下公司的花園裏有一尊老子的銅像，下面石座上刻着中文：道可道，非常道。

　　「道隱無名。夫唯道，善貸且成。」(41)

企業隱形冠軍與道隱理念

　　自三四百年前《道德經》傳入德國至今，德譯本已達 80 多種，研究老子的專著有 700 多部。許多德國家庭都藏有一本《道德經》，可見德國人對老子的喜愛。可能德國人天性「保守」，然而保守、謙退、內斂，正是老子所提倡的保證永續、

長存的智慧之一。德國歷史悠久的企業，有一個共同特點：慎對擴張、控制規模、不喜負債、很怕「上市」；不出風頭，不貪大求全，追求獨特，願做「隱形冠軍」。所以，德國是世界上家族企業最多、歷史最悠久的國家之一，僅次於日本。據2016年的統計，一個8200萬人口的國家，具有200年以上歷史的家族企業有837家，「百年老店」超過千家。具有危機意識、注重風險準備是每個德國企業家非常明顯的特徵。

「生而不有，為而不恃。」(2)

稻盛和夫對老子思想的繼承

稻盛和夫的一生脫離不了「道」，據說，他經常溫習《老子五千言》，最為推崇「無我」、「利他」的思想。他在27歲和62歲時分別創立京瓷、KDDI，兩家均成長為世界500強企業。他78歲時又臨危受命，以零工資出任日航董事長，將日航從破產邊緣救回。他「不居功自傲」，謹記「萬物作而不為始，生而不有，為而不恃，功成而弗居」(2)。稻盛和夫的精神導師是西鄉隆盛，後者的人生信條是老子的「富貴而驕，自遺其咎。功遂身退，天之道也」(9)。

稻盛和夫的人生觀令人敬仰。他認為，真正的貧窮不是沒房、沒車，不是窮困潦倒、身無分文，而是臉上的膚淺，是眼中的空洞無物，是心靈的一片空白，是思維的高度貧困，是精神的極度匱乏，是茫然隨波逐流的心。真正的貧窮是無所

愛，無所寄，無所望，無所期！人為甚麼來到這個世上？是為了比出生時有一點點進步，或者說是為了帶著更美一點、更崇高一點的靈魂死去。

在處理世俗社會的「有」和「無」方面，稻盛和夫有着深刻的理解，他認為，人們總把幸福理解為「有」，如有房、有車、有錢、有權⋯⋯而幸福往往來自「無」，無憂、無慮、無病、無災，「有」多半是給別人看的，甚至用於面上榮光並炫耀的，而「無」才是你切身感受到的、必不可少的。形態各異的與慾望有關的有形幸福，是為了服務於內心無形幸福而存在的。

5. 社會治理：無為無不為，無為無不治

「聖人無常心，以百姓心為心」(49)；「天之道，損有餘而補不足」(77)。

毛澤東與《老子五千言》

毛澤東對《老子五千言》愛不釋手，每到一處必將之帶在身邊，並且驚奇地感歎：「這是本兵書！」他常引用書中的「雞犬之聲相聞，民至老死，不相往來」(80)，「不敢為天下先」(67)，「民不畏死，奈何以死懼之？若使民常畏死，而為奇者，吾將得而殺之，孰敢？」(74)「禍兮，福之所倚；福兮，禍之所

伏 」(58) 等句。

　　有人認為，毛澤東的「實事求是」、「羣眾路線和全心全意為人民服務」、「獨立自主」、「打土豪和分田地」、「共同富裕」、「卑賤者最聰明和高貴者最愚蠢」，是分別批判繼承了「孔德之容，惟道是從」(21)，「聖人無常心，以百姓心為心」(49)，「獨立不改」(25)，「天之道，損有餘而補不足」(77)，「貴以賤為本，高以下為基」(39)。[35]

　　筆者認為以老子為源頭，中華的「謀勢」、「戰略」走過了不斷拓展進步的三個階段：第一，老子強調以弱勝強，指出應避其鋒芒，善用他人之力，欲擒故縱；第二，孫子針對兩強相爭，強調「知己知彼」，先勝後戰；第三，毛澤東創造性地強調任何時候都不能失去主動權，擅長「你打你的，我打我的」。

「道沖，而用之或不盈」(4)；「大道廢，有仁義；六親不和，有孝慈；國家昏亂，有忠臣」(18)。

老子道家文化與金庸和鄧小平

　　金庸以道家哲學和文化及審美為基礎，一共創作了十五部作品，展現了中華文化的博大精深，包含了忠肝義膽的儒家、豁達超然的道家、慈悲為懷的佛家等，而其中道家甚是突出並為主體。金庸筆下的俠客既豪爽率直，又仙風道骨，常道化歸隱，精神境界是天人合一，人生態度是隨性自然，處事作風是無為無不治。具體體現為精神上的自由，對個體生命的尊

重，獨行於天地之間的道家品格。這些俠客與老子、莊子類近，似神又似人，純真似童，物我同生，天地與共，自由無拘，超然脫俗，笑傲江湖。金庸小說中的人物居處，常幽靜典雅，似桃花仙境，世外烏託邦，承載著自由的靈魂。

金庸的武俠小說包羅萬象，除琴棋書畫、文史酒茶外，老子的精神也隱匿其中。如令狐沖、任盈盈這些取名源自「道沖，而用之或不盈」(4)。「沖」與「盈」一虛一實，天生一對。此外，「沖」通「盅」，指器中無物的虛空，沖虛道長之名也應該由此而來。有人指出令狐沖與沖虛道長的較量，應該源自「大道廢，有仁義；六親不和，有孝慈；國家昏亂，有忠臣」(18)。

1981 年 7 月 18 日上午，鄧小平在人民大會堂福建廳門口迎接遲到了幾分鐘的金庸及其家人，大讚金庸的武俠小說。金庸說：「鄧副主席本來可以當主席，但你堅持自己不做，這樣不重個人名位的事，在中國歷史上，以及世界歷史上，都十分罕有，令人十分敬佩。」鄧小平回答：「名氣嘛，已經有了，還要甚麼更多的名？一切要看得遠些，看近了不好。」金庸談起中國傳統的清靜無為治理模式。三起三落、飽經憂患的鄧小平說：「我們擔任領導的人，也不能太忙，往往越忙越壞事。不能出太多的主意。如果考慮沒有成熟，不斷有新的主意出來，往往要全國大亂。政治家主意太多是要壞事的。領導人寧靜和平，對國家有好處，對人民有好處。」

1992 年，金庸說：「鄧小平從來不是教條主義者，且一向具有中國人的實用態度。」、「鄧小平的為人，深諳人情世故。」1997 年，鄧小平去世，金庸說：「鄧小平先生肯定是中國歷史

上、世界歷史上一位偉大的人物。在我心目中，他是一位極可尊敬的大英雄、政治家，是中國歷史上罕有的偉人。」

經濟學家張五常評價：「鄧小平能做到的，是其他人做不到的。中國兩百多年來，沒有出現過思路這麼清晰的一個領導人。中國歷史翻來翻去，都是淚水，只有鄧小平一個人，成功改革中國。」他認為鄧小平的主要觀點是，你想要社會有進步，一定要鼓勵每個人發揮個人所長。這些話與老子、亞當・斯密、弗里德曼等説的相同，但鄧小平做到了，因為他的信念是要社會有進步，而社會是由人組成，就要鼓勵每一個人發揮他們的潛能。[36]

「上善若水」(8)；「天之道，利而不害；人之道，為而不爭。」（81）

潘基文和奧巴馬與老子

2015 年 8 月 4 日，奧巴馬 54 歲生日，時任聯合國秘書長的潘基文向其贈送自己的書法作品，該書法作品上寫着作為他的人生信條、源自老子的「上善若水」四個中國漢字。潘基文極其喜歡《老子五千言》，總是引用書中的話來論證道理。2011 年 6 月 21 日，潘基文成功連任聯合國秘書長。潘基文的第二屆任期從 2012 年 1 月 1 日開始，為期 5 年。當天下午，潘基文宣誓就職。他引用老子的名言「天之道，利而不害；人之道，為而不爭」(81)，強調天道的安排總是有利於萬物，而

有德之人做事，也總是有所作為又不違背大勢。這正是他追求的境界。據說，有美國政客給老子起了個外號叫「總統之師」，因為奧巴馬喜讀《老子五千言》，在他從政歷程中，因運用老子思想而獲勝並受益匪淺。

「昔之得一者：天得一以清，地得一以寧，神得一以靈，谷得一以盈，萬物得一以生，侯王得一而以為正。其致之也，謂天無以清，將恐裂；地無以寧，將恐廢；神無以靈，將恐歇；谷無以盈，將恐竭；萬物無以生，將恐滅；侯王無以正，將恐蹶。」(39)

這裏的「一」即是道，闡明了失道前後的社會與自然狀況。當然老子的「一」或者「道」比當今簡單直淺的「環境生態」理念要深刻得多。

生態環境意識與綠黨

1962年，蕾切爾·卡爾遜女士以一部《寂靜的春天》掀起了美國甚至全人類的環保運動，引發了全球環境意識的覺醒，首次提出「生態學」概念，讓「環境」首次被納入公共政策。該書首次系統揭示了人類使用傳統化學農藥對生態系統造成的破壞，倡導自然生態保護、提倡生物進化理論、堅持生態相互關聯不可分割的整體概念，喚醒了全人類的環保意識，促使農藥等化學品實現向綠色化轉型，隨後衍生出聯合國人類環境大會、環境發展大會、可持續發展會議、氣候變化會議、綠色低碳循環發展等全球會議，同時也衍生出極端生態理念的、全

球範圍的政治意識形態政黨 —— 綠黨。

「天地不仁，以萬物為芻狗。」(5)

　　祭天敬上帝的典禮上使用的草扎的狗，被稱為芻狗。典禮進行中，草狗居高位，高高在上，接納祭拜供養；典禮結束，草狗被扔在一邊，作為垃圾廢物而被焚燒。其意是指，世上的人常活在自己的世界裏，太把自己當一回事，常以自我為中心，或悲或喜，一切以世界是否圍着自己轉為判據，可是地球的運轉不會為任何一個人的離去而停下一皮秒以示哀悼，一切如常，一如既往。萬物均等，高低貴賤均如同芻狗沒有差別。每個人都是芻狗，天地自然不仁，只有大道永存。

　　道的本性是運動和變化。道法自然，是純粹的自然而然、自發而然，獨立依照自己固有的、非人為的規律運動和變化。人是道的下屬第三級別，也是天和地兩個自然界的下屬，當然需要遵從「道」的自發自然並「天人合一」，從而才能實現無往而不勝，避免遭到自然界的報復和懲罰。

韋伯與老子的社會發展

　　德國社會學家、古典社會學奠基人馬克斯‧韋伯，他的著作開宗明義地表明，他關心的不是作為哲學家的老子，而是擁有社會學家地位和影響力的老子，所以他更多關心的是把老子硬加封為始祖的道教和運用老子治國方法的帝王。他說：「事實上，中國歷史上，每當道家思想被認可，如唐初，經濟

就發展得較好，社會豐衣足食。道家重生，體現在不僅看重個體生命，也看重社會整體的發展。」、「老子也認為，最高的得救，是一種神秘的、天人合一的心靈狀態，而不是西方那種禁慾的、用積極行動證明的受恩狀態……這種忘我狀態是他們所特有的，可能是老子創造的。」

「和其光，同其塵。」（56）

單純從尺度角度，大道可以細小到類近於波動光子、塵土微粒那樣的大小，如此只有微觀世界或者量子世界的物質或者存在可以與之比擬，如同質子、電子、輕子、光子、中微子、誇克之類，儘管老子當時不知道當代所發現的基本粒子等。此外，這句話也表示，老子希望人們要具有如同大道那樣的德行品行，即和光同塵，既能像陽光那樣明亮照人，又能像塵土那樣低微謙卑。

朴槿惠的政治崛起與健康養生

朴槿惠於 2013 年至 2017 年成為韓國第十八任總統，也是韓國歷史上首任女元首。但由於「閨蜜干政」等事件，她卸任後被判入獄，面臨 25 年徒刑。2013 年當選時，她曾說是一個中國人寫的書，讓她在逆境中崛起並繼承父業。

她是韓國前總統朴正熙的長女，命運坎坷，幾起幾落，嘗盡大喜大悲。她 9 歲就以第一女兒身份入駐總統府，22 歲時，母親遇刺身亡，27 歲時，父親遇刺身亡，極度的悲傷讓她陷入絕望。此時，馮友蘭《中國哲學史》成為她人生的導師、人

生的燈塔，讓她振作起來，重新思索人生。她說：「不矯揉造作，順其自然是最佳修身之道，這正是道家的無為、無心。」她留給世人的印象是，微笑中有着含蓄與智慧，溫柔的女性氣質是強大的內心。她雖看淡金錢、名譽和權力，但她入獄的罪名恰恰與此三者相關，可見單單防止自己的貪慾還不夠，還得警惕身邊人的貪婪。

她上任總統時，已是奶奶級年齡，可鏡頭前的她卻皮膚白淨，十分年輕。她在父母雙亡後，終日思緒混亂，身體很糟糕，身上出現不明斑點，沒有醫生能夠診治。1987 年讀完了馮友蘭的書，她「重新找回內心平靜的生命燈塔」，逐步恢復了健康。那時始，她嚴遵道家養生說，簡服簡食，從不吃飽，常年保持腰身苗條。她學道家丹田呼吸法幫助精神健康，吸氣凸腹，屏住幾秒，再吐氣凹腹，因而感覺「心靜了」，「胃和腸舒服了，好像五臟六腑回到了該有的位置，也恢復了信心」。

「使我介然有知，行於大道，唯施是畏。」(53)

梅德韋傑夫與老子方案

2010 年 6 月，時任俄羅斯總統梅德韋傑夫在國際經濟論壇上向與會者建議，遵循中國古代偉大哲學家和思想家老子的教誨來應對世界金融危機。他引用「使我介然有知，行於大道，唯施是畏」(53)、「得與亡孰病？甚愛必大費；多藏必厚亡。故知足不辱，知止不殆，可以長久」(44) 等老子思想。他認為

金融危機根源是消費主義、資本和人的慾望膨脹，如果能夠做到知足、知止，那麼就可能避免這樣的危機：「如果我們遵循中國哲學家的遺訓，我認為，我們能夠找到平衡點，並成功走出這場巨大的考驗。」他常被人稱為「老子的信徒」。他經常引用：「太上，下知有之；其次，親而譽之；其次，畏之；其次，侮之。信不足焉，有不信焉。悠兮其貴言。功成事遂，百姓皆謂：我自然。」(17)「知人者智，自知者明。勝人者有力，自勝者強。知足者富。強行者有志。不失其所者久，死而不亡者壽。」(33)

「治大國，若烹小鮮。」(60)

列根與美國的「老子熱」

列根是美國第四十任總統，連續任兩屆。在 1984 年訪問中國期間，他了解到道家學說。他在 1987 年的國情咨文中，引用老子「治大國若烹小鮮」這句話，闡明其施政綱領，結果吸引了美國 8 家出版公司爭譯出版《道德經》。哈珀·柯林斯 (Harper Collins) 出版公司以 13 萬美元購得史蒂芬·米歇爾 (Stephen Mitchell) 譯稿出版權，該書版稅高、發行量大、影響廣。米歇爾對「無為」、「不爭」等老子治理思想的深刻分析和認同，不僅迎合了出版商、贊助商的需求，也滿足了經濟低迷時期人們尋找出路，希望從中汲取管理智慧、推動經濟復甦和快速發展的迫切需求。[37]

「衣養萬物而不為主，常無欲，可名於小；萬物歸焉而不為主，可名為大。以其終不自為大，故能成其大」(34)；「生而不有，為而不恃，長而不宰，是謂『玄德』」(10)。

道生萬物，但它生長萬物而不據為己有，有所作為而不貪功，為萬物之主而不主宰，這就是蘊含自然無為、至深至大之德。

老子與服務型領導力

道對宇宙秩序和萬物的引領和規範作用，採用的是「萬物歸焉而不為主，則恆無欲也，可名於小」，即「以服務求發展、求進步」的方式，在服務中體現領導力。哈佛大學商學院詹姆斯・赫斯克特（James Heskett）教授開創了「服務型領導力」課程，他明確表示他的觀點來自老子。「萬物歸焉而不為主，可名於大。」萬物歸屬道，但道不願主宰萬物，也不願成為萬物之主，這種胸懷可以稱為偉大。在這整個過程中，為建立和諧秩序和成就他人，道扮演的是胸懷遠大、謙卑渺小的服務者。

每個人都應該有服務奉獻精神，關鍵看領導者、聖人們如何以身作則，而不是投機取巧，虛偽假裝自己有高尚道德。「以其終不自為大，故能成其大。」(34) 聖人治國，不是讓自己偉大，而是要讓民眾走向偉大；不是使自己成為中心，而是讓人人都能成為中心。聖人之所以能成就偉業，是因為他尊重天道，讓每個人心中的天道做大，讓每個人有了自驅力，不需外界的規範或者逼迫，真正自由發揮來自內心的動力，去創造、去服務、去關愛。如此民眾就變得偉大，從而成就共同的偉業。

「大道廢，有仁義；六親不和，有孝慈；國家昏亂，有忠臣。」
（18）

　　大道被社會或者治理者廢棄，就有了宣傳仁義禮儀的必要；社會或者治理者巧智計謀頻出，虛偽奸詐就會盛行不衰；家庭族親失和分裂，就有了彰顯出孝慈的需要；國家陷於黑暗混亂，就能知道誰是忠良賢臣。

失信社會奸偽盛行

　　1900 年，慈禧太后得密報，洋人慾逼她歸還政務於光緒，慈禧氣憤異常，決定向十一國同時宣戰。她命董福祥攻打使館，數日不下，又令炮兵頭目張懷志助攻，於是張懷志（後成為北洋政府參謀總長、陸軍上將）架好大炮瞄準使館區，卻不敢開炮，擔心一旦使館區全毀，洋人與慈禧爭鬥必會找替罪羊，他定成倒黴蛋。於是他直奔榮祿府，請頂頭上司手書發炮命令為據。榮祿不承認也不否定此命令，也不肯寫字句，張懷志乾脆賴在榮府不走了。榮祿最後被逼無奈，嘟噥了一句：橫豎炮聲一響，裏面是聽得見的。張懷志立馬大悟，跑出榮府，讓炮兵重測方位，目標瞄準使館後方空地，重炮齊發，轟了一天一夜。後來還是慈禧嫌太吵，下旨停止炮擊。後人講：董福祥重兵久久攻不下使館區，是狡猾；張懷志不肯炮擊是狡猾；榮祿不肯寫手令是狡猾；張懷志炮擊空地是狡猾……

6. 皇帝寶典：歷代的尊崇或秘笈

「大道泛兮，其可左右。」(34)

秦始皇與老子

秦始皇嬴政是為紀念老子建立祠堂清廟的第一人。欲要滅其國，必先去其史，秦始皇為防止反秦復國，在李斯的建議下，下令焚書，被焚書籍主要包括非秦國官史之外的六國史書，歌頌各自國家歷代君主賢明的詩歌等。《詩》、《書》和百家語除博士官收藏的以外，其他百姓藏書都集中到郡，由郡守和尉監督燒掉，但醫藥、蔔筮、種樹等技術類書籍不在禁列。但《老子五千言》得以倖存。

秦始皇二十八年（前 219），始皇封禪泰山，乃建老君祠於樓觀之南，世給廟戶，親制祝文曰：「大道泛兮，其可左右。(34) 老君去則西遊，反則東顧。朕方有事蓬瀛，願垂影響。」

當年關令尹喜截下了老子，老子住進了終南山裏尹喜蓋的小樓「樓觀」，在那裏寫就五千言，後騎牛西去。尹喜扔下工作，每天在此樓觀潛心研閱《老子五千言》並加以宣傳。後來為紀念老子，秦始皇嬴政在此建了清廟，之後漢武帝又在此建了座老子祠。樓觀台被道教認成了發源地。

「一曰慈，二曰儉，三曰不敢為天下先。」(67)

文景之治與老子

　　漢文帝劉恆是將老子思想運用於治國並取得成功的第一人。他的母親姓薄，本是南方吳國人，原是俘虜，偶然被劉邦看中，提升到內宮，成了妃子，為劉邦生下了劉恆。薄姬是有文化修養的賢妻良母，喜歡老子，懂得謙讓無為，未像戚妃那樣高調而遭呂后嫉恨和迫害。得力於母教的影響，劉恆也喜歡讀老子，因而有了他後來的成就。他和他的兒子漢景帝劉啟在位的四十年，被後代推崇為「文景之治」，他們用老子思想為漢朝打下了四百年基業。

　　劉恆八歲起，一直和母親在一起，受母親的薰陶和影響。當時全國飽經戰亂，百廢待興，亟需休養生息。漢文帝劉恆恪守老子所教的三寶法則：「一曰慈，二曰儉，三曰不敢為天下先。」(67) 道治天下。他登基後第一令就是「大赦天下」，第二令就是休養生息，不准向皇帝奉獻寶物。劉恆即位後，一身袍子穿了二十年，縫縫補補沒換過新的。有人想給皇帝修個露臺，預算需百金，他捨不得，不讓做，說：「百金，中人十家之產也。吾奉先帝宮室，常恐羞之，何以台為！」

「慎終如始」(64)；「玄之又玄」(1)。

忽必烈與老子

元世祖忽必烈在登基當年（1260年）和第二年就連發兩道關於太清宮的聖旨並立碑保護老子故里太清宮。太清宮聖旨碑現在保存完好，嵌於鹿邑太清宮太極殿前右側檻牆內，此也是中國最早的一塊白話文石碑：「令旨使臣軍馬，宮觀內不得安下，所有栽種樹木，諸人不得採斫，專與皇家告天祝壽……仍仰張拔都兒常切護持太清宮，令住持道眾更為精嚴看誦。」

忽必烈是中華歷史上一位偉大的皇帝，而且是一位少數民族皇帝，還寫下了《元世祖禦旨老子讚》文，命人刻碑於太清官，現已不存。光緒《鹿邑縣志》上錄有全文：大哉至道，無為自然，慎始慎終(64)，先天後人。含光默默，永劫綿綿，東啟尼父，西化金仙。百王取則，界聖信傳，眾教之祖，玄之又玄(1)。

歷史上的皇帝與老子

漢朝威宗，魏朝烈祖，唐朝高宗、玄宗、肅宗、憲宗，宋朝真宗、仁宗，明朝太祖等皇帝均有御製石刻讚頌老子。

唐玄宗、宋徽宗、明太祖、清世祖為《老子五千言》寫序或者註釋。明朝萬曆和嘉靖皇帝常常研讀《老子五千言》，清朝康熙和乾隆皇帝都喜歡研讀老子，康熙還將《老子五千言》

列入文武百官的必讀書目。

唐朝命名《老子五千言》為《道德經》

　　唐朝李家皇族出身北狄鮮卑族，具有部分少數民族胡人血統，寒門子弟發達得了天下，想抬高自己的身世，於是想到了老子。唐高祖李淵剛建立了大唐，就拜了老子做祖先，把老子尊為「李姓始祖」，重修了樓觀台。

　　唐高宗李治直接追封老子為「太上玄元皇帝」，比太上皇還高幾個級別。唐玄宗李隆基一天做夢，說是夢見了白鬍子老頭，醒後立即下令重修樓觀台。夢裏老子還告訴他，樓觀說經台附近有尊老子玉像，結果還真被挖了出來，玄宗遂將玉像迎回興慶宮，供奉在大同殿。玄宗下詔：全國各地均設玄元皇帝廟；在長安招收學生鑽研《老子五千言》，並把其改名為《道德經》，以顯示重視程度；王公大臣皆需熟讀《道德經》；把《道德經》列為「諸經之首」；皇帝親自為《道德經》作註解，並頒行天下；同時將道教立為國教。

　　貞觀年間，唐太宗應古印度東天竺國王「童子王」的請求，讓西行歸來的玄奘法師將《道德經》翻譯成梵文，以便傳回古天竺。於是同年，唐太宗發動玄奘大師等學僧和道士翻譯《道德經》，並將其傳往國外。玄奘對《道德經》原文心存敬意，但對河上公序及各種版本的註釋等內容多有批評，因註釋的版本與《老子五千言》的精髓相去甚遠。玄奘認為《道德經》是

偉大的，但被後人牽強附會的道教方術等註釋壞了。唐太宗李世民和玄奘可謂是向國外傳播《道德經》的先驅。

7. 大道泛在：音體美、建築、醫藥

「故道大，天大，地大，人亦大。」(25)社會發展根本而言是人的發展，而不僅是物質的發展，或精神的發展。本節主要討論大道對音樂、體育、美術、建築等的影響。

「善者，吾善之；不善者，吾亦善之；德善。信者，吾信之；不信者，吾亦信之；德信。」(49)「無為而無不為。」(37)

老子思想與西方通識

道是一種統治宇宙的超越人格的神聖秩序。老子的思想很容易被中國以外的世界其他地區所接受，尤其在西方受到熱烈歡迎，那裏的書店和圖書館有許多老子的《道德經》。西方強調的「有為」，不僅包括人們對金錢名利的無止境追求，而且還包括人們試圖理解進而妄圖改變宇宙運行的方式。老子的「無為無不為」思想對那些對西方的「有為」已經感到厭倦的人而言非常有吸引力。「隨它去，它會自行其道」成為信奉老子哲學的西方人，特別是生態環境論者的至理名言，當然也有一部分人認為可以適當地改變自然。佛陀認為沒有理由因奢侈而自豪，遂放棄了他在社會中的名利地位；而老子則告知

人們，每個人都是這個充滿了偏見和欺詐的社會的一部分，並勸告人們言行端正，合乎道德，對得起天地良心。老子揭示，道通過其包含的對立互補、連續互變的事物，如陰陽、冷熱、勝負等，而顯示逆發揮作用；告誡我們如果沒有準備好死亡，就不能很好地擁抱生活。老子說過的最富智慧的話是一句簡單得最易導致誤解的話：萬物是其所是（即「道法自然」）。[38, 39]

小熊維尼形象沿革與老子道家

近 100 年前，英國作家米爾尼於 1925 年創作的小熊維尼，融入了道的思想。美國作家霍夫在 1982 年進一步繼承光大米爾尼的創作，通過這些生動的動物角色和相關事件，富有想像力地介紹了道家哲學，天真單純的小熊維尼似乎成為老子的最佳代言人。霍夫的書再版四次，被美國很多高等院校指定為選讀教材。該書通過作者、小熊維尼、小豬皮傑等的對話來闡述老子的「無為」，生活樂趣的根本所在就是順應事物的自然發展，做「無為」之事。小豬皮傑如此評價「無為而無不為」(37)：「小熊維尼並不是很有頭腦，但他從來不會使壞，他做傻事，但事情總是往好的方向發展。」[39]

「大音希聲，大象無形」(41)；「見素抱樸」(19)；「有之以為利，無之以為用」(11)；「有無相生」(2)；「道之為物，惟恍惟惚；惚兮恍

兮，其中有象；恍兮惚兮，其中有物；窈兮冥兮，其中有精」(21)；
「視之不見……聽之不聞……搏之不得」(14)；「虛而不屈，動而愈
出」(5)。

老子道家審美及其意境

　　老子等道家思想對中國人的審美觀等有着廣泛而深刻的
影響，美的根源在於道，體現為「有無」、「虛實」等的變化。
「虛實」的美學根基在於「有無」，「有無」源自老子。重要的理
念包括：「故有之以為利，無之以為用」(11)；「有無相生」(2)；
「天下萬物生於有，有生於無」(40)；「周行而不殆」(25)；「虛而
不屈，動而愈出」(5)。最高的境界是「道」：「道之為物，惟恍
惟惚；惚兮恍兮，其中有象；恍兮惚兮，其中有物；窈兮冥
兮，其中有精。(21)「道」是混沌一體的狀態，無法感知，無法
看見：「視之不見……聽之不聞……搏之不得。」(14)「道」是
「無」，是「虛」，但不是絕對的「虛空」，而包含着「象」、「物」、
「精」等實體，是虛實融合為一的。

　　如果說西方美學注重寫實，那麼以老子為代表的中國古
典美學注重神韻和情感共鳴，從自然而然、自然之美、無為無
不為的角度出發，探究弦外之音、形外之象、言外之意、象外
之征，渲染而達天人合一、物我兩忘的意境，對詩歌、繪畫、
書法、戲曲、建築、茶道等藝術產生了深遠的影響。典型如
中國畫的「留白」、「寫意」、「虛實相生」、「大音希聲，大象無
形」(41)，強調「見素抱樸」(19)，淡雅空靈，清逸神韻，甚至「不

着一字」、「無畫處皆成妙境」、「至靜大音」、「心領神會」、「主客共鳴」。美的最高狀態是「妙」，美的生命是自然，美的湧現之源是虛靜。

「功遂身退，天之道也」(9)；「千里之行，始於足下」(64)；「勝人者有力，自勝者強」(33)。

足球皇帝貝肯鮑爾與老子

在1990年第14屆足球世界盃上，德國隊奪冠後，主教練「足球皇帝」貝肯鮑爾宣佈卸任。四年前第13屆足球世界盃上，他帶領德國隊獲得亞軍。在接受《明鏡》周刊採訪時，他引用了老子的話：「功遂身退，天之道。」貝肯鮑爾對老子情有獨鍾，公文包裹常年帶着《老子五千言》。時任中國駐德使館參贊李念平說：「假如遇到貝肯鮑爾，得有準備，他會與你談老子。」因為貝肯鮑爾從小就愛看《老子五千言》，他最喜愛的格言是「千里之行，始於足下」(64)。當他稱雄世界足壇，不忘老子忠告「勝人者有力，自勝者強」(33)，並以此作為他的勵志座右銘。

「不出戶，知天下；不窺牖，見天道。其出彌遠，其知彌少。」(47)

披頭士與《內裏之光》

　　1968 年，全球著名搖滾樂團披頭士《內裏之光》(The Inner Light) 中有「不出戶，知天下；不窺牖，見天道。其出彌遠，其知彌少」(47) 的歌詞，歌頌道無處不在的普適性、內在性，成為披頭士的代表作之一，被稱為披頭士的聖經，流傳極廣。

　　老子解釋道的普適性、普遍性，無時不在，無處不在，道以不同的方式和形式呈現於、內化於億萬人事物，內化於你我他。每個人如果能夠主動感悟，皆可以成為得道行德者。

　　「大道汎兮，其可左右。萬物恃之以生而不辭，功成而不有。衣養萬物而不為主，常無欲也，可名於小；萬物歸焉而不為主，可名於大。以其終不自為大，故能成其大。」(34) 道的無處不在、無論內外，創生萬物成就了功業，與被創者融為一體而不佔有。如同基因是前代在後代體內的延續，而基因並不佔有後代。

　　「上善若水」(8)；「無為而無不為」(48)。

上善若水與李小龍的功夫

　　李小龍是全球功夫武術的巔峰，讓「功夫」一詞寫進英文詞典，在好萊塢開闢了「功夫片」電影。他的截拳道是由五大

部分精要組成的系統：武學理論、格鬥技法、訓練方法、思維方式、內在精神，以達到「無法為有法」的武道最高境界，「以無形為有形」、「以無限為有限」，實現以武入道。其核心思維方式，就是若水思維。他的武學是：「保持空靈之心，無形無法像水一樣。水入杯成杯子形，入瓶成瓶子形，入茶壺成茶壺形。水能載舟亦能覆舟。」如，強調在訓練中、在格鬥中應松柔，保持意識整體流動與覺察，絕不僵化固守某處，一旦捕捉或引誘出破綻，即如水滲入克敵制勝。在實戰中，突顯步法和移動，強調若水般的高度流動性和機動性，藉此掌握主動，以適應任何對手。他認為：「當某人武技上日趨成熟，那麼他的形式應是一種無形之形。其成長成熟過程，如同冰塑成形的水一樣。只有當武技上沒有了形式，才能擁有所有形式；只有當沒有了風格，才能適應所有風格。」

李小龍的女兒李香凝出版的《像水一樣吧，朋友》一書，總結了父親的智慧、哲思和勇氣，以及他關於「水」的哲學思考。李小龍練武遇到瓶頸時，師父葉問的建議是：「永遠不要違抗自然，不要硬碰硬，要因勢利導加以調控。」起初李小龍不理解，久而久之逐漸領悟，之後不斷超越自我，一生求知。他隨道而變，不按照套路出牌；覺知活在當下，如水一般「隨流」；柔順積極地適應，保持靈敏和適當的緊張；心懷目標，追求自我實現；寬容待己，刻苦修行，有急有緩，不走極端，不守執念，溫和有力。

「有之以為利，無之以為用。」(11)

貝聿銘設計思想與老子

2019 年，享譽世界的「現代建築的最後大師」貝聿銘在紐約家中辭世，享年一百零二歲。巴黎的盧浮宮玻璃金字塔、華盛頓國家美術館東館、波士頓甘迺迪圖書館、香港中銀大廈、多哈的伊斯蘭藝術博物館⋯⋯他留下的不少作品都成了世界各地所在城市的地標。儘管他高中階段即離開中國大陸，接受西方教育，但貝聿銘認為：「我吸收能力最強的少年時代是在中國度過的，『中國性』深深烙印在我身上，無論如何，也很難改變我是一個十足的中國人。」給了他莫大啟發的，是蘇州園林，這些建築設計讓他感悟到創意是人類的心靈手巧和自然造化的共同結晶。儘管貝聿銘在美國喝紅酒、吃西餐，也讀《道德經》、《論語》、《孫子兵法》、《史記》及唐詩宋詞，他生前坦言：「老子的思想對我建築思維的影響大於一切。」、「我時常讀老子，我相信他的著作對我建築想法的影響可能遠勝於其他事物。」、「有之以為利，無之以為用」(11) 是他貫穿一生的設計理念。

「知其白，守其黑，為天下式。為天下式，常德不忒，復歸於無極。」(28)

中國書畫的知白守黑

　　中國書畫以水墨為特色，其藝術性體現在筆觸塗抹的白黑深淺、濃淡焦濕，雖傳承了一千多年，但人們始終在「知白守黑」的框架下嘗試如何創新。因為「知白守黑，知雄守雌，知榮守辱」，幾千年來已經成為中國人公認的平安之道，這在中國書畫中也得以充分反映。

　　中國書畫藝術家常認為守黑容易知白難，實際上知白容易守黑也難。也就是說，在中國的水墨書畫藝術中，留白與用墨同等重要，處理「對立矛盾—和諧共存—互相轉化」的能力，標誌着藝術家的藝術境界和造詣。如能將這些要素運用得遊刃有餘，達到簡樸而全面的層面（接近三生萬物的境界），就能化多為一，達到大道的境界，進入「無為無不為」的狀態，如有神助，筆劃遊走如有神。我們看八大山人、揚州八怪、齊白石、張大千、吳昌碩、李可染、李苦禪、徐悲鴻等書畫大師的作品，都有大量的恰到好處的留白。他們講究「知白守黑」的功夫，欣賞「花未全開月未滿圓」的心態，即「功夫在書畫之外」，相融天地、合於自然、悟道通禪、明德至善。

「躁勝寒，靜勝熱。清淨為天下正」（45）；「致虛極，守靜篤」（16）。

中國畫靜逸而不刻意

老子說：「躁勝寒，靜勝熱。清淨為天下正。」(45)「致虛極，守靜篤。萬物並作，吾以觀復。」(16) 中國畫受人青睞，源自強調人性的「至善」，給人一種步入山水，遊居兩可，靜心暢神，恬淡虛無的「入靜」的狀態。可見，中國畫是讓人靜下來的藝術，其不表現戰爭、血腥、暴躁、焦慮，而追求寧靜致遠、天人和諧。在生態惡化、空氣污染嚴重、社會壓力大增的當代，中國畫不啻是鎮靜劑、慰藉人心的良藥。

中國畫最高境界就是「自然」，源自「天人合一」的理想規範。中國筆墨文化裏，沒有刻意求新的位置，否則就會留痕、做作，刻意打造反而走向反面。「刻意」、「苛求」，終不能達最高境界。中國畫論強調傳承和獨到。人人本有基因差異，獨立自由準確表達自己，個個都能新穎「獨到」，自然就是新的。新不是刻意「創」出來、「求」出來的，而是「水到渠成」，自然下意識地流出來的。

筆者一位朋友，是超導材料方面的院士，幾年前登山遇到一位採藥的隱士，問秦嶺有四千多種草，怎麼辨別？隱士說山上的草其實只有兩種，一種是陽性，生長在陰坡；一種是陰性，生長在陽坡。中醫相當多的思想源自老子，唐代藥王孫思邈從小熟讀《老子五千言》，辨證施藥，常年在秦嶺終南山採藥，他的千金方奇妙無比！

孫思邈與老子

　　孫思邈是京兆華原（今陝西銅川耀州區）人，傳為楚大夫屈原的後人，隋唐時期養生學和醫學相結合的集大成者，被後人尊稱為「藥王」。他自幼體弱多病，因看病問醫耗盡家產。但他從小就聰明過人，18歲立志學醫，長大後崇尚老子、莊子學說。孫思邈一生著述80餘部，包括《老子注》、《莊子注》。

　　北周靜帝時，楊堅執掌朝政，召孫思邈任國子博士，孫思邈無意仕途，堅決不接受，一心致力於醫學。隋開皇元年（581），見國事多端，孫思邈遂隱居陝西終南山中，著作《千金要方》等。孫思邈一邊行醫，一邊採藥，淡泊名利，拒絕入朝做官，廣泛蒐集單方、驗方和藥物。

　　唐太宗即位後，召孫思邈入京，見他70多歲容貌氣色、身形步態竟如同少年，十分感歎：「有道之人真是值得人尊敬呀！原來世上竟真有這樣的人！」唐太宗想授予孫思邈爵位，但被他拒絕了，仍在民間行醫。唐高宗顯慶四年（659），孫思邈完成了世界上首部國家藥典《唐新本草》。唐高宗上元元年（674），孫思邈年高有病，懇請返回故里。若干年後與世長辭，享年有說101歲或者125歲，還有說141歲，甚至165歲。

　　「樸」是道的另外一個名字，在《老子五千言》中出現了8次。如：「見素抱樸，少私寡欲」(19)；「道常無名、樸。雖小，天下莫能臣」(32)；「萬物……化而欲作，吾將鎮之以無名之樸。無名之樸，夫亦將不欲」(37)；「為天下谷，常德乃足，復歸於樸。樸散則為器，

聖人用之，則為官長。故大制不割」(28)。

屠呦呦與葛洪及老子

在美國麻省理工學院的走廊牆壁上，懸掛着有史以來影響世界的十一位化學家，因煉丹而聞名的葛洪是其中之一。葛洪是東晉著名道教人士、醫藥專家，敬奉遵從老子，著有《抱樸子》一書，書名源自老子「見素抱樸，少私寡欲」(19)。2015年諾貝爾生理學或醫學獎得主屠呦呦，她也是中國第一位諾貝爾獎（科學類）獲得者。1972年受葛洪《肘後備急方》中對青蒿截瘧的記載啟發，在青蒿提取物藥效不穩的煩惱中，從「青蒿一握，以水二升漬，絞取汁，盡服之」記載中獲得新研究思路，改用簡單有效的低沸點溶劑，如乙醚等萃取，富集了青蒿的抗瘧組分，最終發現了青蒿素。

8. 大道百家：老子學說與其他學說

如果說，影響人類的古希臘三賢蘇格拉底、柏拉圖、亞里士多德，是具有偉大傳承關係的三代師生，那麼可以說，影響世界的古中華三代師生 —— 老子、孔子、孫子，也是具有直接師承或者間接傳承關係的。

在古代，水是地球上非常豐富的資源，幾乎無處不在。而分別被認為是古中國和古希臘第一位哲學家的老子和泰勒斯，他們對水

的認知，竟然如此相近！

泰勒斯的「水」與老子的「水」

儘管 2500 餘年前，古中國和古希臘可能根本沒有接觸和來往，甚至幾乎同時代的彼此都不知道對方的存在，但泰勒斯對水的認知與老子「上善若水」的認識相近。被人們認為是西方哲學史上第一個哲學家的泰勒斯（Thales，前 624—前 546），也認為萬物產生於水又復歸於水，不管世界萬物性質如何不同，變化如何多樣，它們總是來自同一本原又回到同一本原即水之中。其主要思想為「水是萬物的始基」、「水是最好的」。[31]

泰勒斯因觀察星空而失足掉入水坑，遭其女奴嘲笑，他卻把觀察到的知識用於預測橄欖油豐收而發了大財。

西方哲學的核心概念「邏各斯」（logos）的創立者是赫拉克利特，東方特別是中國哲學的核心概念「道」的創立者是老子，他們在關於人類的核心概念、宇宙觀、辯證邏輯方面具有令人震驚的相似之處。

赫拉克利特的「邏各斯」與老子的「道」

赫拉克利特（Heraclitus，約前 544—前 483）在辯證邏輯

的開創和發展方面，與老子同時代，他就像是古希臘的「道家」。令人驚訝的是，公元前 6 世紀的兩位偉大先哲的宇宙觀極為相似。赫拉克利特認為萬物永遠變動，其變動在一定的尺度範圍按照對立統一與和諧的規律進行，這就是他創立的關於世界萬物運動變化原理的「邏各斯」學說。如果説「邏各斯」是西方哲學的核心概念，那麼「道」就是東方特別是中國哲學的基礎及核心概念。

赫拉克利特有一句名言：「萬物皆流。」他與道家的共同之處，即把對立互補互變的雙方看成一個事物的整體，不僅僅強調變化的連續，還強調一切變化都是循環的。赫拉克利特説：「朝上和朝下是相同並同一的」；「上帝是晝和夜、冬與夏、戰爭與和平、飽足與飢餓」；「冷的東西使它自己變暖，暖的變冷，濕的變乾，乾的變濕」。[31]

赫拉克利特為研究哲學而放棄王位，最後餓死在牛欄。

著名物理學家、美國加州伯克利大學的卡普拉教授，在 1974 年研究近代西方物理學與東方神秘主義的關聯性以後，在《物理學之道：近代物理學與東方神秘主義》[38] 一書中，對老子思想給予高度讚譽。突出提及的有：「將欲歙之，必固張之；將欲弱之，必固強之；將欲廢之，必固舉之；將欲取之，必固與之，是謂微明」(36)；「曲則全，枉則直，窪則盈，敝則新」(22)；「知其雄，守其雌……知其白，守其黑……知其榮，守其辱」(28)；「道可道，非常道；名可名，非常名」(1)。

卡普拉教授論老子和道家

　　卡普拉認為，從道的運動是獨立統一、不斷相互作用並互變的概念出發，道家提出了人類行為的幾項基本原則：一、每當想達到任何目的，就應當從它的反方面入手，「將欲歙之，必固張之；將欲弱之，必固強之；將欲廢之，必固舉之；將欲取之，必固與之，是謂微明」(36)。二、每當想保持保有任何事物，就應當允許其某些對立面的互存共生，「曲則全，枉則直，窪則盈，敝則新」(22)，否則追求純粹極端或者原教旨，在不可能消滅的轉化面前將變得徒勞無益。三、全面認知大道的永恆絕對性，把握概念的相對性，以指導實踐，處於不敗之地。如認識陰與陽的相對性，善與惡的相對性，並不一味追求超越自然的極端，包括至善，而是試圖保持陰陽、善惡之間的平衡，強調知陽守陰、知惡守善等，「知其雄，守其雌……知其白，守其黑……知其榮，守其辱」(28)。

　　老子對人為而獲得的知識、推理、語言描述充滿懷疑，故而第一句話就是「道可道，非常道；名可名，非常名」(1)。老子認為，自發性是道的運動原理，所以人應該遵從道的運行方式，這就是「無為」，即克制違背自然的行為，從世俗和妄欲角度看似「無為」，實際效果已經到達了「無不為」的境界。[31]

　　經過中國改造，進而在日本發揚光大，傳遍全世界的禪宗，強調在日常事務中的醒悟，在每一個動作中體驗生活的奇異和神秘，其修行方式簡單明瞭，似乎平凡無奇，但寓意很

深，難以做到。禪宗希望人們通過長時間的修行以獲得精神上的巨大成就：重新獲得人們原初本性的自然性。禪宗對自然性、自發性的強調，無疑源自道家。[31]

諸子百家的淵源及關聯

儒家崇尚仁義禮樂，關心人生，重人倫社會，將人倫次序「反向」推廣擴展至社會和宇宙。道家關注則極其遼闊，無所不包，大道至簡，無為無不為，返璞歸真。道家視域「正向」地由大道、天道、地道推廣到人道，也由宇宙觀「正向」推導出世界觀、社會觀、價值觀、人生觀；道家的大道思想、修養方法和生命哲學對儒家影響很大，並被後者吸納，如老子的「道」、「氣」、「自然」等理念。

老子是道家創造性的集大成者。道家淵源是生於夏朝晚期，後為商朝開國元勳，被尊為藥祖、廚祖及道家開壇鼻祖的伊尹，姓姒名摯；再往前當然是軒轅黃帝、神農炎帝；再往前就是伏羲、女媧。儒家較早的淵源是商末周初的西周開國元勳周公，姓姬名旦。道家和儒家最早的共同遠祖是伏羲的「易」的理念。道家與法家的共同淵源，就是《老子五千言》，經申不害、韓非發揮改造，成就了法家的理論體系。法家更早的淵源要上溯至夏商時期的理官，其後有春秋的管仲、戰國的商鞅等。道家與兵家的共同淵源，可追溯至姜子牙（姜子牙為神農炎帝五十四世孫，伯夷三十六世孫）。姜子牙用兵之道被道

家、兵家共同尊崇，老子的「不以兵強天下」(30)，「以奇用兵」(57)，「兵者不祥之器」(31)，以弱勝強（36，78）等思想，對兵家的戰爭觀和戰略戰術有明顯而深遠的影響，故《老子五千言》常被看作是兵書。

孔子堅守了老子早期的禮樂思想；尹喜（關尹子）繼承發揚老子後半生的成熟思想 [40]。

無為無不治。（3）

老子哲學與道家、道教方術

老子是倡導信仰大道的哲學家。老子離世幾百年後，他先被後世視為道家的靈魂，後來又被道教用作圖騰，這些均沒有徵得老子本人的同意，是後人的一廂情願。當然，道家、道教都對保護、傳承、光大老子思想做出了貢獻。漢朝統治者總結了秦朝快速衰敗的歷史經驗，選取了相對平和的老子「無為」思想作為執政方針，抬出始祖黃帝作為大旗，建立「黃老之學」。在官方推動下，民間信仰也隨之以黃帝和老子為偶像。後因董仲舒橫空出世，請求漢武帝獨尊儒家，黃老之學於是下沉民間，並形成很多分支。眾多分支流派與神仙方士鬼怪之說合流，形成道教的早期教派。東漢時佛教正式進入中原，漢明帝為他們修建了白馬寺，佛教迅速擴展。受到佛教組織化模式的啟迪，道教也開始了組織化運作，將道家思想全部搬來，加以改造為其所用，從而最終形成道教。道教奉黃帝為始

祖，老子為道祖，張道陵為教祖。道教的某些活動與道家「無為」的理念存在某些衝突相悖，如「一人得道、雞犬升天」以及迷信方術等。

「少私寡欲」(19)；「致虛極，守靜篤。萬物並作，吾以觀復。夫物芸芸，各復歸其根。歸根曰靜，靜曰覆命……知常容，容乃公，公乃全，全乃天，天乃道，道乃久，沒身不殆」(16)；「故從事於道者，同於道；德者，同於德；失者，同於失。同於德者，道亦德之；同於失者，道亦失之。信不足焉，有不信焉」(23)。

老子及道與佛

佛教初入中華時，為便於傳教，有人描繪說釋迦牟尼是老子的弟子，傳說老子西出函谷關，去了古印度點化了釋迦牟尼。佛教發達後，有人就流傳老子是釋迦牟尼派到中國探路的徒弟。釋迦牟尼是一位放棄王位、出家成為苦行僧的王子，歷經苦難，參悟成佛，被稱為佛陀。歷史上，強調般若智慧的佛教，因為慈悲為懷，用佛教理念治國的政權最終逃不開衰敗、滅亡的命運。所以有人說，佛法講出世，不能治國，但可修身。禪宗是中國式的佛教，追求當世解脫，其部分吸納了老子、莊子等道家思想。佛道異同體現在：老子及道倡導「少私寡欲」、「清靜自然」，也有因果，如「求道者會與修道者相交，頌德者會與有德者來往，不求上進者與隨遇而安者很有共同語言……」；佛倡導「無欲無求」、「因果輪迴」。道者強調當下領

悟大道、掌握規律得以自然灑脫，以出世的精神做入世的事情，重在此世；佛者消滅此生人慾以實現來生佛欲，追求來世進入極樂的夢想，以此世的修煉為來世做鋪墊，重在來世。佛者強調人生和一切的「無常、緣起、性空」，以便「破我執」。

筆者感悟，就人生意義的話題，儒告訴你，不論地位高低，只需知曉此世，仁愛義禮，奮發有為；佛告訴你，不論你有否財產、子嗣，你還有下輩子，你需在此世「悟空」出世，跳出世代輪迴；道告訴你，需以出世的精神，做入世的事情，以道為主，得道多助，無為無不為。

「道沖，而用之或不盈。淵兮，似萬物之宗……湛兮，似或存。吾不知誰之子，象帝之先。」(4)

老子說：「大道好似空虛無形，但它的功用永無止境。它深淵一樣廣大，好似世間億萬人事物的祖宗；它幽隱虛無難見，但又真實存在並運行。我不知道它是從哪裏產生出來，但它存在於天帝之前。」在老子的心目中，大道是世界一切的起源，是無和有的起源，是造物主天帝的起源。

「道生一，一生二，二生三，三生萬物」(42)；「視之不見，名曰夷；聽之不聞，名曰希；搏之不得，名曰微。此三者不可致詰，故混而為一」(14)。

老子和基督及上帝

在中國傳教時，早期的基督教徒難以確定「God」對應

的中文詞，故用拉丁概念「Deus（天上的）」的音譯「徒斯」代之。最早翻譯「God」為「上帝」的是 1595 年編寫《交友論》的利瑪竇。久而久之，中國人誤認為「上帝」就是西方的專有名詞，而不知道其源自中國遠古。事實上，在利瑪竇進入中國之前，中國人就經常使用本土「上帝」一詞（見當時朱載堉的《不足歌》）。

17 世紀到 19 世紀，在老子及其學說進入歐洲時，他被看成來自東方的「先知」，而不單純是哲學家。法國傳教士、同時也是法國科學院院士白晉，依據「道生一，一生二，二生三，三生萬物」(42) 認為，中國古人早就認知三位一體的「上帝」。

法國傳教士馬若瑟（1666—1735）從「視之不見，名曰夷；聽之不聞，名曰希；搏之不得，名曰微」(14) 中驚奇地發現「yhwe（雅赫維）」等於「夷希微」，就是上帝耶和華的名字。法國傳教士傅聖澤（1663—1739）認為：「道是神，道代表着基督信仰的神，是救世主；道是唯一，是宇宙之創造及保存者，在本質上與宇宙真主合而為一。」諾貝爾文學獎得主赫爾曼・黑塞的父親，即德國的約翰內斯・黑塞於 1914 年發表《老子 —— 基督降世之前的真理見證人》。

「咎莫大於欲得；禍莫大於不知足」(46)；「道者萬物之奧。善人之寶，不善人之所保」(62)。

基督教的「原罪」概念與老子的「多欲不知足」概念

　　基督教認為「世人都犯了罪」，這個原罪就是人類始祖亞當和夏娃違背 God（上帝）的命令，偷吃禁果而犯下的罪，在後世代代遺傳，無人倖免。這禁果的功效在於能讓人眼明耳聰，知善惡。結果因為人類有了智慧，產生了自以為是的辨別力和好惡感，從而有了一切痛苦和罪惡之源，由此而生懶惰、自私、嫉妒、貪婪、傲慢、暴怒等。

　　上帝後悔造人，意圖重新來過，想用大洪水將人類清除。因上帝對人類的諾亞這家的義人還僅存一絲希望幻想，讓他們躲進方舟倖存下來，結果繁衍出的人類，罪惡仍未減少。最後，上帝讓自己的獨子耶穌降落世間，去喚醒並拯救人類，卻受難被人釘在十字架上死去，用他的血替人類贖罪。信靠耶穌基督，得與上帝溝通，可以赦免罪惡。最終，基督教成為西方文明的精神核心。

　　老子認為：「咎莫大於欲得；禍莫大於不知足。」(46)「含德之厚，比於赤子」(55) 表明嬰兒離道德最近，成人世界是妄欲的大染缸，見識越多、智巧越多、慾望越強，與大道德行越遠。老子苦勸「絕聖棄智」、「見素抱樸」(19)，「為無為，事無事」(63)，懷念「結繩記事」的原始，猶如懷念未吃禁果的亞當、夏娃與伊甸園。早在基督教誕生 500 多年前，「罪人與救贖」的觀念就出現在老子的表述中：「道者萬物之奧。善人之寶，不善人之所保。美言可以市，尊行可以加人。人之不善，何棄之有？故立天子，置三公，雖有拱璧以先駟馬，不如坐進此道。

古之所以貴此道者何？不曰：求以得，有罪以免邪？故為天下貴。」（62）

老子認為道是獨立不改、周行不殆的存在，是天、地、人、萬物的本原。而基督教的「道」是「太初有道，道與神同在，道就是神」。

「強梁者不得其死」（42）。

林語堂與老子

林語堂集散文家、小說家、翻譯家等於一身，他對老子、莊子等充滿了欣賞和推崇，老子的道家思想已經深入他的靈魂，他因此始終認為道家可以救世界。他用英文寫成的向外國人普及中國文化的經典之作《老子的智慧》，後又翻譯成中文。他認為，老子憑藉一雙犀利之眼，看穿了人世間的是是非非，多聽聽老子的話好處很多。人生在世，需要智慧，而老子具有異於常人的智慧。他說：「老子的雋語，像粉碎的寶石，不需裝飾便可閃耀。」林語堂以詩歌的形式對老子的思想加以概括：「我教人以愚中之智，弱中之強，水及未玷污的新生嬰兒的柔順的力量。我教人以謙卑的功課，張得過滿則折弓，廢物有用，居下位的有益。海成為江河之王，不是因為它低於眾谷嗎？甚至在戰場上金鐵交鳴聲中，仍是兵哀者必勝！」林語堂自詡「兩腳踏東西文化」，晚年對基督教有所研究。他認為，老子與耶穌都相信陰柔能制勝，「強梁者不得其死」（42）。他總

結並指出老子有關愛及謙卑之力量的訓言，在精神上與耶穌獨創的、卓識的、閃光的訓言相符合，有時字句也驚人的相似。所以他感歎：「老子和耶穌在精神上是兄弟。」

「生之畜之。生而不有，為而不恃，長而不宰，是謂『玄德』。」
（10）

阿拉伯世界與《老子五千言》

相較於英、法、德等地區，《老子五千言》在阿拉伯世界的翻譯起步較晚，但阿拉伯的譯者與讀者讚歎：老子思想是廣博深遠的、驚人且完美的哲學體系，現代文明的諸多問題能從中尋找到解決之道。《老子五千言》直擊譯者和讀者的心靈：老子思維是具有心理撫慰性和「治癒性」的智慧。他們特別認可老子「道法自然」思想在現代人心靈世界建設中的重要價值。中東和歐洲盛行的哲學是矛盾，如善與惡，左與右，和平與戰爭，夜與晝，等等，而「道」卻重在融合，而非矛盾。阿拉伯的受眾認為，讀了這樣的經典，更多的人會享受到平和，整個人都會改變，包括改變生活。阿拉伯專家學者堅信，現代文明面對的諸多問題，能夠從老子這位中國先賢的思想中受益甚多。老子思想很像阿拉伯蘇菲派哲學，其核心是尋找真理。他們認為老子是「和平的天使，安詳的使者，美德的聖徒，知足的典範，萬靈之靈『道』的傳播者」，讚頌老子的「道」，是「擁有一切卻不以君王自居，恩澤普惠卻不以美德自詡，蓄養

萬物卻不加以主宰」的偉大母親。

「為無為，則無不治」(3)；「無為而無不為」(37，48)。

韓非子與老子

　　韓非子是歷史上註釋《老子五千言》的第一人。韓非子將老子的很多話利用發揮成權謀詐術。俗話說「道生法」，韓非子等法家將老子的「無為」改造成管制壓迫的政治理論。韓非子認為，君主的大德，就是順隨「無為」，讓別人替他「無不為」，甚至變成將殺人放火、傷天害理的「髒活」專派給手下人幹，防止髒了君王的手。道家認為，人本來完全是天真的；法家認為，人本來完全是邪惡的；儒家認為，人之初性本善。道家強調個體的獨立自由；法家強調社會的殘酷統治。法家將老子的思維向另一極端發展下去，如，將袖手旁觀、非情感的超越無我，發展成殘酷無情、服務於君主統治的、以功利為目的的利己主義；將上善若水的「道」，替換為冷靜算計、殘忍狠毒的「理」，以「理」解「道」；放棄事物的完整性、包容與和諧，而強調事物客觀性，強調對立和衝突。結果導致不少人冤枉老子是陰謀權術之祖。

　　韓非子尚法不尚賢，重術不重道，從非常黑暗的視角看待人性的好利好欲趨向，看待世道政治等，並加以利用維護君權，反對儒家強調的仁義慈惠，而突出法家的法術勢。

　　在對老子的繼承方面，韓非子是把「道」改造成了「法」；

莊子則是把遵道而行的「無為無不為」變成了消極應付，放任自流。

在處理國際關係問題上，韓非子繼承老子的思想，他說：「國小而不處卑，力少而不畏強，無禮而侮大鄰，貪愎而拙交者，可亡也。」

「禍莫大於輕敵，輕敵幾喪吾寶。故抗兵相若，哀者勝矣。」（69）「夫兵者，不祥之器，物或惡之，故有道者不處。」（31）實在萬不得已而應戰時，也要「恬淡為上」：「勝而不美，而美之者，是樂殺人」，打了勝仗不要得意洋洋；得意，就表明喜歡殺人。

在戰爭中殺了人，也要為他們舉辦喪禮：「殺人之眾，以悲哀泣之，戰勝以喪禮處之。」（31）這就是老子倡導的人道主義精神，也是它之所以提出「慈」的原因，他要統治者多點慈愛之心，愛養百姓而不可輕殺。

老子和孫子是親傳還是隱傳

《孫子兵法》是傾向於道家的兵家著作，是全球最著名的兵學典範之書。其思想與老子道家有傳承關係。孫子「知勝之道」的「道」與老子的無形之道類近；「兵者，詭道也」體現了老子的沖盈轉化和運用。老子深邃智慧與孫子超人謀略的結合，可以讓人從容應對屈辱與不幸，獲得機遇和成功。在字裏行間，可以看出《孫子兵法》和《老子五千言》的許多聯繫、相通之處。

老子認為「兵者不祥之器，非君子之器，不得已而用之」(31)，又說：「吾不敢為主，而為客；吾不敢進寸，而退尺。」(69)意指軍事家不能主動挑起戰爭，而只能進行防禦性的戰爭。孫子說：「非利不動，非得不用，非危不戰。」孫子也贊成被動而戰。

老子提出：「以正治國，以奇用兵。」(57)他把治理國家和用兵相對比，提出了治國和用兵要採取完全相反的方法：治理國家，管理民眾要「正」，要公道正派；而對敵用兵則要「奇」，其中就包含詭詐的意思。孫子在兵法中明確提出「兵者詭道也」、「兵以詐立」，他強調與敵人鬥謀，要在謀上先戰勝敵人，要「先勝而後求戰」。要在謀上戰勝敵人，就必須使敵人意想不到，也就是用「奇」。

老子強調「上善若水」(8)，「天下莫柔弱於水，而攻堅強者莫之能勝，以其無以易之。弱之勝強，柔之勝剛，天下莫不知，莫能行」(78)；孫子認為「夫兵形象水，水之形，避高而趨下；兵之形，避實而擊虛」。老子認為「故道大，天大，地大，人亦大」，「人法地，地法天，天法道，道法自然」(25)；孫子有「一曰道，二曰天，三曰地，四曰將，五曰法」。老子提出「知人者智，自知者明」(33)；孫子拓展為「知彼知己，勝乃不殆」，「知彼知己者，百戰不殆；不知彼而知己，一勝一負；不知彼不知己，每戰必殆」。

當然，同樣的理念，表現形式有差異，老子重點講「弱兵」如何應對「強兵」，如何不爭之爭；而孫子主要講強兵如何對付「強兵」，如何善於鬥爭。

在春秋時期，受老子影響至深卻不為外界所知的，可能就

數兵家代表人物孫子。老子不但有孔子、尹喜、文子等名載史冊的正傳弟子，可能也有不記名的隱傳弟子。老子素來強調「生而不有，為而不恃，長而不宰」(51)，功成而不居的無為之功。他教過誰，肯定不會聲張。而孫子也是功成身退，不知所終，與老子很像。但目前的資料至少說明孫子很可能確實是老子的學生亢倉子（庚桑楚）、文子的弟子，並受亢倉子、文子的教誨和影響而隱居著作《孫子兵法》。還有人說孫子是看了《老子五千言》之後自己感悟出來的。另一猜想是，據史料記載，約公元前 511 年，35 歲的伍子胥與 24 歲的孫子帶着吳軍去城父時，曾路過老子故里，也許此時，他倆拜會了 60 歲被免職在家的老子。

第六章

道觀德觀：
宇宙、世界、人生、價值

　　我們需要能駕馭現代科學技術、政治治理哲學、精神世界真善美的主人 —— 心靈，即大道。大道是永恆真理、永恆智慧、永恆道路、永恆方法。

　　在中國古代賢哲中，老子第一個賦予「道」以宇宙本體的含義。道為無有同體、有無相生，以無為始、以有為母。就無而言，無之極端，即為無極；就有而言，有之極端，即為太極，也是「奇點」。宇宙最開始幾乎沒有物質，只有能量，由相對論質能公式 $E = mc2$ 可知，物質在一定條件下可由能量轉化而來，即「道生一」，然後是宇宙大爆炸中的「一生二，二生三，三生萬物」。

　　「致虛極，守靜篤」(16)「坐進此道」(62)，即放空大腦、敞開胸懷，靜坐冥想而達極致，從而如同進入大道本體，以大道的視覺去觀察一切。甚麼是道？老子在第一章做了非常全面的描述：「道」只可以被粗略地描述，但無法被全面描述；那種能被精確描繪的、通常意義的「道」（道路、道法），就不是真正永恆的大道；「道」只是一個無法描述時的暫用名，事實上，給「道」起名，至少需要兩個名字，一個是「無」，這個名字代表「道」是萬物之初始的含義；一個是「有」，這個名字表示「道」是萬物之母的含義。無欲無私如

同出世，能見大道之「無」的狀態，觀察懂得大道深刻的奧妙；有欲有私如同入世，而觀察知曉大道所展露的端倪。「無」、「有」同出於大道，兩個名字雖不同，但稱謂所指是同一體；「無」、「有」重疊融合、「無」、「有」糾纏難分，就是玄妙中的玄妙，把握好如此玄妙的「無」、「有」的關係是認識並進入一切奧妙的大門。

用通俗的話講，老子的道觀啟發我們，以出世的精神，做入世的事情，即要學會並能夠：無欲出世，而見「無」，故見大道，觀其妙，這樣出世就能尋得大道，與道同體，安放靈魂；入世有欲，而見「有」，觀曉人道，尊重人性，少私寡欲（19），做好人世間的事情，實踐運用大道，實現德善信慈愛。

常常會出現一些「真誠的」犯罪者、犯錯者，他們犯罪或犯錯並非源自妄欲、貪婪，而是毀於其沒有道德的認知，他們自認為在從事正確的、有益的事情，犯罪或犯錯而不自知，即缺乏以道觀察世界的能力，缺乏獨立自由良善的道德觀，完全沒有從大道的角度看問題的能力。這些人是失去智慧能力的「可憐蟲」，可憐又可恨。

可以說，陰陽是道，左右是道，無有是道，靜動是道。即使有所偏向，意識向左的人，可以左得有「道」，而不能左得無「道」；意識向右的人，可以右得有「道」，而不能右得無「道」。簡而言之，道行守中，蒼天關照中道、慧根之人。人間正道是樸真。中道，就是運動成長之道，核心在於：不極端，心有大道德善；同時，不要成為被「魑魅魍魎」矇騙的「善男信女」。此外，不能過高估計人的認知和力量，因為人極易偏向。

一切皆要以大道的眼光觀察之。老子的宇宙觀、世界觀，就是道觀 [38]；老子的人生觀、價值觀，就是德觀；老子的方法論是道法、玄妙之法。老子的宇宙觀、世界觀、人生觀、價值觀，具體可

以闡述為：無極與無有相生的宇宙觀，太極與陰陽和生的世界觀，神仙與返璞歸真的人生觀，平等與剔除價位的價值觀。

1. 老子心中天道人道的異同

人道就是人們主觀上的那一套經驗和理論，天道是宇宙萬物都必須遵循的規律和法則。人道離大道最遠，天道離大道最近。老子始終語重心長：希望人類敬畏並信奉大道，放下傲慢和妄欲，時刻參照天道而善作善為；放下一廂情願的人道，遵循無處不在的天道律則，讓人生旅程圓滿。

老子認為宇宙的現象，就是虛實並存，從虛到實、虛中生實、實終歸虛。無法理解老子那無有並存、從無到有、無中生有之大道的人們，可以從最接近大道的、容易理解的天道與地道切入。在認知進階中，先明白人際交往的「人道」，然後懂點自然生態環境的「地道」，同時觀察研究鬥轉星移的「天道」，人們自然就會感悟出那背後無法得見的「大道」。因而可以形象通俗地表達為：所幸為人，立於大地，仰望星空，心見大道。

就德行和認知層次而言，大道高於天道，天道高於地道，地道高於人道。從大道經過天道、地道而到人道，「實有」、「慾望」的成分佔比逐漸升高，達至極致；從人道經過地道、天道而到大道，「虛無」、「無為」的成分佔比逐漸升高，達至極致。

傳統「命運」的含義：「命」是由天注定的，而「運」是人可以改善或改變的。能主動低下高貴傲慢的頭顱，徹底改變進而服從天道的，就是通常所說的聖賢。他們知道三尺之上有「大道」的「神明」在觀察自己的言行是否規範；「人不為（修）己，天誅地滅」，君

子如能夠自我修行、修身改善，就可得以長生；而普通人大多難以改變，隨波逐流，自生自滅，代代循環。改變需要付出極大的毅力和耐力，需要放棄許多條件反射般的即刻享受和習慣，這對於沉醉於「奶嘴樂」、「今日有酒今日醉」的絕大部分普通人而言，十分痛苦。人們多是積習難改、稟性難移。

「人法地，地法天，天法道，道法自然」(25)，這一觀點受到當代物理學家們的稱讚 [31]。在老子心目中，最接近大道的是天道，隨後是地道，最後是人道。因此，人道中就會留存許多不符合大道的東西。老子說宇宙有四大根本 —— 道大、天大、地大、人亦大，四者分別從不同層次反映了大道的根本規律。在大道規範下，各自又有自己的道。第一層面是大道，它只遵從其自身的規律和意願，所以大道效法的是自然而然；「道法自然」中的自然，並非全然指生態自然，而是自然而然，包含了自由、自主、自驅的意思；第二層面是天道，它效法大道，一切唯大道是從，一切跟從大道；第三層面是地道，其效法天道；第四層面是人道，效法地道。每一次的效法都會有失真和變形，特別是人的意識、慾望和言行加入後，更會有偏離大道的情況存在。每個人不僅僅是肉體的自身，也是大道在我們肉體的顯身，我們的身體和精神都屬於大道，只是我們其實不知「道」，還常常妄欲發作。如果我們能夠坦誠地觀察研究自己，以道的真樣安定內心和言行上的「妖魔」(37)，就能觀見大道。所以，人道可以有人的感受和期望，但歸根結底，要遵從、服從、效法大道(25)。

「天道無親，常與善人。」(79) 所謂「善人」，並不是凡夫俗子認為的「好人」，而是指遵循天道而有德行的人。比如，從大數據的角度分析，遵守紅綠燈交通規則的人，其人身安全的保障率肯定大

大高於不遵守交通規則的人，但這並不能避免某些特殊時刻意外的發生。在大自然中，不能說晴朗一定比下雨好，老鼠蟑螂一定比貓狗壞，這些世俗的差異、好壞的分別，都是從人的角度去定義的。從天道角度看，世界上所有的一切都是過程性存在而已，根本無所謂好與壞。

這也指出了「好人未必有好報」的真義：好與壞是人類或者個人的主觀評價。在老子的眼中，天下億萬人事物，沒有絕對的好或者絕對的壞，好、壞是相對概念，好中可能有壞，壞中可能有好，相互都在轉化中。普通人心目中的「好人」和「壞人」，是以「我」或者「人類」為中心來進行判斷的，順則好，逆則壞。而天道是一視同仁，平等對待億萬人事物，沒有任何私心偏愛。

天道與人道的差異可以描繪得很直白：效法天道，能讓人間走向和平正道；效法人道，就會走向貧富懸殊的歪道。

天道不追求功德圓滿，天道只講永續平衡，沒有非黑即白、非敵即友的分別心，宇宙中的一切，億萬人事物都要平衡。失控了、傾斜了，就通過漸變或者突變，減損有餘彌補不足，以回覆到原初的平衡點或者新的可持續的平衡點。天道的核心，是損減富餘者而彌補不足者。

而人道則不然，是損減不足者以奉獻給富餘者，理由是前者之所以成為不足者，原因在於效率低、沒有能力、缺乏智力。人道是根據大多數人的利益，經由大多數人制定出來的社會規範、潛規則，但真理有時只掌握在少數人的手中。所以，難有絕對的公平，只有相對的公平。減損不足以奉獻給有餘，就太不公平了。人類社會常出現馬太效應：讓富有的人更富有，讓貧窮的人更貧窮。而在自然生態中，雖然有弱肉強食、適者生存，但也有相生相剋，多樣

性共存。

誰能將富餘主動奉獻給天下黎民百姓？唯有大道、天道和那些看似平凡的遵道者，他們才是得道的聖人——不露鋒芒，有所作為而不去佔有，有所成就而不居功自傲，就是不願意顯示自己的賢能。

比如，人生性貪圖享樂，很難主動地留出時間、停下腳步，去安靜反思、審視未來，更難以捨棄人世間林林總總的誘惑。因為人們大多不會主動地去均勻收入、改正缺點、彌補不足，所以，老天看不下去，就會以令人吃驚的方式進行矯正，幫助彌補或者清盤重啟。

對權力、名利、慾望等有執念者，會在官位晉升、聲譽影響、財富積累、情愛婚姻方面受挫，這就好像天道在提醒這個人：不要過於執着，否則會判斷失誤、情緒失控、言行變形。與其受慾望煎熬，還不如去認識自己，擁有自知之明，看到並彌補自己的不足。

沒有失去，人們不會珍惜所有。那些心痛的喪失，是在用時間金錢作為代價，警醒貪慾的誘惑。沒有犧牲，人們不足以銘記。無辜的犧牲者是以生命為代價，喚醒更多的生命覺醒。

從學習的角度看，知識、能力、方法林林總總，多種多樣，不可勝數。從悟道的角度看，萬宗歸一 億萬人事物核心在「大道」。人類通常的知識或者能力學習是在做加法。學得越多越好，多多益善，求知慾越強越好，都是純粹的加法；而思維精神靈魂上的悟道，是做減法(48)。從道的角度看，宇宙的第一原理只有一個，就是大道，其看不見、聽不到，摸不着，似乎包裹在億萬人事物之中，需要人們削減其各種外在包裝或者各種阻隔，才能真正感知到大道。因此，在修煉中，計謀、技巧、驕奢、淫逸等越少越好，貪

慾越弱越好,要做減法,就連仁義、禮儀的提倡都要適可而止。防止讓虛偽習慣成為社會潮流,使得社會偏離大道。儘量以大道觀天下,讓「道為」而不是僅僅依賴「人為」,如此展現的是「無為而無不為」(48)。

2. 無極與無有相生的宇宙觀

老子非常清晰地描繪了他的宇宙觀:有一個渾然天成的永恆,天地形成之前就已存在,聽不到它的聲音,也看不到它的形體,空虛寂靜,不靠任何外力,獨立自然存在,永不停息,循環運行,動力不竭,可視作萬物根本。我不知它名字,所以勉強稱它為「道」,或給它起名叫「大」。它廣大無垠,運行不息,遙遠伸展,又返復本原。此域界有四大,而人居其中之一。所以說道大、天大、地大、人也大。人取法地,地取法天,天取法道,而道獨立不改、自然而然。

老子也描繪了大道的特點形象與感覺:想注視它的人,卻無法看到它,想聆聽它的人,卻無法聽到它;想搜尋觸摸它的人,卻無法直接感知它,但能確定它的存在。它難見難聞難及,本就是混沌一體。它上面並不明亮,它下面也不昏暗,綿延不絕又不可名狀,總之是看不見物體的虛無狀態。這是沒有形狀的形狀,沒有具體物象的形象,這就叫作「惚恍」。去迎接它,看不見它的頭;去跟隨它,看不見它的後。運用古已存在的「道」的運行規律,可以解決當今的具體人事物問題。能知道古代宇宙的原始,就知道了道的規律,開始道的紀年。

據傳,宋代周敦頤著《太極圖說》,並根據陳摶的《無極圖》,

引老子的無極概念進入易學，從而有了「無極生太極」的含義。無極就是道，道的終極性的概念，是比太極更加原始、更加終極的狀態。所以後人在理解的基礎上，創造了這一句話：無極生太極。

「知其白，守其黑，為天下式。為天下式，常德不忒，復歸於無極。」(28)「無極之外，復無極也」，無極便是無窮，宇宙無邊無際，無窮之外，還是無窮。「無極」就是「無」的極限。「有生於無」，但不是總能「無中生有」，因為只有在「無極」狀態，「無」才能生「有」。

所謂「無極」就是指「無」處於極大值，而「有」處於極小數值的狀態。對應來說，這就是我們當代人常熱衷的「鴻蒙」、「元宇宙」，所不同的是，當代世俗之人關注的是有形世界的角度。所謂「無極」，即「無」幾乎是全部，「有」幾乎尚未呈現為一個無限小的「奇點」之時。大道可名「無有」，兩者一體；元始為無極，無極生太極，即宇宙生出奇點，也就是「無」生出「有」，「有」生出天下萬物，萬物負陰抱陽，沖氣以為和。萬物含道，依道而行。道即「無有」，「有」顯示差異性，「無」顯示統一性；「有」代表實體存在性，「無」代表虛空存在性。「無」之極限是無極，「有」之極限是太極，無極生太極。繼而宇宙萬物從無到有，逐漸演變發生。

現代人至多有世界觀、人生觀、價值觀，但很少有宇宙觀，而在 2500 多年前的古代，更少有從「無」到「有」的宇宙觀，更不可能有讓當代專家學者能夠認可的具有現代科學意識的宇宙觀，而老子恰恰是唯一的例外。他早早地確立了驚世駭俗，直至今日仍然正確，並能與當代科學相容的宇宙觀。

《老子五千言》的宇宙觀就是道觀，是「以道觀之」的「無」和「有」的運行規律。道，既是物質也是意識，既非物質也非意識，是

不能簡單用物質和意識的觀念去理解的終極存在和規律。

「道」，作為孕育一切的母體，包括孕育宇宙的母體，是一個柔弱、無形的能量之海。「道」是超越一切的最高存在、絕對存在，其他都是相對的。一切的一切，如宇宙、天下萬物雖然衍生於「道」，但因已從母體中脫離，它們與「道」的本體特徵和德善信慈愛是有落差的，因此它們無法直接簡單等同於「道」。一切的存在源自道，宇宙是按照「反者道之動，弱者道之用」的規律運行的。作為大道下一級表現形式的天道，是沒有私心的，不追求自己的慾望，依照自然而然運行。

老子有着超越幾千年的宇宙觀，所以才能寫出如此令人驚歎、匪夷所思的《老子五千言》。他告知後人，道是宇宙的起源，後有天地，然後有人。即天是道的第一顯形代表，地是道的第二顯形代表，人是道的第三顯形代表。

老子的「道」之原型，最初來自自然環境、世俗人間，不是來自天上，而是源自人們日常接觸過的道路，但隨後概念化、理論化、超限化，道的含義已經超越道路、勝似道路。「道」是用頭腦（首）走路，不僅僅包括地面道路、河中水路、天上行星運動的軌道，也包括光子、電子、原子等無法測準量子狀態的軌跡，更包含老子開宗明義所申明的「有」和「無」兩種性質，以宏大可見的方式，或者極微不可見的方式，滲透在一切之中。

當時傳統觀念認為世界的主宰是「天」，老子則把天降格為天空，而將無法完全認知的大道規律神聖化。道是先天地而生，道獨立存在，不靠外力推動。道生一切，是天地之父，萬物之母，宇宙的起源。

調節、輔助而不是主宰、操控看得見的一切、看不見的一切，

一切的主角，是從不自以為是的神秘導演「大道」。由大道而生成了我們物質精神的世界和暗物質、暗能量的世界。大道無形，無形則能形無盡，綿綿不斷，精彩紛呈。大道既具有「無」的整體混沌合一性、又具有「有」的分形特異性。

大道以「無有二象性」進入了宇宙、世界及不同的具體器物之中，而表現為既有特色差異又若即若離的主幹或分支，既宏大又微細之道。如，大道進入宇宙，就是宇宙的根本之道；大道進入世界即成自然之道；大道進入分支的無生命世界，就是物理之道、化學之道、材料之道；大道進入生物世界，就是生命之道、生存之道、生態之道、社會之道；大道進入人生，道貫入人生歷程，胎兒繼承母體父體之道，而開始了胎兒之道，形成了自身固有的道。除了上述的分道以外，道在人的身體內部又形成了支道，影響着每個人一生的命運。而人類的經脈分佈網絡，可能就是無形的人體之道在個體上的表現。道的差異是大道同、小道異，小道異就產生了許多大變化，各有其特色之道、獨特規律和可行之道。

3. 太極與陰陽和生的世界觀

《老子五千言》的世界觀就是道觀，以道觀之的陰陽和生的運動規律。

宇宙天地、億萬人事物，一切都是由道衍生而成的。一切的本原是道，道先於宇宙而存在，又是宇宙的實質和根本。道成宇宙的最初階段是混沌，是物質也是精神、非物質也非精神，一種類似波粒二象性一般的存在，非常類似於宇宙大爆炸之前的狀態。道由「無」經無極而生「有」，誕生了最初的奇點（道生一）；奇點分裂而

成為陰和陽，也就是二（一生二），陰陽二氣對沖而有和氣，生成天地人「三才」（二生三），然後此三者和合生天下萬物（三生萬物），萬物均含有陰陽互補對立二氣，以及和合新生的第三氣。此處的「氣」類似於「無」，即為「場」。

老子認為世界上最偉大、最謙遜的是水，深藏不露，惠及萬物，所以，水幾近道(8)。水是生命之源，具有滋養萬物生命而不聲張顯擺的德行，它就像貫穿於天地宇宙萬物之間的大道，以無聲無息、有形無形的方式，滲透在世間一切有生物質之中，在所有的植物、動物、微生物之中。離開了水，一切生命均不再存在。

老子認為，在這世界上「飄風不終朝，驟雨不終日」(23)。儘管有暴風驟雨，但緩慢改變是常態。緩慢持續不斷地改進或者進化，是最值得關注運用的狀態。靜動比躁動、慢變量比快變量更為持久有效，並且不會招致大自然的報復。「濁以靜之徐清」(15)，灰塵、沙石等只要靜下來，在水中都會慢慢沉澱，水就會慢慢地恢復清澈如初。

老子認為，世界上「陰陽沖和」有利於生長，「無有沖和」同樣甚至更有利於生產。世界人事物需要尊重服從「無有相生、陰陽互補、沖氣為和、大制不割、混沌守一」的運行規律。無形的世界混沌一體。在有形的世界，需要強調的是，雖有陰陽兩面性，但並不存在可以分割的明確界限（大制不割），陰陽不斷互相轉換而維持一種動態平衡。整個世界就誕生在這個動態過程中。

老子說，在這個世界，要充分利用好「無」和「有」。由數面實體牆壁構建出的屋子，其內部的「虛無」的空間才是最重要的。由泥土加工而成的罐子，其內部空間才是最實用的。正如一切有形的依賴於無形的(11)。老子認為，既要發揮已存在、已擁有各類資源

的作用，但更要發揮那些看似不存在、也沒有甚麼用的各類資源的功效作用，因為後者往往比前者更為有用(11)。

老子希望建立樸實而不大肆宣揚賢德的社會風氣(3)。不宣揚賢德，使百姓不爭名奪利；不珍貴難得的財貨，使百姓不起偷盜之心；不顯耀足以引起貪慾的事物，使民眾心智不被迷亂。所以，聖人的治理原則是和百姓一起做到：排空心機，填飽肚腹，減弱偏執，增強筋骨，不求巧智，沒有妄欲。那些巧智陰謀者也就不敢妄為。按照「無為」的原則去善為有為，順應自然，那麼天下就有了太平。

老子倡導尊重民眾首創的治理體系(57)。應該允許民眾自由，少干預他們，民眾自然能創新造化；統治者如能讓社會靜養，民眾自能端正風尚；統治者不要無事生非、沒事找事，民眾自然走向富裕；沒有妄欲貪婪，民眾自然會憨厚淳樸。這就是以「正」治國，讓民清靜，還民自由，讓大道自然發揮作用，民眾自會安樂，上下自然和諧，民富國強。治理社會、服務民眾，須用正道，尊重民眾需要，尊重民眾智商，治理是為了民眾的發展。無為無不為，無為無不治，治是為了不治，讓民眾走向自我治理，自己管理，永續發展。如此才是治理良道、治理的最高境界。

老子認為正確的國家治理方法，就是以正治國，無為無不治。治國和打仗不同，治理國家，貴在道德天下、光明正大；而戰爭的法則，則需要兵者詭道，以奇制勝。老子是如何知道這些的？因為古往今來，很多自以為是的統治者，用戰爭的法則去治理國家，嚴刑峻法，苛政高壓，法令越來越龐雜，盜賊卻越來越多。越是用法令限制民眾，壓制民眾，各種叛亂、反抗、鑽空子、私藏武器的事情越多，因而國家紛亂、社會黑暗，稀奇古怪的事件層出不窮。儘

管法律政令是治國的利器，但它應該是為了保護民眾而存在的，重在守護民眾權利。但許多統治者，公權私用，以民眾為敵，以用兵之法對待民眾，民眾當然會以統治者之道反過來對抗統治者。

老子強調以道治國，讓民眾得到德的滋養。治理大國，好像烹煮小魚，不能翻來覆去經常折騰，否則社會亂成一鍋粥，就無法收拾。讓「道」蒞臨天下主導治理，鬼也神氣不了，原因不是鬼沒有了力量，而是其不再能起作用，就傷不了民眾。不但鬼的力量傷害不了民眾，聖人因為有道，也不會傷害民眾。這樣，鬼神和聖人都不會傷害人，所以德的恩澤就會降臨民眾（60）。

老子主張在世界上建立謙卑退讓的國際關係。大國要有像居於江河下游那樣的心態和做派，讓天下百川江河都交匯在自己這裏，處在天下雌柔的、包容的狀態。雌柔常以靜定而勝雄強，這是因為它安靜柔下的緣故。大國能對小國謙下忍讓，可以取得小國的信任和依賴；小國對大國謙下忍讓，就能見容於大國。所以，要麼大對小謙讓取信，要麼小對大謙讓見容。大國不要過分想統治操控小國，小國不要過分捲入大國事務，兩方各得所欲（61）。

4. 神仙與返璞歸真的人生觀

如將明物質、暗物質、暗能量組成的一切叫作「域」的話，則「域中有四大，而人居其一焉」（25）。人就是無形大道信息的一種體現。

《老子五千言》的人生觀和價值觀是德觀，依道而行就是德。老子強調，有節制的慾望才是力量，遵道的德行才是力量。老子建議人們回到人類、人生、生命、世界、宇宙的原點／元點／源點

去看待人生，過好人生，如此才能真切準確理解人生的目的和意義等，從而建立有道德的人生觀。

老子推崇的人生觀是以出世的精神做入世的事情。出世的方式是修為修言，入世的方式是無為無不為。不干預、不刻意、不標榜，而是用微擾、因勢、利導的方式去實踐推動，即看似無為實質有為並善為，重點是不妄為、不擅為，這種有為就是依道而為。通過少私寡欲（19），為大家做事。私利放在後面會得到大家的信賴，公利放在前面會得到大家的擁護，沒有私心私利者反而可能因為大家的認可而最大程度地成就自身，即「後其身而身先，外其身而身存。非以其無私邪？故能成其私」（7）；事情成功了，也不要標榜自己，即「功成而弗居」（2）「功遂身退，天之道也」（9）。懂得守靜，即「致虛極，守靜篤」（16），懂得守弱，即「柔弱勝剛強」（36），懂得守中，即「多聞數窮，不如守中」（5）。

老子建議每個人修行修為，做人須以道為先，最好的德是不求有得。老子說，具備「上德」的人不會外在表現為有德，因此實際上是真正的有德；而「下德」之人喜好對外張揚其很有「德」，實際是沒有甚麼德。「上德」之人順應大道，道法自然，少私心不妄為，「下德」之人雖能順應自然，但有私心並有意作為。上仁的人有所作為卻出於無意，上義的人有所作為卻出於有意。上禮的人有所施為而得不到回應，於是揚着胳膊，強迫別人跟隨他去行動。所以，由此可知，對個人和人類社會而言，失去道後才有德，失去德才有仁，失去仁才有義，失去義才有禮。禮呀，是忠信不足的產物，是道、德、仁、義被淡忘後才出現的，禮就是社會動亂的禍首。所謂先前有識者、僅有知識者，注意了表面而忘了內核，只不過是道的虛華外表，是愚昧的始端。所以，忠信守道者，立身為人處世，當

敦厚而不輕薄，實在而不虛華。一句話，捨棄輕薄虛華而淳樸踏實忠厚。

老子希望人們修真，即通過修行實踐，切身體悟宇宙大道及世間萬事和生命內涵，修行追求真理、真樸的過程及方法，並以此指導自我的生命旅程，達到與所生活的周邊，如天地自然、地理節氣、生態環境等的和諧與良性互動，進而獲得有別於常人的奇特生命體驗和長壽。

從老子思維角度來看，道德是第一位的，這個道德不是世俗理解的倫理道德，而是無限廣闊、無處不在、無形無象、其大無外、其小無內的大道及其德行。人類的仁愛是有限的，當依賴仁愛互助，世界便已有問題；人類的義禮是更為有限的，甚至虛偽，當依賴義禮約束，世界就已處於危險。而大道的功用、大自然的眷顧是無限的。人們需要遵從並相忘於道法自然，自然而然，如同水中之魚但忘卻生活在水中。人類如同生活在魚缸中的金魚，如果想發現自己所看到的一切是受限的或者變形的，就需要更高維度的視覺和量子思維的角度，如從大道的角度俯視一切。

人與人最本質的差別，是面對個人處境變化時的心態，最終的贏家，往往是內心強大的人。逆風時，立得住根基；順風時，穩得住方向。擁有強大的內心，才能掌握人生的方向。「花無百日紅，人無千日好。」人這輩子，可能會登上頂峰，也可能會落入深谷；有品嚐到高光時刻的喜悅，也不得不吞咽艱難時的痛楚。某些人，遇困難即怨天尤人，迷失困頓到一蹶不振；而內心強大者，把起伏視作平常，將其看成道的上下運行，把生活和人生當作修煉的道場：難不怨，苦不訴，喜不揚。

抱怨容易產生負面情緒，讓人越陷越深；再難而不怨，才能冷

靜思考，洞悉事物規律，找到問題根源；再苦而不訴，是通透和成熟。最黑的路難有陪伴，最痛的苦無法言語，最孤的心深夜哭泣。與其沉溺過往，不如沉下心，走好第二天的路。「千里之行，始於足下。」（64）「曲則全，枉則直，窪則盈，敝則新。」（22）有挫折才能反省，迷過路更知端正方向的重要性；困境時、低窪處，與其抱怨他人和命運，不如反省自身、充盈自己。化危機為轉機，變困境為機遇，通過破局知命而改運。

「夫唯不盈，故能蔽而新成。」（15）不自滿，不張揚，喜而不揚，才能避災禍，行能致遠。不僅僅在失意時，能自然謙虛低調，更重要的是在得意時，不能忘乎所以，防止讓自己招致厄運。弱者抱怨，強者改變；愚者張揚，智者內斂。逆境時攢力，順境時收斂。人們常常是，成名於窮苦，敗事因得意。低谷時，不抱怨，忍耐待機，逆風翻盤；艱難時，不訴苦，平復心情，規劃前行；得意時，雖喜不失，洞察人性，低調謙遜。人心難測，需懂隱藏，喜而不揚，方可防禍避災，吉祥順利。

人要時常儉欲。由於妄欲，人類的發展時常遠離道，因此每個人都可以藉助道的光芒，先自我觀照，後觀照他人。通過「致虛極，守靜篤」（16），用道的純樸鎮壓妄欲。

老子看清了人性的強項是「人之道」的能動性、創造性、慈善性，人性的弱點都是由貪婪、妄欲、慾望所驅動的「人之道」的某些片面性。所以，在歲月輪轉、此消彼長之中，對待人生，我們要踐行「損有餘而補不足」（77）的「天之道」。

人們需要照料看護自己樸素純真的善良本心，不被外物和慾望所蒙蔽、遮擋，讓大道善德在心田扎根萌芽。「水」就是人們最易接近的大道規律的淺顯表現形式之一。人們效法天道規律，就要感

悟並學會功成身退，以德配天，做事為人不能鋒芒畢露，需有所收斂；儘量大智若愚，而不是大愚若智。

我們浸泡在慾望之海，生活在慾望社會，光怪陸離的人、事、物刺激着我們的眼睛、耳朵、鼻子、嘴巴、身體、肌膚等，讓處理信息的中心樞紐大腦忙個不停，時常超載。被誘導出或自身萌發的不好意思言說的貪婪慾望，包裹在事物的表面之下，衝破我們防禦的磁場，主宰了調節我們情緒的心靈，從而蒙蔽了我們的雙眼，讓我們看不清人生的方向和意義以及腳下的道路。

「五色令人目盲，五音令人耳聾，五味令人口爽」(12)，物質或者精神需求要有適當的限度，俗話說：「八分飽能長壽，人到榮華壽不終。」人的慾望常常無窮無盡，如果不能節制超出本分的追求、慾望，滿足感或舒適感就會消失，人生就必然充滿痛苦與煩惱，直至迷失方向、喪失自我。

老子希望人們習慣不爭。老子告誡，爭來爭去可能是一場空，並會陷入競爭的惡性循環中，不能自拔。浮躁的社會，人們爭吃、爭喝、爭愛、爭寵、爭名利、爭權勢……唯恐落後。品質惡劣者甚至為了目的，不擇手段。「不尚賢，使民不爭；不貴難得之貨，使民不為盜；不見可欲，使民心不亂。」(3)老子認為名、利、欲是亂世根源，要加以剔除或削弱。不參與無謂爭鬥，進而就能去除無邊的煩惱，回歸清靜和無為，從而能在精神上充實每個人天生具有的固有內德，返璞歸真，不斷昇華。

老子強調「寵辱若驚」(13)，即受到寵愛和受到侮辱都應該驚恐。為甚麼得寵和受辱都要感到吃驚而恐慌呢？得寵令人卑下，因為得到寵愛格外驚喜，失去寵愛則會驚恐不安，久而久之，容易讓人失去獨立性。如此看來，得寵和受辱都是令人驚恐、令人不快的

事情。為甚麼要像重視疾患那樣去重視自身生命？人之所以有危病疾患，是因為我們有身體；如果我們沒有身體，哪會有甚麼危病疾患呢？所以不能本末倒置，應該是重視身體健康在前，關注危病疾患在後，而不是顛倒。此外，如果一個人像珍惜自己的身體那樣去珍惜天下，天下就可託付於他；如果一個人像愛惜自己的身體那樣去愛惜天下，天下就可依靠他。

「反者道之動；弱者道之用。」(40)反為動，弱為用，就是道的運動規律。人生常有「有心栽花花不放，無意插柳柳成蔭」的偏差，所以人的一生，功利心不能太強，栽花插柳兩不誤，如此必有收穫。要想實現目標，不一定要直接去做，而是調動周邊積極性一起做；要想解決問題，不一定要直接解決，而是善用他人之力去解決。具備了掙錢的能力和條件，掙錢就很容易，解決了問題存在的基礎和因素，問題也就不復存在。任何人事物都有多面性，至少兩面性，我們可以將關注的焦點放在不易覺察或者常被忽視蔑視的「反面」，從而守株待兔，當道使其轉向由反而正時，我們就可以逸待勞，出其不意，「正面」就容易得到。這就是相反相成的道理：「曲則全，枉則直」(22)，「將欲取之，必固與之」(36)。

老子希望人們知強守弱。人人都想以強者立於世，企業想躋身百強之列，國家希望成為無人能敵的強國。老子忠告，若要實際強大，但須甘於守弱，謙和柔弱，不要逞強，不要顯露剛強，因為柔勝剛，弱勝強(36)。堅硬的容易壞，柔軟的易生存。美玉堅硬、冰冷，光滑無瑕讓人愛不釋手，但如失手，必碎無疑，因為它太過堅硬。初生柳枝，柔軟細嫩，想折斷它，就很不容易，待秋葉落盡，它乾枯堅硬之時，稍一用力，就可折斷。這就是弱勝強。

人生的意義和目的，就應在自然中去尋找，方法是「萬物並

作，吾以觀復」(16)。意思是世間萬物都在生長運動，我正是藉此來觀察世間萬物往復循環的規律。「夫物芸芸，各復歸其根。」(16)意思就是說，世間萬物紛繁複雜，但歸根結底都要回歸它們的根源。如果讓人們理解「道法自然」有難度，可從「上善若水⋯⋯故幾於道」(8)入手，讓人用七種方式去感悟水的道與德，即「居善地，心善淵，與善仁，言善信，政善治，事善能，動善時」(8)。

有為時，也要像好似無為，為而不爭。大道的行為特徵是無為無不為、無為無不治，看似無為，實際是有為善為，四兩撥千斤，微擾可持續。妄欲而導致的人為的干預，只會使生態更為紊亂、社會更為混亂，對自然和社會資源的掠奪、奴役極可能招致大道規律的無情報復和懲罰，產生嚴重的動亂和災禍。所以無為，就是如果無法排除私心雜念的慾望，就儘量遵從自然。遵道者應該少私寡欲、清靜淡泊、淳樸憨厚、謙讓貴柔、愛好和平、摒棄暴力；只有在忍無可忍時，才欲擒故縱，奇招制勝。要讓人性中「善」的力量自然釋放，讓「惡」的慾望自然化解。允許民眾「自化」，並提供「自化」的必要條件和保證。

人生旅途中，要經常通過打坐入定而守靜，減少物慾而節儉，看破虛妄而守無為之法，服膺回歸大道。「人不為己，天誅地滅」，此處的「為」實質是修為，人需要修為歸真，即真理、真信、大道；返還樸素的大道，樸即道的代名詞，即要道法自然。人的一生都需要不斷修煉，無為善為，上善若水，不爭而爭，多面圓通，玄達超能，功成身退，回歸嬰孩純真狀態，返還自然純樸的狀態，回歸大道。

人生的終極拷問是生死。有生必有死，死就是另一個生的開始。人活着到底為甚麼，這個問題困擾着所有人。事實上，人活在

世上的意義就是你賦予的意義，即是大道在你身上所顯現的意義。當離開人世時，還有些人會想念他，他仍以精神的方式存在於人們中間，融合為大道的一部分。有些人很快被人忘記，那其人生就沒有意義，存在失去價值，精神上迅速消失，被大道所淘汰。大道永恆但始終運動，合則包容汲取，廢則剔除拋棄。向死而生，從容對待死，忘卻生死，是應該的而且也是不得不採取的人生態度。「不失其所者久。死而不亡者壽」(33)啟迪人們，與大道融合在一起，就無所謂生死。大智慧者、大覺悟者之所以能忘卻人生的生死，關鍵是他們實在關切社會的生死、生態的生死、自然的生死，而和大道一起循環往復。遵道者，已經不知生死是何物，只要順從自然，超越了時空、有無、陰陽的局限，與道共生共存，永生永恆不滅，就能成就真正的長壽。

對人而言，世俗世界上無處為家，因為不存在永遠的家，至多只是一個暫時的家。無論何處都不能讓人獲得永遠回家的感覺，唯有人的自我內心深處所感悟到的大道無形，那才是真正的家，回到那兒，才得安心。因為大道是每個人永遠的歸屬、永遠的家，回歸大道、幫助他人回歸大道，就是一個人一生的修煉和美德。得道就是上德、高尚的德。傳道、送道就是積德，如水的謙卑輔助萬物那樣去送道、傳道、播道，是一個人應該擁有的最大的德。

5. 平等與剔除價位的價值觀

價值觀，是判斷事物是非善惡的看法、立場、價值取向。老子的價值觀公允包容、超越局限、光明正大。所謂公允就是允許人事物發展多樣可能性的平等，而不僅僅是結果的平等。

老子的價值觀是德觀，即一切以道為標準，弘揚大德，從而剔除了人為的價格、人為的讚譽、人為的排位、人為的標準，剔除了對財富、名望、妄欲的執念，剔除了高低貴賤等人為設置，強調天下公平、眾生平等、物我平等，以合乎道德為準繩，用天道昇華人道。這是一種徹底的沒有世俗價值的價值觀。

老子的價值觀超越各種局限。反對二元對立的價值判斷，並超越二元對立，認為此消彼長、相對轉換皆是道的方式，讓人們進入純真如一的大道境界。

「天下皆知美之為美，斯惡已；皆知善之為善，斯不善已。」(2) 意思是說，當天下人都知美，喜美而厭惡醜，進而做作地有意表現為美的時候，當天下人均知善，趨善而逃避惡，進而做作地有意表現為善的時候，內捲競爭就會開始，事情會走向反面，造假作偽興起並盛行，那樣的話，就不是美、不是善了。

在某一時空背景下，人們將人事物外表的高與低、弱與強、近與遠、美與醜、窮與富、大與小、多與少、快與慢、動與靜、剛與柔、好與壞、親與疏、先進與落後、歡樂與悲傷、開放與封閉等區分開來，產生了許多實際上是相對的概念，而這些並非絕對的概念，會使人陷於表像，而忘記大道。然後人們很容易偏執地在價值上進行定義、比較，最終落入相對的陷阱，而不能抓住本質和第一性原理，就難以跳出問題看問題，難以有超越性和根本性的突破。

沒有永遠的美或醜、善或惡，所謂美醜、善惡，均是人為設定。道渾然一體，本來就沒有這相對的一切，只是人們形成的概念。對這些相對概念需要把握整體趨勢，以大道規律去整體把握，而不是去割裂分解、矛盾對立。因為這些相對的兩者，一直相互依存、改變、轉換和演化。而如果落入對立的陷阱而不是超越，裂縫

或陷阱就會被私心和妄欲者加以利用，從而偏離根本的大道。

老子用玄來表達在價值觀上認知的超越、超限，以趨近於道。

甲骨文的「玄」字，像是「8」字頭頂中間長出來一個凸出的「小點」。這「玄」字，好像一隻蠶繭，那個「小點」寓意着這既是始也是終，並且終就是始。這些蠶絲纏繞似一股，又似兩股，既分一為二，又合二為一，難捨難分。這兩股既對立又融合，既絕對又相對，似乎有始有終，似乎又無始無終，永遠循環。這「玄」字像寶葫蘆，又像是雙螺旋的 DNA。

玄妙、神秘、深不可測，是我們對玄的印象和理解。比較容易接近和理解的是家中的「玄關」。「玄關」特指屋內與屋外兩個空間的「臨界面」，「玄關」以內是真正的家，「玄關」以外雖是屋但並非家，僅存放內外交往的工具雜物，如鞋櫃、傘架等。所以玄有着超越「此」與「彼」，「顯」與「隱」，「實」與「虛」，「神」與「人」等兩個世界交界處「無割」的意味。

老子對「玄」的定義：「（無有）此兩者，同出而異名，同謂之玄。」(1)表面的含義是，同一事物存在兩個以上不同名，每個名有着極大差異，甚至含義完全相反，但機會、權重均等，表示同一事物，無法區分或者清晰分割，這種現象稱之為「玄」。就深層次含義而言，所謂「玄」表示超越各式各樣的分割和界限，此時此刻並每時每刻地，多種可能狀態可以一定的概率公允地疊加甚至糾纏在一起。猶如人們最初對光的片面認識：有人偏執地認為只是粒子，有人認為只是波；後來才知曉其既好像是粒子又好像是波；最後才知道，既不是粒子又不是波，而且兩者不可區分並存在「觀察者效應」，所以稱為光量子。

對人們而言，宇宙世界物質化為人，而人又化身為宇宙世界物

質，「玄同」是身體與宇宙世界的和合化一。「載營魄抱一，能無離乎？」(10)通俗表達就是人之道的終極境界「天人合一」！「一」，指一個完整的宇宙一切，特別是混沌為一、無形無象的「無」。「道生一，一生二，二生三，三生萬物。」所以，「一」代表近乎一無所有的、最初原始的無限小的宇宙起點、奇點，也代表那混沌一體、無法區分、巨大無比、無邊無際的「無」，是整個宇宙的全息縮影。而要求人們能「抱一」，好似把整個宇宙擁抱在心中、腦中、懷中，核心就是大道在心中。

所謂「玄覽」，是認知與宇宙世界的和合化一，即整個宇宙世界的信息化為人的認知，人的認知化作了整個宇宙世界的信息。「滌除玄覽，能無疵乎？」(10)人的認知是相對的，認知難以達到極限，或者說很難感知絕對的存在，就好比人們難以感知絕對零度的存在，也難以趨近並實現絕對零度。這是因為違道貪得的慾念，如天生蔽障，蒙住人們的雙眼，遮蔽人們的心靈，使得人們陷於陋知與偏見，只知其一不知其二，迷惑於外表而看不到本質，更看不到支配一切的第一原理，看不到大道。而悟道做減法，「為道日損。損之又損」(48)，就是要洗滌這些肮髒，拔除這些障礙，盡力「滌除」，進入正大光明的道德境界，認知達到「玄覽」的程度。此時天人合一，認知轉化為態度，態度促進認知，物我平等和萬物平等就會成為自然而然的感覺。

「玄德」(10，51)是最高道德規範，是內心與宇宙世界的和合化一。道維護整個體系、系統和諧平衡。道創造了宇宙世界；道如母親「生之畜之」億萬人事物；道如父親「長之育之；亭之毒之；養之覆之」(51)億萬人事物。道時刻公允超限地守護着宇宙世界；道引導事物積極前行，助萬物生長，促萬事成功。牝牡相輔，引領

規範，調教有方，糾錯改過，止惡排毒。老子強調運用「無名」，即不以名分區分萬物。如果慾望過盛而犯「道」作亂，就將失去正大光明，如遇到傷天害理、利慾薰心、背信棄義，「道」必將撥亂反正，「將鎮之以無名之樸」，予以糾正。公允超限，就是依道而德，體現公平公正、超越各種局限；正大光明，就是正德大道、外光內明。萬物有道是正，萬物慾作是邪。大道的無為體現在：輔補天下之不足，為天下所不能為，正天下一切邪魔。如果人心能化作宇宙世界，就是聖人「無心」，付出就是回報，物質的付出就是精神的回報，精神的付出就是物質的回報，而且是不在乎付出、也並不求回報。故「生而不有，為而不恃，長而不宰」(10)。老子提倡的玄德就體現在超越自我，包容心態，不分貴賤，萬物平等，化解衝突，超限境界，廣闊視野和博大胸懷。

老子在整個「德篇」中明確人們可以擁有至高無上的價值觀，並加以提倡。道之德，即「上德」，是人類社會的最高價值觀。而仁、義、禮等皆為「下德」，均是人意「為之」，並非道法自然。所以，真君子應處「無為」，守牢「上德」，不求虛華，堅守實質。大道公理，不言而喻、不證自明，仁義禮智信是人類社會之常道，會隨時代變化而不斷變形。天理、天道出於天，是永恆真理，在其上還有永恆而至高無上的大道。

6. 老子何以能觀大道及運動

老子之所以能觀悟大道及其運動，有以下幾個方面原因：第一，老子通過研究在他之前數千年的人類歷史和記載，獲得了大量的經驗，總結出諸多有關人的規律；第二，作為相對超脫的朝

廷官員，他偏重學術和歷史，因而能以第三者的身份觀察、以「上帝」的視角看待天子和諸侯等各國上流社會的貪婪、煩惱和糾紛；第三，老子命運坎坷，始終保持平民心態，樸素隨和，觀見體悟了大量下層社會的人間苦難；第四，當時的古人還保留着一些沒有消失、退化的敏銳器官，更易感知世界；第五，通過修煉，老子能夠冥想靜坐進入極其寧靜空虛的境界而無欲，從而能排除一切干擾，能夠見到有欲的常人們所不能見的一切。

現代的網絡推送和人工智能，幾乎為每一個人打造了一個「信息繭房」，看似獨立自由的人們，實際生活在一個封閉的虛假空間裏，自以為正確，是因為有許多同伴或者共鳴者，進而能「定向進化」，將自己的容貌言行發展成自己想要的樣子。如此，社會的分裂和極端化，就會越來越嚴重。要防備這種被塑造的危險，並保持清醒獨立的人格，就要對大數據分析和人工智能推送的規律有所了解，不被別有用心者所掌控，儘量以隨機分配的方式觀看信息，並對各種信息以及評論做一統計，就基本知道了人羣的真實心態和潮流。

幾千年以來，雖然人們受大道規律的扶持和制約而運行，同時越來越多的外界吸引力和慾望誘惑也如同在打造一個「環境繭房」、「信息繭房」，使得我們每個人都生活在自己的虛幻世界裏，活成一個個欲壑難填、牢騷不斷、欲罷不能的模樣，整天疲於奔命；能感知大道的器官因為極少使用，不斷退化，從而遠離了遠古崇敬的「神」，與大道智慧遠離，無法以德配天，從而為人們塑造了一個個煙火人間的飲食男女假像。

在歷史進程中，人類的身體不斷演化，沒有了用武之地的器官，逐漸退化或者被淘汰，如鼻竇、犁鼻器、五腳趾、鰓弓、第

十三根肋骨、外耳肌、鎖骨下肌等；另一部分器官，不斷進化，並變得越來越複雜並出現了轉用現象。存在一個可能，老子時代的人們由於外界誘惑少，容易虛靜極致，進入無欲的狀態而認知天地；同樣那時的人們某些器官比今天發達，能夠使得人們以無欲和有欲的方式，敏銳地感知變化，像打開「慧眼」、「第三隻眼」，觀覽到大道本體及其運行，從而能以德配天、與天地溝通。

扁鵲透視與器官敏化

　　扁鵲被尊為中國古代醫學的祖師，堪稱神醫，最為神奇的是他能透視人的五臟六腑。《史記》記載，扁鵲年輕時做過客館舍長（賓館總經理），長桑君常來此客館居住。他的行為與眾不同，但只有扁鵲認為他是一位令人尊敬的奇人，長桑君也認為扁鵲不是普通人，兩人相交十餘年。一天長桑君悄悄對扁鵲說：「我有禁方，但我年老了，想留傳給你，你不要泄露出去。」扁鵲說：「好吧，遵命。」長桑君從懷中拿出藥給扁鵲，並說：「用上池之水送服此藥，三十天后你能知曉事物。」接著，他將全部秘方交予扁鵲。說完，人就忽然不見了。扁鵲照此去做，奇跡出現了：「視見垣一方人」，意思是能穿透牆看見另一邊的人。因此他為病人切脈診視時，「盡見五臟癥結」，能看到病人五臟內所有的病症，這實際指中醫四診之一「望」的最佳境界和最高水平 —— 發現並檢測到隱藏在身體內部的病症，即中醫的「藏象學說」。

第七章

老子思維：
打開人生上限，進入時空無限

　　老子的思維就是，以「無欲」而出世的思維，作「有欲」而入世的思考；以相互重疊、糾纏、不確定的「無」、「有」兩個角度入道，跟隨大道的圓形螺旋往復運動；以成長、消亡的規律去看待一切，特別是把握好無欲、無為、無用、無極等「無」在思考中的玄妙作用。

　　叔本華說：「世界上最大的監獄，是人的思維。」愛因斯坦說：「你無法在製造問題的同一思維層次上解決問題。」因此，我們要少用傳統習慣的比較性思維，而應該用深挖人事物的第一原理思維，回歸原初，重新出發，流程再造，通過升維思考、降維打擊，解決我們面對的問題。所以，要獲得人生的開悟，要獲得幸福感悟能力、創造能力，就需要更高級的思維，更高維度、更高層次的文明，而老子所揭示的大道，就是創造更高層次的文明和幸福的治理哲學、人生哲理。《老子五千言》所描述的有關他所知所見的知識點，對當代人們而言可能已經不算稀奇，但老子所創造的獨特抽象概念、理念，特別是他的思維具有永遠的生命力。

　　老子的貢獻並不在於他那個時代的知識、經驗，而是他所建立的思維方式。所以在《老子五千言》中，老子開宗明義第一句就說明，對世界終極的描述、關懷和敬仰，用人類的語言文字來表達

是貧乏的、有限的，甚至可能是錯誤的，他啟發我們可以通過批判性、創造性的研究閱讀，抓住《老子五千言》的文字內容，進而提煉出老子核心的思維方式，從而靜坐冥想進入「道」裏，明辨是非，儘量使歷史悲劇在人類層面不再重演。

1. 老子思維起源

由於年代久遠，解讀《老子五千言》已經困難重重，矛盾甚多，再要解析老子思維的起源，則更是不可能。筆者只好以一家之言、僅有的資料、個人的獨立判斷進行解讀。這些只能作為讀者的理解參考，而不能作為學術研究的依據。從老子的生平履歷來看，可以初步判斷推測，他的學說和思想主要來自以下三個渠道，並用道進行統一。

第一，對《周易》的理解與重要拓展。《周易》有 8×8=64 卦，《老子五千言》有 9×9=81 章。老子接受並超越了中華先賢所描述的世界（事實上西方當時也處於同等水平），那個世界是關於有形世界的，留有「陰陽學說」和「八卦推演」。更為重要的是老子並沒有止步於「陰陽」和有形世界，而是進一步挖掘提煉，上升到更為抽象包容的、層級更高的「無有」的境界，指出大道至少具有「無」、「有」兩面特性，單用「無」或者「有」都無法描述大道的特點，並指出「無」比「有」更為根本。老子還創造了「自然」這個詞和宇宙生成論，把中華文明的認知提高到前所未有的水平，從而進入了「德」和「玄」的崇高境界。

第二，融合了當時廣為人知的周王朝的宗廟訓詞《金人銘》。《金人銘》寥寥數百字，不僅是周王朝家族的座右銘、家訓，更是

中華文明對數千年前有關億萬人事物經驗、為人處世和治理心得的總結，對整個文明有重要影響。老子吸納了這些詞句甚至思想，並將其系統地歸納融合到大道和德行的描述之中。

第三，繼承並創新了遠古時期有關「道」的思考和實踐。老子創造性繼承了春秋時期的蓋天說、「太一」宇宙觀[35]，發展出了獨特的「道」、「自然」、「無」、「有」理念。強調敬仰大道，並且用道——以「天道」指導「人道」，建構出了超越性的、系統性的全息系統學說，其最終目的追求，是讓人們法道行德，天下和平。如以老子等為代表的道家思想的痕跡可以追溯到遠古靈魂信仰，對氣、精的敬畏。從盤古開天闢地到三皇五帝，華夏民族的遠祖是敬天信神愛人的：人是神創造的，天地萬物是神創造的，宇宙天體也是神創造的；人的生、老、病、死，宇宙的成、住、壞、滅，都是按照上天的意志運行的。而老子告訴人們，這個「神」不是人或者人形的其他事物，而是大道！老子形容道為「道之為物，惟恍惟惚……窈兮冥兮，其中有精；其精甚真，其中有信」(21)。這個恍惚不定的道，是構成萬物最原始的材料。老子又把道稱為「樸」——「道常無名、樸。雖小，天下莫能臣」(32)。樸是道的借用語，指的也是精氣。「樸」是淳樸虛無大道的另一代名詞，「樸」就是指無所不在的無極大道，就是最卑微渺小的「無名小樸」，其至小、至真、至純、至虛、至靜。有時老子還用「一」來形容道，「載營魄抱一，能無離乎？」(10)，即陰魄陽魂合一，虛無實有合一，與大道永不分離。

2. 大道永恆思維

「道」是有形無形宇宙一切的發生、發展、變化規律；「德」是

按照此規律為人處世的準則和表現。道是本原性，既是宇宙未分化狀態，又是宇宙存在的總體根源。道有規律性，可見不可見的一切、自然萬物的運動變化都由道來指導調節，其運動方向是逆反轉化，其功用特性是柔弱虛無。道具有自然性，「以輔萬物之自然而不敢為」(64)。德是億萬人事物由道所賦予的自然品性。「孔德之容，惟道是從。」(21)最高明高尚的德，只遵從道的要求。德也是修煉近真樸的品德。「修之於身，其德乃真。」(54)按照道的要求修煉，能達到純真境界。

域中有四大，人法地、天、道。道、天、地、人中，距「道」最近的是天道，離「道」最遠的是人道，地道介於其中。人又分成不同類型，人中無道者必被道所毀滅；人中有道者得與天地共生，能得到「道」的眷顧。「道」對一切都是平等的，沒有特別的親疏。日積月累，不斷迭代，有道者積德，無道者積厭，得道者人神多助，失道者人神寡助。

道是全息的，局部擁有全部的信息，全部包含局部的內容。從道的角度來看，全部和局部是平等的；從用的角度即德的角度來看，它們是不同的。樹葉與樹幹、樹根是平等的、全息的，其「道」就包含在如 DNA 結構所蘊含的無有互變之中。幹細胞及功能細胞之間的關係，也是這個道理。道法自然的「道」與自然之道是類近的，儘管前者的道涉及全局，後者只涉及天地人。

大道，是絕對的道（絕對真理），只有一個，巨大無比又微小難擬，看不到、聽不見、摸不着，但能感知到、玄觀到。對大道低層次的理解，就猶如對風的感知，風在自然界來無影、去無蹤，但留下落葉的痕跡。風看不見，但是從飄飛的樹葉可以判斷風的存在；分子運動看不見，但可以通過布朗運動判斷。道法自然，從淺層次

而言，大道的模樣就是生態自然界、天地自然界的模樣；而深層次理解，大道是獨立不改、永恆自由、無可替代，不跟蹤不模仿任何其他一切，遵從本性，自然而然。

道是本原和規律，是無形無象的信息與規律，是有形有象的人事物。道，是良知、善知、超知；德，是良能、善能、超能。常人只能止於至善，而得道之人，可以超越良善，與大道融為一體。

人們可能感慨：大道，是那麼的宏大，大象無形；又是那麼的渺小，其小無內。大到天地萬物皆它所生，小到萬事萬物皆它所養，而它卻不自以為主。它是根本、它是靈魂、它是一切事物的遵守，它生育萬物、它寵愛萬物，一切都是它的孩子，它讓一切自然而然地發育成長、此消彼長、源遠流長。它不去佔有、不去主宰、不去騷擾，只去輔助。它賦予那些王者以榮耀，它肯定那些平凡的感動，它讓一切各盡其力，各謀其道，循環往復。

「大道」渺小到了似乎不存在，就是「虛無」，已經到了人類無法揣度的程度。因為人類思維天生就帶有缺陷，其語言與文字的表達更是如此，信息傳遞中還會不斷遞減、衰弱、變形，所以任何語言和符號文字都無法真實全面地體現「大道」的全部內涵。因此，如想追尋道而得道，運用道而獲得德，就必須突破人類的思維以及語言文字的局限。真正而全面永恆的大道，確切說來，難立文字，只可意會，不可言傳，對大道的描述理解，需要的是不言勝言。把握大道，需要基於語言文字概念但不限於語言文字概念，住於道中，依道而行，通過觀悟，就能無限趨近於道及其本質。

將來即使人不在了，天地不在了，但至高神聖的大道永恆存在。天地人事物一切依然永遠從屬於大道。老子認為，古往今來、當代未來、萬世萬代、萬事萬物的一切內涵、一切的核心在於

「道」。大道統領一切。大道有德，其他皆或多或少缺善缺德。最接近大道的是天道，其次是地道（因為有了生態，生態圈中的生物種羣有自由意志，因而可能妄為欲作，可能因狂妄貪婪作亂，需要大道以樸素的面目出現，對混亂違道行為予以鎮壓），再次是人道（人類更容易認為自己是宇宙的中心，狂妄地認為自身無所不知、無所不曉、無所不能）。大道是玄德的「心」或者「腦」，玄德是大道的「面容」或者「外表」。大道為一切的根本，無所不在，無所不能，大道統治一切，大道無上。

老子認為，「道」是一個絕對永遠的存在，它包含了物質與精神、實有與虛無，以及這些混沌與糾纏。現實世界的一切都是相對於道、依賴於道而存在的，「道」是獨一無二的、「獨立不改」(25)的。「道」是「有物混成」(25)，即「道」是物質的和非物質的存在混合而成，是「無」和「有」兩者所形成的「無有二象性」。「道」是第一位的，是一切的第一原理。它不會因為變化運動而消失，而是周而復始又到原初狀態。

道生一，一生二，二生三，三生萬物。概括地說，宇宙天地由道所化生，道是一，一就是無；無生有，無的極端是無極，有的極端是太極，無極生太極，太極有陰陽，即一生二，陰陽為二；陰陽沖氣以為和，化育出天、地、人三才，然後這三才再共生萬物。由無極的奇點開始，完全混沌變部分清晰，繼而萬物開始生生不息地延續。

認知大道的最佳方法是「從道到人」，而不是「從人到道」。「道」是人類所參與、所依靠的，但不是以人的意志為轉移的法則。通常來說，人通過認識人，進而認識地，再認識天，最終對道有所認識。這是世俗之人的「從人到道」，即人類認識「道」的主流方法

和方向。許多人走完一生，尚不認識自己，在慾望掙扎和怨恨中離開世界。這種方法費時費力，而且會走偏。而更全面、更真實的方法是「從道到人」，認知大道是第一原理，由道認識道，由無認識道，由量子認識道，進而從道到天，從天到地，最終到人。以道修正自身言行和思緒心念，成為德善之人。以人看道，易執着偏廢，如我對你錯，此對彼錯，無法超脫，難以寬容。而以道看人，全面真實，眾生平等，眾物皆同，放下我執，就能樂善好施。

道在不同領域又展現為不同的學科專業相對的道，如大道（數學、統計學），天之道（物理、化學、工程學），地之道（生物學、生態學、農學），人之道（社會學、人類學、心理學、醫學、中醫學、經濟學、管理學、新聞傳播學、藝術學、設計學等）。各種相對之道有其所在範圍的一定合理性，相互還有明顯差異性、不可替代性及可轉換性，但最終都應該符合歸屬絕對的道，而且依從次序應該是老子所說的「人法地，地法天，天法道，道法自然」(25)。人對道的體現和應用，就展現為各式各樣的德。如把整個道比作一棵樹的話，絕對的道如樹根和樹幹，相對的道如紛繁的樹枝，人對這些道的運用即為德，其為樹葉、果實、芳香等。

時間和空間是無限的，人作為時間和空間均有限的暫時性存在物，在思想境界上，無法認知無限的存在，也就無法認知永恆的運動，無法認知事物絕對的價值，只能限於相對價值。人存在於天地之間，不可能超越天地的空間和時間制約，進入「天地出生之前的狀態」。所以，人類不可能直接觀察、認知和體驗超越人類精神、思想和思維的「道」。大道是如此簡樸、如一、純真，幾乎不可以全知，人類只有在大千世界紛繁複雜的各種過程中仔細辨別，由表及裏，才能通過悟道以盡可能理解道的真善美。而老子超越億萬人

類，早就做到了這一點。「道」就是真善美。道的第一本性是「真」。道是萬事萬物的本體和本原，表現為大道至簡的樸真，即一切最基本的規律。它無形無象，深奧玄妙，真實無疑。「道」的第二本性是「善」，對所有人、所有事、所有物，一視同仁的德善，所以也叫「德」。理解「道」、跟隨「道」，就是一種德善的修行。「道」的第三本性是「美」。道是有與無，形與神，形式與內容，樸真與德善的渾然一體和有機結合，故而有各種無形、有形、超越性的美感。人類如能做到天人合一，就能大美至真。

反者道之動。物極必反，向反面轉化是大道的運動循環規律，因此，「真善美」會向互補對立共存的「假惡醜」轉化，「假惡醜」也會向互補的「真善美」轉化。要保有「真善美」的德行，就得把握好度。老子強調，追求極致，不如適可而止；鋒芒畢露，難以保持長久。為甚麼擁有金玉滿堂的財富卻守藏不住？因為富貴到了極點的人容易驕橫放縱，終將給自己招來禍害。功成身退，適可而止，這才是中正之道(9)。「天之道，損有餘而補不足」(77)，「功遂身退，天之道也」(9)。

有閱歷的人終會體驗感悟到，道之美，在於度，在於角度、溫度、色度、力度、量度、用度、程度的平衡，在於「守中」(5)，在於恰到好處，以及優化和選擇。因為過度極端就會反向加速。如果力度不到，就會功敗垂成。度，就是要把握其中各要素的對稱、對應和動態平衡。所以「度」是出現反向重大變化的最後臨界值，如好壞逆轉等，故不得不測。

守中就是守道、得道，得道也稱「得一」(39)。「守中」才能把握「度」，守中首先必須好靜。行為上好靜，才能思想上悟道；思想上悟道，才能進一步行為上好靜，如此不斷循環往復，不斷迭代，

不斷深入並進步，就能適中為度、虛靜為動、無為善成。「致虛極，守靜篤。萬物並作，吾以觀復。」(16)「中」為本體根源；「度」為情景運用。而「弱者道之用」，恰恰體現在「度」的附近區域槓桿率最大，潛在風險巨大，潛在收益巨大，需要仔細小心把控。人們可以四兩撥千斤，微妙關鍵的把握是否得當，將帶來成功或慘敗的不同結果。

道者在茫茫人海中，為獲得世俗之人的理解而與他們打成一片，也易被慾望感染而彷徨。有道之人的最好活法，是在外表穿着和情緒表達層面「同塵」，但在內心認知的層面「和光」，要離開世俗之人的慾望泛濫圈，進入大道的懷抱(20、39)。

3. 無有相生思維

老子指出無有相生。要理解這一點，第一步是全面認知大道，即認知無，無是大道的第一原理、第一性。尊重「無」的存在，「無」不是沒有或不存在，猶如真空不是「空」，而是真空量子態的漲落。「無」只是強調宇宙中和我們身邊永遠有人類思維無法覺知的東西，並且這種「無」佔了絕大部分，猶如暗物質、暗能量是整個宇宙和世界的主要部分，我們看得見、摸得着的僅僅是物體，還有看不見、摸不着、能感知的能量，最終還有更多的不可知的存在。「有」是指有形的存在，即人類思維的產物，超出人類思維以外的就是老子所言的「無」。人類能夠認知的只佔很小一部分，已經認知的就佔更小一部分。所以人類對無、對宇宙、對世界，要心存敬畏。

老子有關「無」、「有」的全部含義簡要概括為：虛無至無極，在無極之處，無生出有，有無相生；通過太極，有生出萬物。「有」

最終也會通過太極而歸於無，無至無極，無再生出有，如此有形世界和無形世界循環往復、變換交互，無止無盡。

從「無有相生」，就可以推論出「難易相成」。許多事情看上去很難，只是因為沒有掌握其內在深刻的底層邏輯和相互轉化的奧妙，如掌握了，反而發現其很容易、很簡單。難易是對立統一、相互轉化的。「處無為之事，行不言之教」(2)，不是消極地處事和從教，而是建議用更善的方法、更佳的態度去處事和從教。老子強調，處理事情要尊重事物的本來規律，依道處理事情而不妄為、不亂生事；從教要做到以身作則、行動教育、無聲教育，一草一木一品一築皆教育。這是一種「我不言，你能懂；我欲言，你已懂」的心領神會般的教育，是教育的最高級階段。真正的傳承大多數是在不言之教中悄悄完成的(2)。

「道」是一切的本原、一切的規律和一切的法則，比天生和自然還要理所當然，而不是人為制定的法規和法律。

道永遠以難以完全分離的兩種形態存在。第一種形態是先天地之前就已經存在並將永續存在的「虛無」，簡稱「無」。這先天地就已存在的「無」，也被叫作「一」，或「純一」、「純真」、「純正」。「道」以真樸的形態而存在，是不可知的，如同暗物質、暗能量。第二種形態是天地生長之初就開始出現的、最初為奇點的那種「存在」，簡稱為「有」。「無」和「有」之間的關係是無有重疊存在，無有相互轉換，「天下萬物生於有，有生於無。」(40)大道就是無與有同時的、疊加的、不可分割的、多樣性的存在。無在先，有在後，「有」又可以循環變成「無」，好像「無有二象性」，猶如玄妙神秘的「波粒二象性」。

「無生有」，即天地出生從奇點開始，這個奇點，就是「道」在

太極階段的表達。從此時開始，一體的大道從「有」分解出疊加、不確定、糾纏的二象，簡而言之，產生了包括互補的陰與陽、真與假、善與惡、美與醜等表像。

「無有相生」的一個典型體現，就是生態保護和養育。過去工業化時代，人類只關心攫取有用、有價值的東西，從而破壞了環境生態。要防止對生態環境的巧取豪奪，就得做尊重「無有相生」的有道之人。老子倡導生態保護和養育，強調天地人的生態與道的和諧自然如一(39)。他說，往昔得道的景象如此：天得到了道而清明；地得到了道而寧靜；神（人）得到了道而有靈；河谷得到了道而充盈；萬物得到了道而生長；侯王得到了道而成為天下名正言順的首領。推而言之，如果失去了道，如一切無法與大道自然合一，將出現的悲慘景象是：天不再清明，恐怕將要崩裂；地不再安寧，恐怕將要震潰；神（人）不再有靈魂，恐怕將要滅絕；河谷不再充盈流水，恐怕將要乾涸；萬物不再保持生長，恐怕將要毀滅；侯王不再高貴保有首領的地位，恐怕將要傾覆。所以，要明白銘記，貴以賤為根本，高以下為基礎，因此為甚麼侯王們喜好自稱為「孤」、「寡」、「不穀」，這不就是至少表面上都表示承認以賤為根本嗎？所以說，最高的榮譽就是無須讚美稱譽，因為一切都是存在和事實。天下人遵道從德，不要追求琭琭晶瑩像寶玉，而寧願珞珞堅硬像山石。

另外一類關於「無中生有」思維應用的例子，如數千年前的春秋筆法，暗藏觀點於事實描述之中，不同的人閱讀會各得其所。如武則天的無字墓碑、伏羲的先天八卦和文王的後天八卦等，它不單單只是表面上的意思，往往被賦予了特殊的或者人所皆知的象徵意義，這是一個無極太極的表達方式。但是，正如老子提醒我們的

那樣，道的奧妙在於寂靜和空虛，其內涵比春秋筆法更為虛幻而多樣，是多種量子狀態的疊加，能夠穿透層層阻隔，直指人心，直擊靈魂！所以，有時候無，就是實實在在的有。

4. 虛無靜極思維

因為大道從起源和根本上說，就是「虛無」與「實有」之間的圓曲閉環、循環往復、互變互生，大道比天道、地道、人道擁有更多的「虛無」成分佔比。所以，習慣於「實有」世界，習慣於表面世界的人們，需要儘可能靠近大道，從「虛無」的角度理解、把控深層次的世界，看清當今世界，如同打開「第三隻眼」即「天眼」。即從物質進入意識、精神靈魂層面，再從意識、精神靈魂層面進入物質層面，並且時常從嘈雜的現實回歸到一切的起點處求得清靜智慧，進而回覆到現實，看清並把握今日的紛擾煩惱、妄為貪慾之源。

老子從大道角度觀察天道和人道。人類自以為是的經驗和理論，就是人道；宇宙萬物遵循的規律法則，就是天道；無形無象的虛無和萬事萬物的實有所組成的規律總成，就是大道。老子希望人們放下一廂情願的人道，遵循天道和大道的法則和規律，人生就能功成身退，而沒有煩惱。

「致虛極，守靜篤。」(16)要認知世界的本質並把握世界，而不是被表像、慾望、實有所迷惑，一個簡單的訣竅就是讓自己靜下來，心胸開闊、虛懷若谷，不經意間，世界的真相就在眼前顯露出來。而日常修煉中，靜坐冥想是一種可取的身心訓練，如此就是「虛其心，實其腹」(3)。要掌握真理，搭起從一個實際世界到另一個實際世界的橋樑，不一定是通過實體的橋樑，還可以通過虛擬的

橋樑，如通過虛數計算解決實數計算，可能更為快捷，事半功倍。「虛而不屈，動而愈出」(5)，所以，「虛」具有類近於「無」一樣的妙用。

老子強調虛懷若谷。令人驚奇和印象深刻的是，老子沒有強調高山的巍峨，卻一再向人們強調空虛山谷之重要性。空空的山谷，是生命的樂園，如同深深的鴻溝大道，豁達包容，可以容納存留許許多多，如石塊、草木、魚鳥、禽獸、河溪、泉瀑等，那最深的山谷被老子稱為百谷王。老子強調做人低調如同山谷，要放下傲慢、寬以待人，虛懷若谷，包容他人。

江海能匯聚千百條河流，是因為它善於處在謙卑的位置，所以能成為統歸眾河之王(66)。有智慧的人，待人接物總是謙卑，恃才傲物不是智者，虛懷若谷才是高人。

老子倡導利他虛我。水之所以備受推崇，是因為水包含着無私利他的品質(8)。人最難放下的是「我執」，最常做的是自私。以「我」為中心，「我」需要幫助，「我」最金貴，「我」的事最重要。其實，人都有自私的一面，你這樣想，別人亦然。但結果只會是惡性循環。智慧的人能在人生裏發現自我之外的意義。學會給予，越分享越富有；學會幫助，別人也會幫你；學會利他，利他是更高級的利己。所以，上善才像水，利萬物而不爭！

老子倡導眾心即我心。老子強調「慈愛」是心病良藥，就是愛眾人，擁有共情力，富有同情心，能以仁慈之心去幫助他人，學會並善於恭賀他人的成功和幸運，絕少陷入嫉妒之中，就能醫治嫉妒和暴躁。

遵道而行的平凡人就是聖人，不會一門心思地只想着自己，只惦記自身的小利益。聖人沒有偏執，沒有我執，不存違背大道的

私心，至多允許保留一些不會使言行變形並被大道所允許的私心，儘量壓制和忽略過於主觀的感受和我欲意識，將心比心，眾心即我心，道心即我心，如此換位思考，體諒包容，才能使矛盾消融，和諧融洽，集眾人之智，把自身和周身融為一體，周邊的一切都會成就他或促進他成長。聖人就成為大道的化身、眾人的代表，大道就成為自身的力量源泉，眾人就成為自己的力量源泉，故而無往而不勝，從而最大限度地成就了聖人的自我(49)。

5. 剛柔轉化思維

柔勝剛、弱勝強，許多人難以理解。柔弱和剛強都是相對的，在條件變化以後，柔弱的成為剛強，而剛強的反而柔弱。比如，柔弱之水在零下幾十度時，其堅硬程度能超過鋼鐵，在強大衝擊力下，鋼鐵可能脆斷，而堅冰紋絲不動；又如，「天下之至柔，馳騁天下之至堅」(43)的滴水穿石，長久的連續不斷的水滴，儘管每一滴衝擊對石頭似乎無任何影響，但日積月累，最終能擊穿石塊；再如，水鏽鋼鐵，柔弱的水環繞堅硬的鋼鐵，天長日久，腐蝕發生，鏽跡斑斑，最終能使鋼鐵像豆腐一樣，弱不禁風，不堪一擊；再如，非牛頓流體，在緩慢的衝擊速度下，其像流水，人在流體表面緩慢行走，就會沉下去，而如果非牛頓流體遭遇快速衝擊，其就表現得堅硬像鋼鐵，甚至可以擊碎任何物體，其表面如水泥路面一樣堅硬。

從人際關係角度來說，柔弱不必和剛強簡單地直接硬碰硬，柔弱之優點和所長就是柔弱，勝就勝在不願意硬碰硬，否則只會兩敗俱傷。一不小心，剛強極易自折，柔弱卻能安然無恙。待以時日，條件變化，擇機而動，柔弱就能勝剛強。

人活着時身體柔軟，死了後身體僵硬。草木生長時柔軟脆弱，死了後變得枯槁乾硬。所以剛強者屬於死亡一類，柔弱者屬於生長一類。因此，用兵逞強就會遭到滅亡，樹木強大了就會遭到折砍。從大道循環來講，強大實際處向下位，柔弱反而居向上位(76)。

這種守柔思維告訴人們，人和草木一樣，有生命力時柔軟強韌，枯萎後就會變得僵硬挺直。堅強的東西易損，柔弱的東西長存，懂得示弱的人，才能笑到最後。人們需要知道自己強，明白如何強，但甘願守處柔弱，知白守黑。

雌雄、黑白、榮辱、虛實、進退，既矛盾又統一，互相制約，互為消長。老子希望人們做到知雄守雌，知白守黑，知榮守辱。這樣就如同天下的水溪，匯聚眾水，循低而行，大德常存，好似恢復到嬰兒般純真的狀態；這樣就成為天下榜樣，恆德無瑕，回覆到不可窮極的真理，即達「無」的極致；這樣就如同成為天下的川谷，谷處低而得勢，恆德充足，回覆到自然本初的純樸狀態。純樸大道分散化入億萬人事物，而成為器具、神器，即道成肉身，道成萬物，道成聯繫。有道者遵道而用，就會成為眾物或者眾人的引領。所以完善的治理、完善的制度是不可以割裂、不需要分割的，因為他們都是大道的不同表像(28)。

大自然雌雄相對，但只有雄或者雌，必然不行，雌雄相當才能和諧。只有白天或者黑夜，必然不行，晝夜交替才能正常運行。盛水容器，只加水或者不放水，便不是容器，其價值體現在虛與實、空與滿的循環交替。初生嬰兒看似柔弱，卻是強壯的開始；偉岸壯年看似強大，卻是生命從巔峰消逝的開始。棉線皮筋等雖然柔軟，但不會折斷；氣球管道等最鼓最圓的時候，就有爆炸爆裂的危險；建築塔樓越高大，輕微擺動越明顯，因為擺動而牢固，絕對的靜止

就是其崩塌的瞬間。

　　壓力越大、成功越大，但也可能是，壓力越大、損傷越大，這兩種現象均會出現或者存在。普通人常是後者情形，這時壓力就是耗損力，導致抑鬱、煩躁，最終失敗，根本原因在於世俗之人對「道」缺乏認識，缺乏對事物兩方面相互轉化的認知和技巧。要能做到承擔多大的壓力，就能獲得多大的成功，就不應該一味地抵抗壓力，而應該改變力的方向，改變壓力的方向，將其轉化為動力，釋放自己的潛能，「萬物負陰而抱陽，沖氣以為和」(42)，「故物或損之而益，或益之而損」(42)。成和敗，損和益，陰和陽，少和多，長和短，弱和強，等等，就像手心和手背是不可分割的兩面，靈活操控處理二者的相互轉化，才能遊刃有餘，以少勝多，以長勝短，以弱勝強。

　　人們都想功成事遂，不想失敗、恐懼失敗，實際上害怕的是不確定性，但此時最大的機遇就在不確定性，如果強弱與成敗存在確定的對應關係，世界就不再精彩。成事的關鍵是如何通過時間、空間相互關係的探索、操控，吸取經驗，不斷修正，快速迭代優化，以弱勝強，轉敗為勝。

6. 非常逆反思維

　　「反者道之動」(40)，道用不斷前行的循環往復，即前進式、螺旋式「反」的方式進行運動，凡事都不要太過，總有相反的力量推向反面和原點。「反」就是回返、反向、反面，返回原點，回到起點，如同生生死死又死死生生。事物的發展必然向着相反的方向轉化，否定性的自然規律運動法則始終永存。這種認識對中國人產生

了深遠的影響，使得人們在繁榮昌盛時能保持謹慎，在極度危難時也不會失去希望。

習慣於順着大流，沿着事物發展的常規方向，從容易看見的正面去思考問題，並一次性地尋找求取解決方案，猶如一種慣性力學，要麼靜止保守到難以開始運動，要麼一開始運動就難以停止並隨波逐流於慣性方向，並且速度越快越難以轉向。這種人類思維的趨同化、慣性化、正向化，是一種普遍的思維惰性和保守趨向。

老子強調大道就是永遠的恆常存在，他在觀察人們習以為常的宇宙天地、大自然和人類社會中，恰恰通過非常的角度從而發現、認知、確定了大道的非常之恆常。他的思維是一種「非常思維」，是一種符合大道反向運行規律的逆向思維、反向思維，是對習以為常、司空見慣、表面泛化的人事物及其觀點的逆潮流，是擅長反向思索考證的思維方式。老子的非常逆反思維，是一種能打破思維定式，更具創新創造力的思維方式。這種方式的長處在於容易有新的發現，這種良好的習慣和能力需要經常訓練、挑戰自我才能習得。在中華文化歷史上，眾多敢於創新、標新立異、打破常規的名人大家和功成身退者，大多受這種思維方式的影響。

老子常逆反性地思考問題，非常人所見，非常人所言。如，「上德不德」(38)，認為真正具備德的人，不會刻意追求德，更不會外露表現為有道德；「天地不仁……聖人不仁，以百姓為芻狗」(5)，強調天地與聖人的自然而然特性和生態自然性狀，而不能以人類情感的習慣好惡，去認定更高維度的天地和聖人是否有仁德。人們往往只抓住表面現象，而忽視了去上溯根源，恰恰是在更高維度、更深層次、更為核心的某種缺失所導致的。如表現為背棄了大道，才不得不退而求其次，弘揚仁義；過分鼓勵計謀策略，各種偷奸耍滑就

會層出不窮；六親不再和睦，將不得不宣傳孝悌孝慈的高尚；國家昏亂不堪，就突顯出有忠臣的珍貴（18）。老子強調柔能克剛（36，43），「反者道之動，弱者道之用」（40）。

　　老子常別具一格地從另一個角度思考問題，初次接觸老子的很多觀點，會覺得新奇吃驚，後細細琢磨，就覺得境界高遠、勝人一籌、令人信服。如老子認為法治層面：法律條令眾多而雜亂，只會使盜賊更多（57）。認為要有「不爭」的軍事美德：善於作為的將士，不輕易動武；善於作戰的人們，不會輕易發怒；善於取勝的人們，不與敵人糾纏（68）。

　　大道運動上的「逆反」特徵，可以讓人們從萬物互相依存、互相轉化的角度重新認識自身，把握「無」、「有」無時無刻不在的相互轉化。如果極端地追求「有」，就可能快速走向「無」；允許少量的「無」，就能保留最大限度的「有」。如此，就可能有「知勝守敗」、「知爭不爭」的新認知，從而達到知強守弱、知剛守柔、知實守虛、知有守無的境界，如「知其雄，守其雌」、「知其白，守其黑」、「知其榮，守其辱」（28）。

　　道的運行規則表明，立足反面，就會走向正面；相反，立足正面，就會走向反面。要想自我成就，就得「聖人退其身而身先，外其身而身存。非以其無私邪？故能成其私」（7）。

7. 無為善為思維

　　人們害怕未知和不確定，喜歡已知和確定性；人們害怕失去把握，喜歡控制，以達到自己的目的。結果常常越控制，就越失控，直至最終失敗。儘管如此，在人性貪婪和慾望的驅使下，管理的

「控制論」流行起來，為彌補其天生的機械化、割裂化的缺陷，人們就由此優化發展出了「智能論」、「情感論」。可是人們忘記了，無控就無失，早在 2500 多年前，老子就告誡我們要與大道站在一起，跟隨協助大道發揮作用，才能夠四兩撥千斤，這可以稱為「輔助論」、「無為論」。

無，是最低限度的有，是另一種性質的有，是無法認知的存在；「無為」並不是把「無為」、「無所作為」作為目的，而是以「有為」、「有所作為」作為目的，而且這種「有為」、「有所作為」就是「善為」、「善於作為」。用看似「無為」、「無所作為」作為工具手段，以「無為」達到並超越「有為」的效果，防止失道寡助，追求得道多助，讓大道自然而為，最終獲得成功並可永續，並不留下任何後遺症，也不招致報應報復。

老子的無為並非甚麼都不做，而是指出需要將行為控制在一定限度之內、在大道允許的範圍內。許多人理解的「無為」，就是無所作為，放任不管。而這與老子真實的原意相差很遠。

老子認為治理中要「無為」，即不要大肆推選偶像榜樣，以使人們不爭名奪利；不要囤積居奇，以使人們不去盜取偷搶；不要炫耀攀比、煽動慾望，以使人們不焦慮心亂。所以，聖人的無為善治，就是注重精神層面豐富自足、自我修煉、慾望管理和情緒管理，讓民眾內心安詳、生活充實，不崇拜計謀、不放縱貪慾，使得那些擅搞智謀詭計者也不敢動彈。從「有為」趨近「無為」，表像好似「無為」，結果卻「無不為」地治理好一切或者天下(3)。

所謂「無為」，就是不要「妄為」，決策在最低層面上至少要能合乎人性，在最高層面上要能合乎大道。道法自然，安定人心，讓道而為，讓萬眾去為，尊重大眾的首創精神。反之，領導和管理者

如躁動妄為，政令頻繁，巨細皆攬，不停折騰，容易滋生不良競爭，則天下必大亂。「無為善治」可能是至今最高級、最文明、最先進的治理理念，遠遠超出一百年前基於機械工業流水線、視人為工具的「科學管理」及其內涵。老子的理念對企業家、政治家、領導者、管理者有重要意義。

「無為」是一種藝術，其特點就是約束管理衝動，治理上講究自然而然，看似未管，實際因不管而善管、因不管而全管，四兩撥千斤，以最小的微擾爭取最大的成效，沒有後遺症和不良後果，不會招致大道的懲罰，能夠實現可持續、永續發展。

「無為」不是不為，而是不妄為，是讓道去為，實現大有作為。以不生事端的方式去做事，用道法自然的心態處理事情，不用喋喋不休，用無聲無言的身體力行去教育感化眾人；讓萬物按照自然規律發展，助其生長而不據為己有，奉獻而不傲慢，大功告成而不居功自傲（2）。如果領導者違背天下眾人的意願和本性強行管理，偏執頑固強制推行，就會失民心，失天下（29）。要敬畏人性、敬畏天地、敬畏大道，時刻銘記「其事好還」（30）的因果效應。

卓越的領導者，儘管治理上卓有成效，但民眾並不知道他的存在，往往其本人似乎也沒有存在感；較好的領導者，民眾喜歡親近他並且稱讚他；較差的領導者，民眾害怕恐懼他；最卑劣的領導者，民眾輕蔑鄙視嘲笑他（17）。如果領導者誠信不足，民眾就不會相信他。卓越的領導者總是那麼悠閒和淡然從容，很少發號施令，但其所管轄範圍的事務幾乎都很順利成功。為何會如此井井有條、諸事順利呢？百姓們會說：「我們本來自然就是這樣的。」

有的領導，事無巨細，親力親為，全能操辦，下屬處於「休業」狀態，似乎離了他，地球就不轉了；而有的領導，平時不見身影，

一到關鍵時，如神兵天降，悄然無聲，掌握情況，指出成功方向。這些就生動地體現了甚麼是「有為」，甚麼是「無為」。「無為」，非「不為」，而是「不妄為」。老子以大道的品德論述為人做事、治國平天下的應有規則。道從不妄為，故而無不為、無不治，凡事皆成。

「道恆無為」(37)，而渴望「有為」的人會「妄為」，即違反自然、社會、人性規律去「妄為」。拔苗助長，本意是想讓莊稼長得更快，良好的用心卻導致失敗的結果。「有心栽花花不發，無心插柳柳成蔭」，講的就是人的「有為」和「無為」，如果所為與自然規律不匹配，就會導致出人預料的不同結果。「辦事以不即不離之法，用心在有意無意之間」，就說明人們在認知外在規律並不受人的控制的前提下，內心充滿了對人事物規律的敬畏，不敢擅自妄動，慎重探索而行，最後有出人意料的成功。所謂的「人定勝天」往往只能是口號，聽起來讓人激動，事實上常常做不到，硬要做到，可能就要導致雞飛狗跳的局面。因為人勝不了天，如能勝的也不是人所定的，而是人在自然規律裏審時度勢、恰到好處、順水推舟。如果真的逆天而行，肆意妄為，必會惹禍上身，災難連連。

老子說，古代擅長治國者，善於發揮大道本身的作為，並不是甚麼都要民眾明白或者知曉，而是自己真實樸實，也希望民眾真實樸實，大家皆如同大智若愚一般的狀態。民眾之所以難以治理，就是因為民眾智謀技巧泛濫，上有政策下有對策。所以一個領導者如以智巧陰謀治國、自作聰明，就是國之盜賊；不以智謀治國，才是國之福分，如此民眾就無法效仿，然後天下大治(65)。老子以得道的聖人口吻講：「承擔全國的屈辱，才能成為國家的君主，承擔全國的災禍，才能成為天下的君王。」(78)掌握理解了大道，就可以輕而易舉地做到「不出戶，以知天下；不窺牖，以見天道。其出彌

遠，其知彌少。是以聖人不行而知，不見而明，不為而成」(47)。

中國「無為」智慧與現代科學

加拿大英屬哥倫比亞大學教授森舸瀾揭示了老子等的思想與現代腦神經科學、人類學和社會心理學之間的類似關係。他在呈現老子的「無為」與「德」內在魅力的同時，輔助於現代社會有趣的故事、嚴謹的科學實驗結果的佐證，闡述了「無為無不為」的深刻內涵，認為「無為」是修正以自我價值為中心的現代生活方式和思維方法的永續智慧。

「無為」的好處，體現在「順其自然」、不勉強為之。這就是藝術家們心領神會的那種「進入狀態」，如著名音樂人建議演奏者「不要吹薩克斯，讓薩克斯吹你」。專業籃球運動員如能進入這稍縱即逝的狀態，就能超水平發揮，即如同走出身外，彷彿在看自己打球，出神入化，猶入無人之境。正是這種不刻意贏球，放鬆到自發性的自由自在，往往能夠勝出。而動作變形的努力和進取，結果往往適得其反。

「無為」不是「無所作為」，而是那種動態的、自如的、不做作的、無意識的心智，擁有這種心智的人更積極、更有效，主動並自動發生，如同身體在呼應一首迷人歌曲的節奏，進而達到忘我、超我的狀態，典型的形象代表如遊刃有餘、暢通無阻的「庖丁解牛」，類似的有米開朗基羅的雕塑手法等等。他們都是將自我放鬆下來與大自然達成一種先已存在的和諧：「不出戶，知天下；不窺牖，見天道。其出彌遠，其知彌少。

是以聖人不行而知，不見而明，不為而成。」(47)

　　與此類似，醉酒狀態能引發近乎初級狀態的「無為」，所以有人能在酒後寫出光輝詩篇。把日程時刻排滿的宗教儀式也是試圖進入「無為」狀態。但過分積極的好人和偽善的道德家破壞自我和社會的「無為」狀態。「無為」使得人自得其樂、輕鬆自如，「無為」自然有「德」，有德在身，眾人就喜歡你，信賴你，與你輕鬆相處，就連野獸也不想傷害你。無為和德能幫助人們超越身心二元桎梏，還能揭示此前現代科學沒能關注的自發性和人類合作等方面。

　　西方「啟蒙」後的歐洲及其殖民地的主流思維具有強烈的身心二元論色彩，心智之心所進行的理性思維與實物身體擁有的情感表達無法和諧統一，身心分離導致超級理性和極端個人主義，人們無比孤獨。這種傳統思維使人類對自己感到困惑，對科學也造成了巨大負面影響。幸運的是近幾十年，認知科學已經從二元論的桎梏中擺脫出來，把人的思維視為涉身的「身心合一」。而這恰恰與老子等思想相吻合。在中國古代思想中，不僅要「身心合一」，還要「天人合一」，即要建立起人與自我、人類社會、天地自然、至上大道的和諧相處。「無為」就是將自身融入 —— 與別人共享的、更大的更有價值的整體——「道」之中。

　　那種西方從小教育形成的成功概念，如理性研判、拼命進取、終有所成，不一定正確，有時甚至適得其反。要達到值得擁有的狀態：幸福、吸引力、自發性，常常需要「無為」或者迂迴的方式才能實現。遠古中國人的認知正確性在於，他們已經認知到自發性是個人福祉和人類社會的基礎。森舸瀾

同時認為,《老子五千言》是世上繼《聖經》之後翻譯最多的著作,對西方文化產生重大影響,《孫子兵法》也是從老子那汲取了靈感。[41]

8. 不爭善勝思維

老子教育後人:不爭之爭,不爭善爭。不爭是第一前提,善爭是面對邪惡時的無奈之舉。所謂善爭,有兩層含義:一是用善良的手段方法去爭,即運用大道或者讓大道規律去發揮作用、玄妙地去爭;二是既然不得不爭,就獲得接近完善、優美、全勝的結果,不留後遺症,讓人心服口服,不在未來被大道規律所報復懲罰。

老子的不爭是一種獨特的「爭」,是有道者的爭,而不是世俗之人的粗陋低級赤裸裸的「鬥爭」。如此不爭而「爭」,是以弘揚大道、修為人性為目的,與世俗慣常方式相比,更講究方式方法,更講究本原純真,更講究結果良善,更講究道理德行,即解決問題的全程道德方案。「夫唯不爭,故天下莫能與之爭」(22)強調,不要與人爭長鬥短,更不要偏執地去爭,因為爭起來也不一定能爭得過或者能獲勝,如果破底線、不擇手段地爭鬥,無論是主動安排還是被動捲入,即使勝利了,在大道面前也是失敗,隨時可能要面對大道的懲罰或者清算。因此,既然如此,還不如索性不爭,以不爭的方式做好自己的事情,不卑不亢,尊重事物本來規律,讓大道去充分發揮作用,並不去干擾,至多適當輔助。適當而為,適可而止,讓道去為,順其自然,最後的結果反而可能是沒人爭得過你。

道法自然的心態與格局是,不論何事,認真對待,專注投入不

執着，不偏執於結果，如此結果往往不會太差，有時好似上天在眷顧，猶如有道助、有天助。所謂「不爭」，甚至有時不得不體現為難得糊塗、吃虧是福，但這並非鼓勵放棄一切，而是以不爭退後，置之死地而後生，立於不敗之地(22)。

老子主張「不爭、尚柔」，其絕妙之處在於擁有如水的七種至善的智慧：「居善地，心善淵，與善仁，言善信，政善治，事善能，動善時。」(8)人要如水一樣善於選擇善地而居；內心要寬廣淵深、善於包涵；交往相處時善於真誠相愛；言語處事上善守信用；為政善於治理；處事善於發揮所能；行動時善於把握機會。

「天之道，不爭而善勝。」(73)老子指出了不爭善勝的美德表現，即善於治理下屬者，不以強權壓人；善於帶兵打仗的將帥，不逞其勇武。運營決策，不逞血氣之勇；善於作戰的人，不容易被激怒。勝利的訣竅在於不爭，不爭之爭，不爭善勝；善於勝敵者，不與敵人發生正面衝突；善於用人的人，為人謙和示下。這叫作不與人爭的高貴品德，這叫作運用別人之力的能力，這叫作以德配天，是自古以來的頂級智慧(68)。

頂級的自律不爭，就是克制自己的「反駁欲」。愚者互踩，智者互抬。要不爭而厭爭並善勝。好爭者、好辯者，往往對人不對事，以對事的挑剌來發泄對人的不滿，甚至無視事實與邏輯，為反對而反對，為辯而辯，為爭而爭，為抬槓而槓，以出盡風頭為己任。對於這樣的人和事，最好的態度是「夫唯不爭，故天下莫能與之爭」(22)。好爭好辯者的特點是「自見」、「自是」(24)，喜歡自我表白，意圖顯露自己；自以為是，喜歡頑固堅持。從「道」的角度來看，這些言行，就像剩飯和贅瘤一樣，人人厭惡，有道者絕不會如此做(24)。

不爭還體現在「為無為，事無事，味無味」(63)。一種理解為，在工作為人中，有為、善為，如同無為的樣子；在做事中，做事不生事、解決難題而不引發新的難題；在評價品味人事物時，能從沒有味道之處品嚐出味道。另一種理解為，善為別人沒有作為的事情，從事了沒有人從事的開拓創新，體味出別人沒有體味到的新感受和原理。

9. 大道數字思維

萬物皆數，是古希臘畢達哥拉斯等人的核心理念，他們認為「數統治着宇宙」。和畢達哥拉斯差不多同時的老子，對大道、宇宙、自然和人生等一切，也有着獨到的數字思維。《老子五千言》中，共使用了 41 個數字，其中「一」出現 15 次、「三」出現 11 次、「十」出現 4 次、「二」、「四」、「五」各出現 3 次、「六」和「九」各出現 1 次。沒有出現「七」和「八」這兩個數。

在老子的眼中，除了「三十輻，共一轂，當其無，有車之用」(11)中的「一」表達的是數字「一」本身以外，其他「一」都代表「大道」。大道是一切，大道至簡，「一」至簡至奧，一無所不包、一統天下；一又是整數中最小的數，謙遜低微。老子認為，「一」就是「道」的一個別稱，《老子五千言》第三十九章就集中描繪了「一」即道的重要性。

通俗地描述「一」，可以用人生來比喻，每個人首先要有個扎實的根基——健康周全，這就是數字 1，其他的如財富地位、名位權力、為人處世等是後面的 0，甚至無數的 0。如果沒有 1，再多的 0 也沒用，沒有意義；如果沒有後面的 0，只剩下 1，也能保有

基本權益。總之,窮則獨善其身,達則兼濟天下。

老子認為這個「一」,即大道,至少可以描繪成兩個屬性、兩個內涵,即無和有、虛無和實有。大道的第一性,就是虛無寧靜,虛無就是渾然一體、無法區分、無頭無尾、無始無終、無形無象、無感無知、無限可能性;大道的第二性,就是實有躁動,所謂實有,就是有陰有陽、有先有後、有大有小、有形有象、有生有死、有限延展性。我們能感知的一切,就是大道在我們面前的展現,就是從無到有,先無後有,有生於無,有無相生,生生不息。

老子還教人方法學,「載營魄抱一,能無離乎」(10)。靜坐禪定時,讓肉體載負着魂魄,用意念懷抱大道,如有無陰陽、宇宙天地,做到天人合一,天地人融為一體與身長存,無為無不能。「是以聖人執一為天下式」(22),所以,聖人能夠執行「一」即道的指令,而成為天下眾人的范氏。

老子對數字「三」則情有獨鍾,給數字「三」以很高的地位,總喜歡以「三」舉例。在數學上,圓周率 π,自然對數的底數 e,都是非常接近自然數 3 的神奇無理數。

老子認為,三生萬物,三代表多樣性、複雜性、創造性,是能代表整體性、系統性的最基本的核心要素。描繪大道,就像硬幣應該有一體三面:正面、反面、側面。如「立天子,置三公」(62);「我有三寶」(67);「……夷……希……微,此三者不可致詰,故混而為一。其上不皦,其下不昧」(14);「此三者以為文,不足」(19);「十有三」(50)。

但千萬年來,人們極容易墜入簡化的二元對立。此時需要銘記的是,這種二元論僅僅處於對世界認識的低級階段,連最為基本的「三生萬物」的三要素起點階段都沒有達到。所以,當我們不得不

用二元對立認識世界時，需要謹記：二元更是互補的、互變的，如此才能稍微趨近真實性更強、更可靠的「三生萬物」的世界；如果能上升到二元疊加、糾纏、不確定的「波粒二象性」量子認知層級，而不是笛卡兒、牛頓的傳統經典的二元論，那就更趨近真實性的「三生萬物」的世界。否則，簡陋的二元論，很多時候就是自我欺騙。

人們日常生活中需要儉樸但經全面修正的、如同「波粒二象性」的二元論。即認為世間的一切，都至少包含對立互補疊加的兩個方面，這兩個方面互補轉化、此消彼長、循環往復。如委曲才會保全，枉屈才會直挺；低窪才會充盈，陳舊才會更新；稀少才會求多，貪多才會迷惑(22)。人們常批評某人「成事不足，敗事有餘」，「成事」和「敗事」，是事情規律上互補對立的一體兩面。如果一味地發力，追求「成事」，結果往往是「敗事」。

俗人的思維，求成怕敗。俗人的本能，對欲求的東西，就一味地努力爭取，甚至偏執，而不知道掌握背後的規律，不懂得在不違反大道規律的基礎上，儘量獲得，並且不留後遺症、不留後患。大道的規律告訴人們，需要玄妙平衡好事物的兩個方面，可以微微用力使勁，讓道動起來，讓道顯示出來，以輕鬆得到自己所想要的，心態淡定，行動認真，而不能讓非要得到的自我執念成為羈絆。

比如「道生一，一生二，二生三，三生萬物」(42)，可以理解為一個指數級增長。道初始生一，即以無為始，無即混沌如一，無至無極即生有，有如奇點，為億萬人事物的大爆炸前的始端，有含有陰陽，此時仍然是一，因為陰陽之和當指數為零時數值也為一（道生一）；當道為陰陽之和的指數為一時，分解出的為陰和陽（一生二）；陰陽之和的指數為二時，就有陰、陽、陰陽沖（和）三種形式（二生三）；陰陽之和指數為三時，就會出現無數的陰陽排列形式，

至少如六十四卦（三生萬物）。

當然，老子也提及許多其他的數，如四、五、六、九。「域中有四大，而人居其一焉。」(25)「五色令人目盲，五音令人耳聾，五味令人口爽。」(12)「合抱之木，生於毫末；九層之台，起於累土。」(64)「六親不和，有孝慈。」(18)

總而言之，道有着嚴密的形式邏輯：排位第一的抽象數字代表是一，即「無」、「有」是整體，無法區分；排位第二的是二，即陰陽；排位第三的是三，即陰陽和、天地人、日月地、人事物……

10. 以道化育思維

司馬遷認為，老子思想的特點是「無為自化，清靜自正」，其「不言之教」的智慧體現在自主性和隱蔽性。老子鼓勵隱性教育，認為自然的教育才是最理想的教育。老子的隱性教育，不同於程式規範化的、有組織、有計劃的教育，其隱性體現在柔性參照既定的內容和方案，潛移默化地影響被教育者，化一切環境、自然、生活、氛圍、情境等為教育學習場景，將教育與實踐緊密相連。發揮每個人、每個被教育者的自驅作用、內化作用，保證每個人有個性的全面發展。在教育、育人中「道法自然」、「以輔萬物之自然，而不敢為」，核心是要因應，而不是束縛，遵循自然規律而為，處「無為之事」地順應自然，行「不言之教」地以身作則，追求「無為無不治」的效果。

羅素說：人生而無知，但並不愚蠢，是教育使人愚蠢。人性本質應該是自然而純樸，如嬰兒般純真無飾，教育應盡力保證被教育者處於本真狀態。「不言之教」即以身教，不能專注於表達上的花

言巧語。做有道德的教育，人盡其才，教與學的原則是「無棄人」、「無棄物」(27)。

所謂「不言之教」，施教者態度上應該「貴言」，教育的方式和方法上應該「善言」，是合乎自然地「言」，適時適勢、因地因人而「言」，不是真的「不言」。如此才能「天之道，不爭而善勝，不言而善應」(73)，善勝的關鍵是善於應答。「致虛守靜」地讓受教育者內心空靈、冷靜、專一地觀察和思考事物，完善自我，自知而知人。以「九層之台，起於累土；千里之行，始於足下」(64)的精神和方法，循序漸進、慎終如始地推進。

「不言之教」(43)，「行不言之教」(2)，一花一草、一品一築皆教育，用潛移默化改變人，用成長而不是訓教去解決問題和缺陷，就像針對孩子成長中的一些壞習慣，採取持續關注適當微擾，而非訓斥強制的方式，壞習慣就會逐漸改變。強調道法自然、自然而然、自然而為的好處和訣竅，不妄為就會有收益。以自然之道處事，以身體力行去教化。

「教不教」或者「學不學，復眾人之所過」(64)，好似在講，文化繼承常常是學也沒啥可學的，教也沒有啥可教的，無非重複前人所經歷過的；但如從批判性思維、建設性創新的角度來講，強調的是，學別人沒有學過的，教別人沒有教過的，改正眾人所經歷過的，勇於超越前人。更進一步講，老子提醒我們在向別人、向書本、向實踐學習時，須辨別、追問哪些可學，哪些不可學。在不學、絕學、不可學方面，嚴鋒教授的「不必讀書單」很有創意，很值得參照，如此才能在人類先前的基礎上更進一步。學習別人所未學習的，復盤發現自己的或者人類過去的錯誤所在，不斷改正錯誤，以先前人們的錯誤為前進階梯，不斷進步。「學我者生，似我者死。」

最好的學習，是向大道及其德行學習，向天地學習，向自然生態學習，而不是互相模仿，相互內捲，導致創造性消失，雷同僵化橫行。

「學不學」(64)，「絕學無憂」(20)，要學習最好的學問，學習即將失傳的絕學，獲取精神營養，獲得物質創造的訣竅。如學懂悟透《老子五千言》，心胸豁達開朗，擺脫僵化愚昧，去除傲慢與偏執，見素抱樸，返璞歸真，做得道的平凡人，就能夠走出苦海，不再憂愁。老子同樣告訴我們，興趣盎然及潛能天賦所在的領域，就是個人被大道賦予德行的領域，把學問做透，就會看淡一切，不再憂慮。具體就是要把知識學習到最前沿，不再見到其他人，而是進入無人區，這時，就必須開始知識創造，從而創造屬於個人的絕學、人類的絕學。

「善人者，不善人之師；不善人者，善人之資」，否則，「不貴其師，不愛其資，雖智大迷」(27)。任何人的知識、思維和能力都是有限的，不可能無所不知，無所不能，所以要提倡人與人之間相互包容，相互學習，相互映照，相互借鑒，相互警醒，取長補短，相互關愛，永不放棄。「人之不善，何棄之有」，如此「善者，吾善之；不善者，吾亦善之；德善」(49)。對所有被教育者一視同仁，為了每一個人的發展，所以「常善救人，故無棄人；常善救物，故無棄物」(27)。

老子認為，人的成長、社會的成長離不開大道，需要在實踐中，用大道修煉自我、修煉社會，將大道「修之身，其德乃真；修之家，其德乃餘；修之鄉，其德乃長；修之邦，其德乃豐；修之天下，其德乃普」(54)，如此個人和社會才能以德配天，吉祥幸福！所以，大道的實施將如此進行：

第一，以人生之道治身，即將人的生理、心理、發育、成長

的規律和內涵，以及物我平等的境界，用於修身與實踐，就能出真知、出品性、得德成真。

第二，以家庭之道治家，即將相親相愛、長幼有序、天倫之樂等家庭規律和內涵，以及和睦共進的氛圍，用於家庭修煉和實踐，就能得德有餘。

第三，以鄉鎮之道治理鄉鎮，即將尊重差異、和諧共生、互幫互助、自治獨立等鄉鎮規律和內涵，以及世外桃源的優美寧靜，用於鄉鎮治理和實踐，就能得德久長。

第四，以國家之道治理國家，即將無為善治、無為善為、保境安民、尊重首創的國家規律和內涵，以及服務民眾的境界，用於國家治理和實踐，就能得德豐碩；依次類推的有以企業之道去修煉企業：社會責任、行業典範、利潤發展；以大學之道去修煉大學：學術民主、獨立自由、新民至善。

第五，以天下之道治理天下，即以上善若水、道法自然、眾生平等、各國平等、敬畏天地的天道、地道去修煉實踐，天下就能得德普及。

大道的總體特徵是虛無、微弱、柔韌、反向、循環等，而不是人心的妄為、貪慾及逞強的總體慣性特點。大道用於實踐如何推進？老子給了明確答案：從實踐自身到實踐天下，由小到大、由易到難、由低到高、由近及遠，逐層漸進。在具體過程中，要注意這些分支之道的自然性、固有性、差異性、動態性。

英國倫敦威斯敏斯特大教堂無名氏墓碑碑文

威斯敏斯特大教堂無名氏墓碑碑文非常有名，影響了許許多多的人，具體內容如下：當我年輕的時候，我的想像力從沒有受到過限制，我夢想改變這個世界。當我成熟以後，我發現我不能改變這個世界，我將目光縮短了些，決定只改變我的國家。當我進入暮年後，我發現我不能改變我的國家，我的最後願望僅僅是改變一下我的家庭，但是，這也不可能。當我躺在牀上，行將就木時，我突然意識到，如果一開始我僅僅去改變我自己，然後作為一個榜樣，我可能改變我的家庭；在家人的幫助和鼓勵下，我可能為國家做一些事情。然後誰知道呢？我甚至可能改變這個世界。

按育人規律、人的發展規律辦事，根據實際情況施教施治，不做違背人性天性的事，道理並不難明白，可是切實落地者少之又少。「吾言甚易知，甚易行。天下莫能知，莫能行。」(70)

「為學日益，為道日損。損之又損，以至於無為。」(48)求學的人、做學問的人，能一天一天增長學識，不斷受益、不斷進步，猶如人生在做加法。而求道者，須讓自己的妄欲狂念一天比一天減少，減至再減，循道而進，依道而為，直到不再妄為的境界，猶如做人生減法，用「斷捨離」戒除憂愁、憂患。為學日益，為道日損，故境界低者複雜，境界高者簡單。因為境界低的人被各種慾望牽引，學了亂七八糟的計謀方法而顯得複雜奸猾；而境界高的人拒絕過多的慾望，勤勉修身，遵道而行，樸素簡單。

人為甚麼活得這麼累，就是不重視「少就是多」的觀點。也就是說，解決問題往往不需要加法，而需要減法，以輕鬆高效地實現目標。通常在解決問題時，加法比減法更受歡迎，因為人們會慣性地忽略減法。事實上，加法誰都會，減法則需要智慧。[42]

「少私寡欲」(19)，「絕學無憂」(20)。老子告訴我們要知道甚麼是良知，甚麼是無知，鼓勵思維、精神、靈魂層面的提高。少些私心、少些妄欲，拋棄眾多浮文和累贅的知識，就沒有了煩惱。人如果追求學習，知識多到一定程度，如果不明白大道和德行，只會徒添煩惱，成為雜亂無章的知識倉庫，知識就帶來困惑。生命有限，知識無限，應該少些學習多些創造。以有限生命學習無限知識，必然身心疲憊，欲壑難填。少學一些雜念，少知道一些與私欲、妄欲、貪婪相關的知識、經驗，保持純潔樸實的本性，人生就會幸福，就沒有憂愁煩惱。

11. 道觀天下思維

以道為指引，所向披靡，因為尊重了人事物的本來規律。所以，要用從「道」的角度看自身、看人類社會。

觀察研究解決問題要從第一性思維、第一性原理出發，從道出發，而不是單純從人出發、從我出發，從小我到大我，如此才能看得清楚。「以身觀身，以家觀家，以鄉觀鄉，以邦觀邦，以天下觀天下」(54)，即以身之道去觀研自身或者他身，以家之道去觀研自家或者他家，以鄉之道去觀研自己家鄉或者他鄉，以國之道去觀研自己國家或者其他國家，以天下之道去觀研天下。老子提醒我們觀察和研究應尊重規律，通過感知分門別類的小道，進而感悟大道的運

行和規律。其方法就是透視本質、修身體察，如貓頭鷹睜一眼閉一眼，既以「無」觀世界，也能以「有」觀世界，進得去出得來，不迷惑地去觀察、觀悟、觀研、玄觀、全觀世界。策略上是基於自身，認知自身，超越自身；基於人類，認知人類，超越人類。

所謂玄觀的「玄」，就是超越感官、超越局限，立足無有一體，重視無，不偏於有；「觀」是觀察研究的循環過程，從無看有，從有看無。「觀」的練習方法：盡力使自己的心靈排空到虛無的極點，設法使自己的頭腦清明安靜到敏銳的頂峰，人處於這種狀態再去觀察一直在同時蓬勃生長的萬物，從而能獲知其往復的道理(16)。

老子暗示，人由「道」而生的肉身，天生具有感知「道」的潛能，存在可以感知「道」的全能感官並需要去喚醒。「觀」並非直接或者輕信人類現有的感官及意識，而是將這些作為輔助，喚醒大道賦予每個人的無形無相、能通向大道的心靈、靈魂，如道心。這道心在治理方面就體現為聖人心繫天下：「聖人常無心，以百姓心為心。」(49)

「道」在天地誕生之前就存在，是渾然而成的「無」，如果能讓自己回歸宇宙誕生之前的寂靜狀態，如同今天人們認知的宇宙大爆炸原初「奇點」出現之前的狀態，就可以從自身萌發出能觀察一切而不迷茫的「道心」，延展人的感知能力。

大道在具體人事物中體現出「沉寂」和「顯現」的狀態（分別對應「虛無」和「實有」）。「沉寂」就是不能依賴於眼耳鼻舌身意等自身感官，而是要設法回歸到那個混沌的、無法描繪的不確定狀態；「顯現」則是用自身感官去觀察確定的、生動的、清晰的形象狀態。沉寂和顯現（虛無和實有），就是大道存在的兩種狀態(25)。這兩種狀態有時區別分明，有時並不分明而渾然一體，並受「觀」的干擾，

如同今日我們描述的「波粒二象性」。「觀」的過程至少需要包含這兩種狀態：以「無」來觀察世間奧妙的運行規則，以「有」去觀察世間的端倪邊界(1)。為了能全面真實地看到疊加的、無限可能的本質世界，而不是被我們干擾後所呈現出來的眼前世界，我們要最大限度地壓抑自我意識，減少「我」對被觀察對象的影響或者損害。

如果只是用自身感官考察研究以獲得顯現結果，就不是「觀」，而是世俗之人的研究。如果同時還能從沉寂的源頭反過來看，明辨自身感官所起到的干擾或者微擾作用，這就完全達到「觀」的境界，從而跳出自我迷惑和肉體的約束。冥想打坐可讓人回歸寂靜，從而體驗觀的感覺。平時要學會回歸清靜，從「道」感知人事物的運動，以「觀」覺察和處事。

我們每個人在自然、無干擾狀態下，是多種可能性或者不確定性的角色的疊加，遇到對應的人，我們就呈現為對應的確定性的角色，我們日常感知的對象特性，均是每個角色所對應或者誘發出的特性，不是對象全面真實的特性，即存在「觀察者效應」。

我們自己既是我們的人生觀察者，又是參與者、創作者；既是被動的，又是主動的。如果只相信自己的感官，就會迷失。如能從「道」出發，則可以跳脫出來，到達幾乎忘我的境地並進行完整的覺察，獲得的結果才更為全面真實。因此，我們每個人需要練習「觀」的過程，這種「觀」如同我們觀察研究螞蟻的世界，並要超越自身給觀察研究帶來的干擾和影響，如聲波、光線、微風等。

第八章

老子道法：
超能善成，玄妙之法

　　所謂道法，就是讓大道成為天地自然和人間社會的主導、主角，讓其施展方法技巧。人們要謙卑退讓做好僕人，讓大道這個真正的「幕後導演」發揮作用，道自有玄妙之法。為道者，寧願在權名利祿方面退後、退讓，但絕不放棄對大道循環規律的主動把握——知曉實有，寧守虛無；順勢而為，因勢而動；前瞻未來，因應未有；化虛無為實有，上善若水，無為而無不為，無為而無不治。

　　老子及其《老子五千言》的方法，就是道法，俗稱玄法，即玄妙之法。這裏「玄」就是超越、超限，即物與我平等，包含無和有、超越無和有的大道之法。老子的方法論，就是他建立其宇宙觀、世界觀、人生觀、價值觀等四觀的獨特路徑。老子的方法論就是做減法、求熵減，逆反於那種表面上好像是發展，實質上是熵增毀滅的言行思想。

　　老子並不想傳授如何從事具體事業的思想或者技能，即小聰明；而是力圖喚醒深藏於人性之中的大道智慧，提醒人們存在於各行各業的哲理大道和整體思想原則，即大智慧。老子明確得道的主要原則：一是「損」，減損過多的智謀和機巧；二是「守」，就是守住「清靜虛無」，老子希望每個人都能在精神上找到一條屬於自己

的能重回母體的「道」路，從而能時刻獲得母體的滋養，煥發生命的力量；三是「輪」，「將欲歙之，必固張之；將欲弱之，必固強之；將欲廢之，必固舉之；將欲取之，必固與之」(36)，人事物的紛繁複雜無非是循環往復和回歸本原，有無互為本原，陰陽互為本原，事物的發展必然走向與自身呈現互補的對立面。

　　講明了老子學說的原理，人們往往還是不知道怎麼做、如何做。在琢磨學習老子道法時，人們常常覺得無所適從，無從下手。筆者在此建議：其一，可以琢磨、學習源自《老子五千言》的成語，從這些成語中，得知老子道法的精髓，超越「隨心所欲」的妄想，步入「隨道而為」的境界；其二，可以從了解人類卓越的軍事家、兵聖孫子的生平事跡及其著作入手；其三，可以從研讀商聖范蠡的生平故事及著作入手；第四，可以從研讀煉丹家、中醫藥專家葛洪的生平經歷和著述入手。

1. 積極心理，超能善成

　　《老子五千言》從頭到尾都在啟發人們不要失望、失信於大道，以積極的心態與道同行、與道同體，從而超能善成。《老子五千言》是「直擊人心」的關於善的學問、善的科學。讓我們知曉道、學會德、善言行。

　　《老子五千言》儘管簡短易讀，但實難完全理解，除了正話反說、反話正說以外，老子對人類妄欲的鞭撻，讓那些渴望即時滿足、心中缺乏大道光明的世俗者心生抗拒。然而如果仔細研讀，對大道心存敬畏、希望永續成功的凡夫俗子們則會喜出望外，不禁驚歎：「這是一部難得的天書！」

大道就是宇宙億萬人事物的根本規律，德善就是人們對大道的理解應用水平。不同的年齡段，不同的教育背景，不同的人生經歷，就產生不同的人生體悟，人們所能理解的老子所揭示的奧妙也就有所不同。但毫無疑問，其對所有人提升思維、放大格局均會有所幫助。

　　在靈魂跟不上追求「權名利情」腳步的時代，儘管研讀老子十分困難，但實際上研讀本身就已經是獲得。因為此時的研讀，哪怕片刻，也是讓時光慢了下來，大腦走向安靜深思，感知大道的存在，這已經是老子饋贈給我們的最好禮物。

　　接觸《老子五千言》時間不長，對老子的認知只達初等水平者，會認為老子人生態度消極，滿篇胡說八道，鼓吹陰暗法術，實是消極避世。一再研習《老子五千言》而達中等水平者，會認為老子強調的是柔弱清靜，消解妄欲，無為而治。再三研讀《老子五千言》，恍然大悟達上等水平者，會認為老子強調的是超能善成，返璞歸真，道法自然，無為無不為，無為無不治。如能掩書而思，與老子進行靈魂對話，會進而明白老子真正強調的是：大道是宇宙天地一切的核心本原，無形無象無聲；大德是大道的形象、言行和品格，可見可聞可觸；大善是我們跟着「道」、模仿「德」所做的修為修行修身，此可謂進入大師境界。

　　老子學說不但不消極，而且非常積極。老子學說的積極之處在於：一是積極認知、理解、踐行「道」，繼而擁有德；二是以出世的精神，做入世的事情。那些認為老子消極的人，源自沒有看懂，沒有看透，例如，還不知道如何運用老子的道法以實現超能善成、未卜先知、無為而無不為。

幸福課講師泰勒‧本‧沙哈爾與老子

泰勒‧本‧沙哈爾博士開出了哈佛大學最受歡迎的通識課程「幸福的方法」，他用《老子五千言》詮釋幸福，認為《老子五千言》和積極心理學在人生觀上有很大的相似性。他建議無論是學生還是其他成年人，如果有機會，每個人讀的第一本書應該是《老子五千言》這樣的書，它是通向幸福的非常重要的道路，因為老子和道家的思想其實就是他所強調的，人類自身要勇於接受以及承認種種痛苦的情緒，而不是與這種情緒對抗。訪問中國時，他驚訝於大多數中國人竟然不了解老子和道家。

泰勒‧本‧沙哈爾博士來北京宣傳新書《幸福超越完美》時，呼籲中國讀者認真閱讀《老子五千言》。他在研究中發現，絕大多數人追求完美，這恰恰是不幸福的原因。他在新作中提供了一套方法來應對完美主義，以克服負面情緒，並將後者看作正常現象而自然接受。這些與《老子五千言》的內容吻合，他認為「積極心理學」實質是在詮釋《老子五千言》的精華，當然更系統化、科學化。當今年輕人都熱衷於前衛潮流，其實回歸傳統才能使我們更幸福。

千百年來，懶於提升思維能力而無法接近大道境界的無數人，常常誤讀老子。一部分人從《老子五千言》中只孤立地讀出柔弱、不爭、無為，認為老子消極避世；另一部分人只讀出欲擒故縱、欲張先收、欲揚先抑等有關統治管理的陰謀。殊不知，《老子五千言》

的核心是如何得道多助，助道而為，事半功倍，以最小的投入獲得最大產出，並被大道所允許，不會招致懲罰。並且，老子教導人們懂得功成身退，如此使得任何一個平凡人，只要遵道立德，就能超能善成。

《老子五千言》重點指出了超能善成的起點、方向、結果以及衡量標準，但並沒有揭示具體的無有、強弱、虛實、剛柔等轉化過程和技術，這是因為每個人的能力、潛力和所處的環境條件不一樣，轉化需要因人而異、因事而異。每個人應該因時因地、擇技擇機、就地取材，設置提前餘量，實行強弱剛柔的適當轉化，進而能出神入化。比如，「有之以為利，無之以為用」(11)，要想獲得便利、功用，就得從有形無形、有用無用的相互關係入手，重點關注的不應該是有用的，因為其功用早已被發現，只是帶來便利，增量有限，難以有更大的顛覆和進步，而恰恰需要關心的是那無用的反而可能是真正最有用的。至於無用的如何轉化為有用的，在甚麼條件下可以轉化為有用的，需要每一個人仔細品味琢磨並恰到好處地去行動。

超能善成的根本前提是依道而行，如此才能在細節處進一步思考超能善成的具體過程、技術和方法。

因此，超能善成的有道者，是那些不擅長者、不善成者的老師；而那些不擅長者、不善成者，是超能善成者可參考借鑒及警醒和可使用的資源。因為億萬人事物各有其特點，所以要有大德的心態，像大道一樣充分善待運用這一切，不拋棄、不鄙視，道法自然，尊重其本身規律，適其性、盡其才，盡其用、得其所，而達無上的智慧。真正聰明的人是將一切都看成並轉化為動力和資源，無論善惡柔剛、高低長短。所以要善於拜師，善於運用，善於學習，善於

挖掘。如果不珍惜自己的老師，不愛惜自己的資源，卻自以為聰明絕頂，實際就是迷失糊塗。這就是人們練就精深玄妙的要訣（27）。

某些聰明外露、好出風頭之人，可能譁眾取寵，但缺乏真正的智慧。某些看似愚笨木訥的人，卻蘊藏着大聰明、大智慧，這就是人們所說的「大智若愚」。平時不顯山不露水，和光同塵，一旦時機成熟，便能一鳴驚人。

有為的功夫是世俗者心目中最高明的功夫，而不是得道者心中最高明的功夫，因為有為者難以真正取得沒有後遺症的成功。超能善成，就是不勉強或者強制，依道而行；看似無為，實際無不為，實際無不治；自然一體，渾然天成，如同水過無跡、流水無印、大雪無痕（27）。

2. 圓通玄達，「神仙」凡人

一說到得道者，人們腦中就似乎浮現出氣度不凡、心高氣傲、自信強大、聰明過人、無所不能的超人。事實上這並不是老子所讚賞的人，也不是真正獲得大道而成神仙的人。

老子心目中的得道者，是一個多面的平凡人，是人人都能通過修身、修行、修心而趨近的，是自負者永遠不可能達到的平凡人。

真正的得道者，已經擺脫僵化保守、一成不變、自以為是、偏執躁動、慾望纏身、自我難安等世俗者的特點。得道者能在不同的時間和空間靈活自如地運用大道，呈現出多種不同的角色，從而透露出德行。得道者能依道而言、依道而行，能在各角色間無障礙切換，細微奧妙、通達至極，讓人有親近可信、深不可識之感。關於得道的聖人，老子也不知道如何去描繪形容才算得當，只能勉強

地刻畫這些得道者：他小心謹慎時，如同冬天踏冰過河；警覺戒備時，如同防備着四周的敵鄰；恭敬禮貌時，言行得體如赴宴做客；行動灑脫時，如同春天溫暖的氣候能消融凍冰；純樸厚道時，好像沒有加工的簡樸原料；曠遠豁達時，好像幽深的山谷；渾厚寬容時，好像渾渾濁水。老子進而設問並總結，誰能使渾水靜而沉澱，慢慢澄清？誰能在安靜中緩緩以動近似無為，就像萌芽從土中悄悄長出，慢慢顯出生機？只有到達道之境界者。保持這個「道」的人不會自滿，正因為他從不自滿，所以能夠去故更新（15）。依道而行者，時刻清醒銘記這是大道的功勞而不會自滿自誇、得意忘形，就能不斷推陳出新，不斷成功，實現無所不為、無所不能、無所不成、無所不治。這樣的得道者，就像多種角色疊加、言行得體、因時而變、超能善成的「神仙」。

老子闡述了得道者與常人的同與不同。其相同之處往往體現在外表上，其不同體現在內裏的思維和精神。如放下妄欲，得道者的話實際上很容易理解，輕易也能做到，但天下人因為被妄欲蒙住了心智，就是不明白，不願做，不能做，不想做，不會做。言論依據天道，做事遵循法則。正由於人們對天道法則不能有效認知，因此才不理解得道者的言行。能夠理解得道者的人，事實上很少，而能效法得道者進而行動的人就更加難得。得道的聖人外表普通，混同塵世，但是他內心堅定，清淨圓滿，充滿力量（70）。

老子也強調得道者的獨立精神和批判性思維特點。應諾和呵斥，有多大差別？美好和醜惡，又相差多少？人們常常根據自己世俗的價值和分別心去評頭論足。人人所畏懼的，好像不能不去畏懼，這種隨大流的風氣從古至今就是如此，好像沒有了盡頭。世俗世界中，眾人扎堆熙熙攘攘、興高採烈，如同去出席盛大的宴會，

如同春遊登臺眺望美景。而得道者此時內心淡泊寧靜，好似無動於衷。得道者混沌懵懂，如同嬰兒還不會發出嘻笑聲；懶散疲倦，好像心無所歸。眾人好像得而有餘，唯獨得道者好像失去了甚麼。得道者真好像只有一顆愚人之心啊！眾人光芒閃耀，唯獨得道者好像糊里糊塗；眾人都明察秋毫，唯獨得道者淳厚寬宏。得道者內心激盪時，像大海洶涌；得道者內心漂泊時，像孤獨無靠。環顧四周，眾人都靈巧精明有本事，唯獨得道者好似愚昧而笨拙。得道者唯獨與人不同的，關鍵在於一切以「道」為準繩，視「道」為衣食父母(20)。得道者能自我解脫，源於世俗，超越世俗，容於世俗。

老子還表示，得道之人，如聖人者，應該做到，方正而不生硬，有棱角而不傷害人，直率而不放肆，光亮而不刺眼(58)。

3. 以水近道，善行無跡

水幾近道，無所不能。因為水是道的形象代表，水之行為特點最接近於道，所以老子講究成功的方法，就是要向水學習。

我們要上善若水，以水近道，趨近智慧。我們如同水中之魚，無水則魚亡，魚住水中，而魚則不知何為水，此時的魚即為「愚」。要讓愚鈍的人類認識道，就像讓魚兒認識水一樣困難。我們想要住在水中並知道水的特點和邊際，就得像老子那樣基於人類思維又超越人類思維，就必須偶爾在臨界處為之：躍上水面看自己，跳出水面看世界，給自己留下清醒。「魚不可脫於淵，國之利器不可以示人」(36)提醒人們，這種行走在臨界處的方法、這種認識自我和世界的方法是有效的，但不能常用，更不能走過頭或者用力過度。稍微抵達臨界點來認識人事物極端極值的方法，只適合那些可逆的過

程。當超出可逆閾值的不可逆的結果發生，如同「魚脫於淵」、「國之利器示人」，則會非常危險。

天下一切沒有比水更弱的，而攻堅克強卻沒有甚麼可以勝過水。水德最似大道，水有形又無形，能隨外在容器之形，能隨所在事物之性。水能隨形變形或者被塑形，但又能恢復保持本形本性。無論經歷甚麼，都不能改變其純真本性。弱勝過強，柔勝過剛，這些天下沒人不知道，但沒人能真實行、真做到(78)。水以柔克剛，或者繞過障礙物，或者浸泡障礙物，或者腐蝕障礙物，或者滴水穿石，或者升騰成霧翻山越嶺、千里奔襲，或者極寒冰凍成天下最硬物，等等。「水可載舟，也可覆舟」，關鍵是看舟船是否違反浮力定理、流體力學原理、風向變換機理。學水的目的，就是為了超能善成去「克堅」，攻克一切，以無為而達無不為。

境界低者表現強勢，甚至狐假虎威；境界高者表現隨和，坦盪謙讓。為人做事隨和者，就像水一般柔和，從容大氣，並包容萬物，不鑽牛角尖，不鋒芒太露，不傷害他人，不招致禍殃，不做牆頭草，不攪和稀泥，是最大的原則性和最大的靈活性的結合。境界低者喜好控制，境界高者善於釋放。因為害怕和不自信，境界低者不知大道規律，故時刻防範人性弱點，事無巨細，管頭管腳，設置條條框框；因為無為和自信，境界高者遵道有德，尊重人性迸發揮其長，事半功倍。這兩種情形在治理和教育方面表現得尤為突出。

天下最柔弱的，能穿行騰越於最堅硬的；無形的可以穿透沒有縫隙的（如透視 X 射線）。老子因此認識到不言的教導，無為的益處，普天下少有能趕上這些理念的(43)。

老子認為，如果道在心中，以德配天，那麼善於建設者無需拔除舊物，還可加以利用舊物，善於抱持者不可能脫手。如果子孫能

夠遵循、守持這個「從小我到大我」、「從世俗法大道」的道理，那麼祖祖孫孫就不會斷絕。以道修正其身，這人的德行就會是真實純正的；以道修正其家，這家的德行就會是豐盈有餘的，積善之家，必有餘慶；以道修正鄉村，這鄉村的德行就會悠遠綿長；以道修正國家，這國的德行就會豐盛廣博；以道修正天下，這天下的德行就會無限普及。所以，用自身的以道修身實踐去觀察別身；以自家察看觀照別家；以自鄉察看觀照別鄉；以平天下之道察看觀照天下。怎麼會知道天下的情況之所以如此呢？就是因為用了以上「以道修正」的道理和方法(54)。

老子指出超凡脫俗的高明智慧：善於行走者，不留下痕跡，好似水黽在水面劃水而過，卻不見游過的蹤影；善於言談者，不會有瑕疵；善於計數者，不需用籌碼；善於關閉封鎖者，即使不用栓銷，人們也開啟不了；善於捆綁者，即使不用繩索束縛，人們也無法解開。這是大道的自然無痕、無為無不為、無為無不治的特徵。即只有符合了道，才能擁有脫離了世俗妄欲的真正聰明智慧。所以聖人善於用人救人，而沒有可以放棄的人。聖人善於物盡其用，所以沒有可以放棄的無用之物。這是遵道有德、隱而不露的智慧(27)。

心理學研究表明：人總是在發現和糾正別人的錯誤中獲得心理愉悅，習慣指出別人的短處。但每個人都不喜歡被人發現並指出自己的錯誤和缺陷。在別人出錯或尷尬時，照顧他人自尊，適時緘口，明知不問，看穿不言，可為他人留一份體面；此時管住自己的嘴，不點破，「善言無瑕謫」不僅是智慧，更是修養和情商；更進一步，如能此時「善行無轍跡」地主動打破尷尬並巧妙補救，則善莫大焉。人與人之間舒適相處的背後，都是不動聲色地成全，不動聲色地釋放自己的善良，利他而自利。所有的這些成全，最終都會

反哺到自身(27)。

劉秀深諳老子隱而不露之道

　　東漢開國之君劉秀，是中國歷史上最優秀的開國皇帝之一。劉秀的處世哲學是柔術，即黃老之術。他在戰場上出奇制勝，理政上以正治國，步步忍辱負重，最終走上君主之路。

　　劉演是劉邦九世孫，與劉秀同母為兄，為人仗義，行事張揚，有鴻鵠之志，認為劉秀不如他。王莽篡漢，劉演氣憤，為國家操心。劉演、劉秀起兵後，無力單獨對抗王莽朝廷，不得已和綠林軍匯合。劉演在和綠林軍推舉的劉玄爭皇位時，沒有成功。後來，劉演攻下宛縣、劉秀昆陽大捷，兄弟倆威名如日中天。更始帝劉玄一夥，商議借諸將會合之機，以劉玄舉玉佩為號，埋伏武士擊殺劉演。劉玄與各將宛城相會，劉秀警惕其中有詐，勸兄戒備，劉演一笑置之。巧在不知何故，劉玄未按計劃進行。但不久，公元 23 年，在大臣鼓動下，劉玄逮捕並殺害劉演。劉秀強忍悲傷、韜光養晦，為不受劉玄猜忌，他向劉玄請罪，拒絕私下會見劉演部下。同時，他推辭昆陽首功，表示兄長犯上，自己也有過錯，不為劉演服喪，一切如同平常。劉秀表面上若無其事，而背地裏只能「打碎牙往肚子裏咽」。獨居時不吃酒肉，淚跡染濕枕頭和衣被。部下勸他盡情哀痛，他卻制止：「不得亂說。」劉玄殺了不服皇威的劉演，見劉秀謙恭，反而自愧。劉秀未獲罪，被拜居高位。後來劉玄見劉秀功高震主，一再妄圖加害，劉秀均化險為夷。最終劉秀打

敗所有勁敵，成為恢復漢室的皇帝，所有跟隨他的開國元勛和功臣無一例外，均得以善終。

4. 大制不割，大道至簡

在自然界，蜜蜂腺體分泌出蜂蠟，以累加生長之法，打造出六邊形的小巢穴，同時打上蓋子，並用模塊之法，將六邊形巢穴進行大規模集成，這種集成隨遇而安、隨形而形。除了要保護幼蟲外，蜜蜂用蜂蠟封印辛苦釀造出來的蜂蜜，將之作為過冬時的儲備糧……這一切是如此的完美、完整、高效，渾然天成。

樸散為器、大制不割。天下萬物多種多樣，但都是大道的投影或者化身，看似毫無關聯，實際上其靈魂即大道是一體的，其特性功效均源自道的無限無邊。淳樸的大道分散蘊含在萬物之中，使之成為有用之器，聖人知道：道為器魂，道器合一，就能遵道而為，德行自顯，而自然而然成為引領者(28)。

道幾乎無法命名，其特點是樸素無華，無形無象，聞之不見，聽之乏味。樸是道性、物性、眾生之性。道的第一形象代表是水，道的第二形象代表是「樸」，如種子，雖微小柔弱，但含有由小向大變化的推動力和無邊的生命氣息，蘊含着由微小的種子成長成參天大樹的可能性。生命渴望成長的力量令人震撼，如雨後春筍，可以掀翻壓石，竭力生長，天下間沒有甚麼能讓這種力量退讓服帖的(32)。「樸」看似平凡，實質偉大。運用永恆的、無所不能的大道，轉化人事物，就可以結出好的果實，就能獲得可以使用的器具。(28)

道的樸素，就像未分化的樹種、樹根、樹幹；道的器化，就是

能分化而出體現功能的樹枝、樹葉、果實等。果實多種多樣，可以為人所用所食。因此完美的制度就應該像一株參天大樹一樣，渾然天成而不可分割。但各種團體組織的種種規則、法令、條例、潛規則等常常偏離大道，偏離初衷，違背初心，無限繁複，為滿足不同人羣的慾望而相互割裂，相互矛盾。所謂「大制不割」就是強調，偉大的制度應該對百姓沒有傷害，偉大的制度本身天衣無縫，沒有割裂；完善的制度，應該是道法自然，簡樸完整，無為善治，不矯揉造作、支離破碎（28），要如「天網恢恢，疏而不失」（73）。

　　將「大制不割」的方法推而廣之，就是強調整體思維，防止在割裂過程中失去人事物本來的重要關聯和信息。最偉大的製造無需分割，讓事物在自然生長過程中進行塑造塑性、修補復性，形成容器空間並功能化，就像蜜蜂分泌蜂蠟造蜂巢，就像讓樹枝藤木在生長中自然彎曲編排長成藤椅，也像三維打印增材製造各類器件或者藝術品，等等。當然「大制不割」也可以指向偉大的藝術作品是不加雕飾的；偉大的學科專業，就應該是沒有割裂、不存在過分細化的，超學科、超專業，融為一體，應該因人而異，最大程度符合一個人的潛能並融會貫通；偉大的人格，圓通、豁達、樸素、低調，健全而自由，沒有偏頗和割裂，無需也無法用憨厚、灑脫、狡猾、聰慧等單個或者幾個割裂的特徵元素去描繪。

5. 勇於不敢，哀兵必勝

　　老子一生及其學說，都強調反戰善戰。老子面對戰爭的第一選擇是反戰，無論甚麼樣的戰爭，最受傷害的是底層普通百姓，上層統治者戰後可以握手言和，而下層百姓則生靈塗炭、家破人亡。如

果不得不面對被強加的戰爭，就要勝戰善戰，所以老子面對戰爭的第二選擇是善戰，要求先勝後戰、戰而必勝。不能因為反對戰爭而喪失被動戰爭進而取勝的能力，也不能因為善於在戰爭中取勝而有恃無恐去主動發起戰爭，即使戰爭勝利了也不要得意忘形，要心存悲憫，哀悼撫恤犧牲者及其家庭，提醒天下永不再戰。有勇氣堅持不願意、不敢涉及戰爭，堅守哀兵的處境以最終勝戰，先勝後戰。

老子鼓勵「不戰而屈人之兵」。當不得不面對戰爭時，也要明確，兵器是不祥的東西，要到不得已時才用(31)。雙方交戰，因為勝利而覺得快樂，就是在以殺人為樂，這樣做的人，沒有人性，不配做人(31)。只有深知兵者不祥，才能在用時謹慎，逢戰必勝。中國自古就是禮儀之邦，愛好和平，從不挑起戰爭，但也不懼怕戰爭。

老子厭煩了、受夠了春秋時期諸侯國之間連年血腥的戰爭，你搶我奪，殺戮算計。他希望天下太平，百姓安居樂業，少一些人際糾葛，保住一方安寧，無人打擾，所以無奈之下，老子的選擇是「小國寡民」。國小使得國王沒有慾望膨脹而稱霸的野心；人口少，民眾自然對爭奪利益格外謹慎，寧願通過非暴力去協調。如此各方就會想盡辦法，去與大國交好、與小國和好，力求在矛盾鬥爭中取得和諧平衡，也就沒有了發動戰爭的膽量和精力。「鄰國相望，雞犬之聲相聞，民至老死，不相往來」(80)，老子這樣的思考啟發了陶淵明的《桃花源記》，當然，幾千年的實踐證明，這些可能只是良好的願望。

老子希望每個國家都自認為是小國，即使國大卻不自以為大，只當自己是一小國而不自大；每個國家的子民都認為自己的國家人口很少，即使人口眾多，民眾也不自以為人多勢眾而盛氣凌人。諸侯國君和國民能如此謙退不爭，故天下莫能與之爭，兵器何用？

「小國寡民」是老子為嘲笑「泱泱大國，眾民浩瀚」的反義代名詞，老子的社會理想是「無事取天下」。

老子的軍事智慧體現在不戰而勝、哀兵必勝：善於為將者，儘量不要動用武力；善於作戰者，儘量不要發怒出兵；善於取勝者，儘量不用與對方交手(68)。抗兵相若，哀者勝矣(69)。老子的傳人孫子，著有《孫子兵法》，將這些思想發揚光大。

6. 敏於未動，治於未亂

老子告訴我們，局面安定時容易維持，情勢未明時容易圖謀，事物脆弱時容易消解，事物微小時容易散失，要在事情未開始時就有所打算和作為，要在禍亂未發作之前就早作預防和治理(64)。這符合老子循環往復、微弱永續的觀念(40)和禍福相依的觀念(58)。耕作未然、未雨綢繆。

人事物往往呈現「物壯則老」的規律(30)，順利時要留心排查隱患，不讓細節疏忽去干擾整體運行發展。即使在順風順水時，也要謹慎地拆解分析構成全體的各個局部、各個元素之間是否正常、穩定，以防止某個環節的少許失誤或者偏差，逐步擴大影響，導致整體能力水平的下降。表面的一團和氣，可能掩蓋住了異常端倪，從而埋下停滯不前甚至危機的隱患。領導者、經營者、研究者需要有前瞻性、預警性的敏銳，不但要有危難中、逆境中發現微弱光亮的慧眼，更要有帶領團隊跟隨微弱光亮前進的勇氣，有克服困難並最終取得勝利的能力，還特別要有在平常中、在順境中見微知著、防患於未然的智慧和警覺(64)。

多人方能合抱的參天大樹，長成於細小的幼芽；九層的偉岸高

臺，堆疊於一塊塊不起眼的土坯；千里的遙遠之行，開始於足下每一步。在這些演變漸進的過程中，需要嚴格遵守規律，可以小步快走、加速迭代，但不可擅自更改，跳過步驟。如果肆意妄為、拔苗助長，就會導致失敗；如果偏執極端、無視抗拒，就會失去對局勢的控制。老子說，參天大樹、九層高臺，都是積累出來的，絕不是無中生有，也並非天降神跡、坐井觀天能等來，而是靠積極的態度和行動獲得的，這個獲得是靠不爭，所謂不爭就是讓道去爭（64）。

新陳代謝無可阻擋，而往往伴隨的是泥沙俱下、魚龍混雜和良莠不齊，這時候培養鍛煉出只可意會不可言傳的慧眼和悟性就非常重要。新生事物和偉大顛覆，都是從萌芽開始的，所以需要獨具慧眼看到其成長為參天大樹的潛力，並給予及時的關注、扶持。偉大的新發現和發明創造在最初的時候，往往不為人們所理解，甚至被詆毀，得不到重視，其未來價值容易被世俗的人們所忽略。新事物往往依附於舊事物而產生，新舊迭代中往往是看似「弱小、無用」的新萌芽以不可抵擋之勢滌盪舊物，最終取而代之。

由於得道者懂得宇宙億萬人事物總在變化，所以不固執己見和成見，而是圓通豁達、隨時應變並變通，從而能遇難成祥。得道的凡人能成為聖人，聖人不會妄欲逞能，不偏執，不走極端，所以不會失敗。世俗中人在做事時有一大特點，他們常在接近成功時失敗，如果慎重對待終末，如同當初慎重對待起始，就不會有失敗的事情。事業剛起步時，人們往往進取而謹慎，依道而行，久而久之，接近成功時，變得驕傲狂妄，甚至是逆天而行、逆道而行，最後就會走向失敗。

因此，得道者所欲求的，應該是別人所不會欲求的，不稀罕自己，也不稀罕難以獲得的財產寶貨；能夠研學別人所不學的，以便

發現並糾正眾人的過失，並以此輔助萬事萬物自然演化而不強加干涉(64)。如此遵循人事物的自然本性而不妄加干預，即使施以微擾加以微調時，也是十分小心謹慎，如此就是懂得並遵行了「天道無親，常與善人」(79)的道理，有了大道的德修，進而能獲得大道的饋贈。

7. 大成若缺，自驅永續

老子身處人類歷史上動盪不安的時代，即民不聊生、貴族驕奢、法令苛繁、各諸侯國衝突不止的春秋時代，他痛惜不已、壯志難酬、難有作為，但沒有懷才不遇、消沉抑鬱地去哀歎，而是虛懷若谷、寵辱不驚、悠哉自得地做着自己認為有價值的事情，也不在乎在當時能有多少人理解和接受，但他相信一定能澤被後世，光照萬代。他自負使命，知道自己應該做甚麼，開始探索大道的本質規律、大道的德行、人的良善良知。昏暗的時代可能無法躲避，而光明的內心能超越時代。

大道的第一特性是虛無，第二特性才是實有。大道的運動特點是「反者道之動」。「道」不是直線運行，而是彎曲轉圈行走，不斷反向往復循環，不斷重複過去的故事，又不斷填入新的內涵，起始於新的起點。「獨立不改，周行而不殆」(25)，在一處時空點上無法實現的，在下一個時空點上必定轉回來，機遇必在。

事物之所以能夠向前，是因為有反推力的存在。人們靜下心就能感知大道的魅力，不要過多干擾人事物的發展，至多適當微擾，常常是輕輕地幾次反向操作，偶爾輕輕地正向操作，讓道自主運動起來，讓「無」運行起來。大道的德行，「無」、「有」的互變，就會

呈現在眼前，機遇會突然出現。人事物都會向着逆反方向發展，相反相成互變。因此，真實的世界常常呈現出：最完滿的好似還有殘缺一樣，還有成長空間，所以作用永遠不會衰竭；最充盈的好似還有空虛一樣，還有發展餘地，所以作用不會窮盡；最正直的好似還有彎曲一樣；最靈巧的好似最笨拙的一樣；最卓越的辯才，好似不善言辭一樣；清靜勝過躁動，寒冷勝過暑熱；清靜無為，天下自正（45）。

踮起腳跟是站不穩的，步子邁得太大是走不遠的，眼中只有自己的人，無法明辨是非，不知道別人如何看待自己。自以為是者不受歡迎，自我誇耀者沒有功績，自高自大者不會長久。這些高調的言行從大道角度看，是殘羹剩飯，甚至是贅肉惡瘤，是令人厭惡的東西，所以有道的聖賢之人是不做這樣的事情（24）。

「曲則全」（22），委曲求全、柔弱退讓是一種合適的處世態度。自我為中心者，可能聰明、機敏，但往往不懂得甚麼是豁達圓通、從容自然、虛懷若谷、謙遜柔弱，從而遠離了智慧。此外，某些人有點功績就自我炫耀或者自我誇獎，既可能部分違背客觀或者真實，又違背自然規律，也容易引起別人的嫉妒、厭惡和加害。人不可能長久處在輝煌頂端，物極必反，炫耀會招來災禍而走下坡路。

與其偏執持守至盆滿缽滿，最後盈滿而溢，還不如主動自製，適可而止，防止貪得無厭；煉製錘打銳劍而致鋒芒畢露，但尖銳難保長久。金玉滿堂，難以藏守；富貴而到驕橫的地步，那就給自己留下了災禍。事情成功圓滿，就得見機而退，含藏收斂，如此才符合天道規律（9）。人要低調行事，居功貪位、過度表現必遭麻煩。知進不知退、好爭喜爭必招禍殃（9）。能看明白別人叫智慧，能明白自己叫聰明。能戰勝別人就是有力的，能克服自己的弱點就叫剛

強(33)。

「上德若谷，大白若辱，廣德若不足，建德若偷，質真若渝」(41)指出，崇高上德好似能包容一切的深山峽谷，最潔白的東西反而好像有污漬，廣大宏遠之德好像還有不足，建德立品不事張揚好像偷師學徒，質樸純真好像變幻無常。

「大成若缺，其用不弊」(45)的人生智慧告訴我們，最完美的成功，好像也留有缺陷，但它的作用永遠不會衰竭。任何事物都不能苛求圓滿，完美是相對的，留有欠缺就是留下了變化進化的餘地和發展空間，就不容易僵化，可用於持續改善，保有不竭動力。太圓滿、太完美，就會月滿則虧，盛極而衰，走向反面。如此就可以理解，曾國藩的書房為甚麼名為「求缺齋」。

「無為」不是甚麼事都不做，沒有哪個領導者真的可以無所作為而達到無不為、無不治。無為是不刻意作為，辨別大勢，借勢而為，協助大道，依道而為，讓道而為。而不是按照自己的慾望或者理想去「設計」，或者強力「扭轉」。看似不費力氣，看似悠然自得，實際是順應自然而為，依據大道而為，讓民眾自驅前進而永續不絕。可能因為四川文化自古葆有道家哲學精神，1981 年，鄧小平與金庸的會見時談及老子的治理思想，從數十年後中國的巨變中可見「無為」之重要性。

人與人交往、國與國交往中，常常需要和平消解深重的積怨或者仇恨，但必須清醒認知這必然還會留下殘餘的怨恨；如果一廂情願地妄想用德善來報答怨恨，以德報怨，這怎麼可以算是妥善的辦法呢(79)？要小心這成為對犯錯、犯罪者的鼓勵和縱容！正確的做法應該是「非德非怨」，既不能簡單選擇原諒，也不要粗暴反擊，而是要想辦法化解怨恨，讓彼此間的歷史怨恨相忘於江湖，只記載在

歷史文獻中。因此，對待別人的錯誤、罪過，合適的做法是，像有道的聖人那樣保存借據，但並不以此逼迫別人償還債務。有「德」之人就像持有借據的聖人那樣寬恕但不縱容，沒有「德」的人就像封建社會掌管稅收的人那樣苛刻壓榨，甚至壓逼而反。也可以說，對有德的虧欠者持有借據以示提醒，雙方遵守契約；對無德的拖欠者依據徹查處辦。自然規律對任何人都沒有偏愛，永遠幫助有德的善人。

8. 先捨後得，出神入化

貪婪自私是人性的最大弱點，總想儘可能地佔為己有而不知止。因為人有與生俱來的貪小便宜的天性，對白送上門的好處、輕而易舉的得益，是不會拒絕的，毫無戒備，不設防線，此時，智商幾乎降為零。天下沒有白佔的便宜，也不存在白吃的虧，對應的陷阱可能早就準備就緒。

人往往有這樣的心理，如果得到一件東西需要付出代價，就會遲疑不決，反覆衡量付出和回報能不能成正比，因而會心存戒備。老子提醒，先於別人有所得者，隨後就會不得不遭遇失敗而捨去。所以要自覺做到先捨後得，如此才可以理解並做到不捨不得，多捨多得(36)。

對一切的理解和把握，需要能夠從有入無，如果明白了「無」、「有」的疊加、糾纏、不確定，就到達了大道的入口，進而修身不懈，就能出神入化。如果理解了「無」是大道第一性，「有」是大道第二性，就很容易理解：道即為一，一即為「神」，一心一意，全心全意，全神貫注。老子認為，得道的凡人就成為聖人，聖人能夠忘

我地做到全心全意、一心一意地與道同行，猶如有大道相助，從而成為天下學習的榜樣（22，28）。老子忠告，順應大道即按規律去做事，沒有不成功的；順着情緒慾望去做事，必定折騰多磨，甚至功敗垂成。

功成事遂，來自每個人的自驅力，而不是僅僅源自外界的吸引或者壓力。這種自驅力是自己內心對大道規律的崇敬和感悟，使自己衝破患得患失的自我設限，進而全神貫注，放下輸贏，忘卻自我，進入如痴如醉、收放自如、出神入化的超常狀態，信念和自我融為一體，如武俠高手，亦如庖丁解牛，跟隨忘我的心流。

精神和意志到達大道的境界，就會有無合一、陰陽合一、身心合一、天人合一。如「一」的無人無欲無為的狀態，沒有一絲渙散，沒有一絲遲疑，只有矢志不移的堅定，無聲好似有聲，無招勝過有招，自然淳樸，功巧天成。

不急功近利，持之以恆，將心比心，先捨後得，常能出神入化；因為「捨」就是「得」，「得」就是「捨」；「得」常常意味着物質的獲得，「德」常常意味着精神的獲得。當我們擁抱大道，就不再糾結於捨得或者得失，而是擁有了大德這一最豐厚的回報。

諸葛亮七擒孟獲，成事不留後患

道士出身的諸葛亮，用綸巾、羽扇、道袍和四輪車成功地向世人展現了一個觀天知地、呼風喚雨的形象。諸葛亮南征雲南，為避免與當地武裝發生嚴重衝突，以「攻心為上，攻城為下，心戰為上，兵戰為下」之策，將當地酋長孟獲捉住七

次，又放了七次。第七次將孟獲擒拿後，孟獲才真正服輸，不再為敵，並接納安置蜀漢的各級官員，釋放俘獲的伍卒，幫助其安居樂業。諸葛亮出兵雲南時，當地瘟疫疾病較多，諸葛亮及其軍隊就因地制宜製作茶水強身康體，這就是今天普洱茶的由來。諸葛亮過世後，四川、雲南地區的人們為感恩紀念他，自發地披麻戴孝三年。因為此種裝束不便打仗和農作，人們就把頭巾纏於頭頂，以示哀悼，久而久之，纏頭巾就成為這個地區特色的民間裝束。

潰不成事的失敗者，意志消沉，精神渙散，遇到困難時先自我消極暗示、自我否定，並習慣性地不相信大道的存在，自暴自棄，進而被「道」拋棄。不自救者道也不救，沒有了大道的加持，那就徹底失去了精氣神。

出神入化有諸多訣竅。訣竅之一：專心專注而不要執着，更不能偏執，如此才可以達到柔的境界。謹記適當用力，謀事在己，成事在天，自助者天助也，順其自然，水到渠成。如果超出大道的允許範圍，刻意執着偏激，越努力，言行動作越變形，從而與希望失之交臂。因為道就是規律，人們的所謂命運就是如何正確認識規律、運用規律，不強迫規律，從而有所成功。訣竅之二：善於用「無」，有無相生，無中生有。訣竅之三：誠服於大道上德的力量、道德的力量，而不是迷信人格的力量。乾坤挪移，善用他人之力（68），無論順力或反力，借力打力。我們需要的是跟隨大道，推行大道，善於運用轉化各種力量。

9. 萬邦自律，天下無事

概括起來，在地球上，國與國的關係主要體現在各種權力的爭鬥、平衡、和諧與共存。這些權力包括人權、陸權、海權、天權等。如人權，涉及保護人的基本生存發展等方面的權力；如陸權，涉及大陸領區佔有；如海權，涉及海洋領區佔有；天權，涉及領空或軌道佔有。而在春秋戰國時期，老子所在的時代，諸侯國主要爭奪的是陸權。

五千年的中國史，常是分久必合，合久必分。在動盪時局下，如果出現政通人和、民富國強，都是因為強調休養生息、協調處理與和平發展。這種走向昌盛的共同秘訣，就是奉行了老子的「無為無不治」治理思想。無為絕非萬事不管，而是把握先機，有先見之明，盡最大可能透析流弊，找到病源，做好防範措施，使問題不致發生，自然像沒事一樣。因此，「侯王若能守之，萬物將自化」(37)，同樣大周王朝的諸侯國若能奉行「無為無不治」的政治哲學，「天下將自正」(37)。

老子之後的 2500 多年，由於時常缺失「無為無不治」的濟世安邦理念，國際社會存在嚴重的權力、制度、利益、宗教、種族、意識形態、金融霸權甚至文明之爭，各種衝突頻發，導致全球動盪失序，難民汹涌，安全失控，貪婪盛行，妄欲霸權，我行我素。

以慾望實現為需求、不斷延續的「物競天擇，適者生存」的競爭進化論理念，導致美蘇爭霸等權力之爭、資本主義與社會主義等制度之爭、民主與專制等意識形態之爭，乃至身份認同等文明之爭……行為上一味競爭並不擇手段，將使矛盾激化為鬥爭，甚至最後升級為階級戰爭、族羣戰爭、國家戰爭、全球戰爭。

俄烏衝突的一大背景，就是從原有的北約與華約兩大軍事集團

對峙，演變為當前北約與俄羅斯的對抗，還有美俄間的地緣爭奪、民主專制等意識形態之爭。一些國家不僅沒去盡力制止紛爭，反而有意利用、轉嫁或助推事件升級，最終導致戰爭發生，危害整個國際社會。

要維護「天下之交」的國際秩序，泱泱大國要謙下隨和，像大海一樣接納一切善惡是非，有「大國者下流」和「大者宜為下」的政治道德(61)，而不是依靠武力和強權壓迫，這樣小國才願意信服地加入大國所在體系，大小國家「各得其欲」，國際秩序才能和平自然。即便一些國家存在「自見」、「自是」、「自伐」、「自矜」等行為(24)，只要堅持用談判和對話而非武力方式解決，整個國際秩序包括當事國就不會遭受較大損害。

西方大國為自我慾望的「有為」和「必爭」，給亞非拉等國帶來深重災難，其自身也隨之消亡或衰落，如一戰後消亡的奧匈帝國、奧斯曼帝國、德意志帝國和沙皇俄國，二戰後衰落的大英帝國以及冷戰後解體的蘇聯。

進入 21 世紀，美國先後發動阿富汗戰爭、伊拉克戰爭和利比亞戰爭，其霸權也遭遇挑戰。這次俄羅斯出兵烏克蘭，令眾多鄰近小國感到恐懼，對俄徹底失去信任。美俄等只顧大國自身的絕對安全，必定讓其他小國處於絕對劣勢和不安之中。如果俄羅斯戰略誤判，必將對俄發展進程造成實質性破壞，甚至對其政權穩定、領土利益及國家安全產生反噬效應。

「飄風不終朝，驟雨不終日」，就連「天地尚不能久，而況於人乎」(23)。因此必須依靠「從事於道者」的各國，通過「道者，同於道；德者，同於德；失者，同於失」(23)，聯合志同道合的國際社會成員，形成共同力量，「道法自然」，推進和平。

為繼續控制歐洲安全的主導權，保證在歐經濟利益，美國出於西方固有的二元對立思維，製造出俄羅斯這個「最大的戰略敵人」。普京卻認為，俄羅斯重新崛起，美國正衰落，應加速恢復後蘇聯空間的主導權，將烏克蘭納入其中是「大國復興」的先決條件。當安保條約談判破裂後，普京出兵烏克蘭，以報復美國和北約。誘發俄烏衝突根本的因素，是繼承蘇聯衣缽的俄羅斯，最初對美一再讓步，俯首帖耳地想融入西方，四次申請加入北約被拒，覺得被美欺騙。北約卻趁勢將波羅的海、中東歐、巴爾干等小國拉入北約，擠壓俄安全「緩衝區」，令對內對外政策深受「大俄羅斯主義」影響的普京疑慮和畏懼大增，進而誘使其武力相見。

　　老子強調「以無事取天下」(57)，得天下不能單靠武力和軍事同盟，得道多助，天下歸心。老子理想的世界秩序是，和平共處，互不干涉；維護現實秩序，所有國家自我約束，民眾富足安樂；不干涉他國事務，不結盟、不爭霸、不打仗，世界和平安泰。

　　老子反對戰爭，用兵只求救危濟難，而「不以兵強天下」。戰爭不符合「道」，「道」有謙下精神，自然天下「無敵」；戰爭的巨大破壞作用，呈現「其事好還」的前因後果效應，「師之所處，荊棘生焉」，戰爭結束後也「必有凶年」(30)。戰爭對國計民生影響巨大。在面對紛爭時，各國要有自己的獨立觀點主張，中立而不選邊站，就是「以正治國」的體現。強調雙方合理安全訴求都應得到尊重，主張用外交談判解決問題。同時防止他國借衝突而危害本國安全，慎武善戰，做好充分準備。絕不輕易動武，即使用兵也是「不得已而用之」，絕非爭強好勝，「以退為進」並「以奇用兵」(57)，絕不「輕敵」，並「用人之力」以戰止戰。

第九章

老子修煉：
超越生死、物我平等與養生

　　老子在中華文明史上第一次創立了完整的哲理學說，即由道立德、由自然立無為，建立了道法自然、無為上德的框架體系。更重要的是，老子在中華文明史上第一次確立了貫穿宇宙、天地、生態、人類、社會、人生的正大光明的永恆大道，並以永恆大道、天地之道為人類社會之道、個人為人處世之道設規立法。老子也告知人們觀照、體悟、踐行、融入大道的修煉方向和基本方法。

1. 修煉步驟與依據

　　《老子五千言》全文短短五千餘字，「無」出現了 102 次，「有」出現了 83 次，「道」出現了 76 次，「德」出現了 44 次，「聖人」出現了 28 次，「萬物」出現了 20 次，「一」出現了 15 次，「不爭」出現了 8 次，「自然」出現了 5 次，「反」出現了 4 次，「我不知」也出現多次。由這些字頻和關鍵詞意，可以大致了解老子的想法和思考。

　　「大道甚夷，而人好徑。」(53) 老子感慨並擔憂，世人面對平坦的大道，卻想投機取巧，不付出而想走捷徑。老子不僅從千萬年的人類歷史，更從歷經滄桑的人生經驗歸納總結，以人生格言的方

式，留下了令人警醒的生活工作智慧：「富貴而驕，自遺其咎。」(9)
「知人者智，自知者明。」(33)「慎終如始，則無敗事。」(64)

老子認為，過於追求金錢和地位的貪慾，是最為影響修身和養生的大敵。對於慾望，適可而止，懂得進退，主動知足，少私寡欲，恬淡名利。虛無寧靜，無為善為才是最好的入世智慧。

老子提倡在道中永生，長存不亡。《老子五千言》鼓勵的修煉，大概有少私寡欲、純樸充實、超能善成、成聖見道。具體有關修煉的章節如下：

修言（33，47，56，70，71，72，81，5，2）；

修行（15，24，26，35，53，63，64）；

修為（3，9，17，18，19，29，30，31，36，45，46，48，57，58，59，60，61，69，74，75，78，80）；

修身（12，13，44，50，20，49）；

修善（8，27，43，47，54，62，66，67，68，73，79）；

修德（7，10，21，22，23，28，38，39，41，51，55，65，76）；

修道（1，4，6，11，14，16，25，32，34，37，40，42，52，77）；

修治（3、18、38、13、17、19、59、62）；

修武（31、68、69）。

《老子五千言》第 2 章至第 4 章，是修煉者的基礎閱讀部分；第 13 章至第 17 章是修煉進階部分；第 39 章圍繞「得一」的結果，強調得道有序而永續，遵循大道、對外開放、獲得能量、實現熵減、增加活力，以自然生態養育和環境保護等理念作為基本的修煉切入點；第 40 章圍繞「道」的運動、功效，說明道循環往復、反向運動的根本運動規律和微弱永續的作用特徵；第 41 章圍繞「上士」的修煉，提出符合「道隱無名」的基本形象和言行原則。以下是典型的

與修煉悟道有關的章節：

第 7 章：明白「後其身而身先，外其身而身存」，無私成己，天長地久。

第 8 章：修煉認知：水近於道，上善若水，不爭而成。

第 9 章：收斂鋒芒，天道是成事、功遂、身退。

第 10 章：聖人自檢標準是道即靈魂、物我平等、天人合一、玄覽無疵、透徹見底。

第 11 章：認識無用之有用。

第 12 章：認識聲色犬馬的慾望之害。

第 13 章：告知修煉者如何不卑不亢，寵辱不驚，淡定從容，以道處之。

第 14 章：感悟到道之本體夷、希、微，「無狀之狀，無物之象」。

第 15 章：修煉得道的人，成為善為的士者，多面多能，微妙玄通，深不可識。

第 16 章：「致虛極，守靜篤」。靜坐冥想。

第 17 章：在領導管理、協調治理上得心應手，達到太上自然。

第 19 章：絕聖棄智，見素抱樸，少私寡欲。

第 20 章：獨異於聰明算計的世俗之人，珍惜大道真理。

第 22 章：委屈保全，隨道而動，無人敢爭。

第 26 章：日常修煉，重為輕根，靜為躁君。

實驗已經表明，基因是可以通過運動進行部分修飾改變的。這解釋了為甚麼即便是同卵雙胞胎，年齡增長後，健康情況也會不同。生態環境和身心運動都能帶來生物表觀遺傳學上的變化，而且與生態環境帶來的被動變化相比，運動導致的主動變化會更為明顯。可見，生命在於運動。而其中有一類在中華文明發展史中比較

突出的，就是重在自我精神、思維和認知昇華的運動，這是身心靈統一的運動，是與天地宇宙同在同思的運動，通俗說來就是修煉。

人經過修煉而達到外貌平凡樸素，而內心平和崇高的狀態，並非不可能。得道者生命力深厚旺盛，能健康長壽；精神境界超脫並高尚，超越「小我」成就「大我」，能感悟精神不死；洞察預見，智慧超羣，大智若愚，和光同塵；利而不害，為而不爭，功成身退；瀟灑自在，豁達包容，善於化解，喜樂心態。這是能夠接近天地的境界。

2. 觀水悟水的修煉

老子發現道之存在和作用，超出了人們的推理、想像、理解、信賴能力，難以用準確的言語文字表述，因而通過研究關注水，斷言水「幾近於道」，認為普通人可以通過關注身邊無處不在的水，學習水的特性，而接近於道，從而解決了修煉者對道缺乏感性認識、對道認知模糊而無所適從的問題。如此道就擁有了一個形象化身，德和善的形象化身，所以「上善若水」。由水之道，以啟發人們理解「無」、「有」大道，用大道認知天地之道，用天地之道證悟人間之道，以規範萬物之道而為人們言行道德立矩。人們依照老子的建議觀水悟水而修煉，就能依次提升境界。

人們爭奪的原因在於資源的有限。在古代，水的供給是無限的，水可以存在的天地也是無限的，故無爭；道的存在更是無限，道可以行走的空間是無限的，人們爭「道」的可能性是不存在的。水的無限無爭可啟發人們理解體會道的無限無爭，啟發人們從道的無限可以實現資源的無限，即依道的規律轉變思維思想，舊資源後

面有新資源，舊能源後面有新能源，可以開發的極限是無限的。[43]
所以聖人之道，「為而不爭」(81)，即無論貧富貴賤，「為而不爭」者
就是「聖人」。所以，「水」這個形象代表能在許多方面發揮大道代
言人的作用。

可以水比喻大道的「一」。水無處不在，形態各異，氣液固狀
態不同；水無定形，隨不一而同的物質而合，變成不一而同的生命
成分，任何水的本體都是純淨的「一」。大道也無定形，不一而同。
由水的「一」與不「一」，人們容易理解道的「一」與不「一」。

可用水比喻大道的「弱」。「天下莫柔弱於水，而攻堅強者莫
之能勝，以其無以易之。」(78)儘管水柔弱石堅強，但滴水能穿石，
石破而水無損。「柔弱勝剛強」(36)，「弱之勝強，柔之勝剛，天下
莫不知」(78)，道的個性和水一樣，也是柔弱，「弱者道之用」(40)。

可用水比喻大道的「不爭」。「上善若水。水善利萬物而不爭，
處眾人之所惡，故幾於道」(8)。由水的兩個特性——「利萬物」、
「不爭」，引申出大道的兩個基本原則——「利而不害」和「為而
不爭」。

可用水喻大道的「無」。水無形，水無常形，氣液固皆是其形。
水在萬千生命中是隱身的，但必不可少，沒有水的地方，必成沙
漠；水總是利萬物，並且不聲不響，順勢而流。藉助於水，人們可
以從「無」的角度理解道。老子強調的「無為」，不是不為，而是不
要妄為，「為而不爭」。老子不是禁慾，而是反對私欲、妄欲驅使下
的「妄為」和搶爭。「不尚賢，使民不爭」(3)，「少思寡欲」(19)。

3. 冥想返樸的修煉

　　有人說，閱讀理解踐行《老子五千言》，感悟其深藏的奧秘，就是卸載了世俗價值觀的生命修煉。因為這些大道規律和奧秘，很難用人類的語言文字準確描述和全面理解。老子及其傳人莊子等，在寫作著述時為此苦惱，所以在他們的文字中有許多不確定、測不準、可能性、狀態疊加的描述。他們對大道的深刻理解難以用文字語言準確表達，如硬是用文字表達大道，那就離大道真實的含義很遠。任何語言文字的表達，都會悄無聲息地帶入每個人各自的觀點和習慣。比如無、玄、一、虛、靜等，都是常人難以理解或者常常誤解的概念。

　　「致虛極，守靜篤。萬物並作，吾以觀復。夫物芸芸，各復歸其根。歸根曰靜」(16)，當今老子的傳人和敬仰者所嘗試的修煉，以靜坐冥想為代表，冥想能對人的基因、蛋白質、細胞、大腦微觀血流等產生積極影響，對人的精神情緒狀態產生有益影響，對人的免疫系統等產生促進作用。這些早有嚴謹的科學研究成果，這裏不再贅述。練功訣竅是，儘量使心靈虛懷若谷，海納包容，排除噪聲干擾而處守寂靜無聲；在萬物都在生長發展時，得以觀察循環往復。事物儘管紛紜變化，最後都會回到各自的原點，能回到此原點的叫作「靜」。

　　以「天下萬物生於有，有生於無」(40)為原則，以感悟「無」為首要，進入自然而然、道法自然的境界。「道生萬物」是「道生一，一生二，二生三，三生萬物」(42)的自上而下的順向過程；而具體修煉則是回返的逆向過程，即「有」的反向過程、「反者道之動」(40)的過程。所以個人的修為、修行、修煉過程常常是練習心性從

「萬物到三、三到二、二到一、有即無、無即道」的過程，從有返無，從後天返先天。這就猶如宇宙天地是由大爆炸產生的形態各異的億萬人事物，我們在修煉時要由形態各異的億萬人事物返歸到宇宙大爆炸前的那一刻、那一原點、那個奇點，去感知第一性原理，即大道的魅力。

　　循「精—氣—神—虛—道」路線回歸原點的修煉，此種返回過程，也猶如人們由功能細胞、組織細胞回覆到幹細胞的實驗探索或者治療過程。回覆的目的，是修復錯誤、返回原點、重新出發、流程再造，以便更好地創造！這種練習就像是人們精神、靈魂的復原重塑。

器官再生置換與流程再造

　　如同宇宙大爆炸一樣，受精卵幹細胞是發育成人的「奇點」，通過此幹細胞分化成體細胞、具體的功能細胞，進而長成不同的器官，如眼耳鼻喉手腳等。這些器官的細胞不一樣，是不可以互通使用的。如果想培養自體器官用於自我移植置換，就需要具有多向分化多功能的幹細胞，因為用腳的細胞是培養不出手的細胞的。可能的方案是，通過生物或者化學誘導，將腳的細胞逆轉回溯為未分化時的幹細胞，然後再從源頭出發，開始流程再造，重新定向分化為手的細胞。

　　「夫物芸芸，各復歸其根。歸根曰靜，靜曰覆命。」(16) 老子講歸根曰靜，是謂覆命，生命本根是在寧靜中恢復。世上沒有絕對的

靜，所謂靜，壓縮時間尺度可以發現，也是一種緩慢的動。

根是億萬生命的源頭，返還歸根才是靜，寧靜才能復原生命。但人們怕靜會怕到心慌，拚命躁動以掩蓋心中的不安，結果消耗更甚。如此拚命消耗資源、能源，人類也就會走向終結。這一切錯誤的根本原因是，不知曉靜的狀態離大道最近，近到了能聽到大道的呼吸聲。如將大腦靜下來，思想情緒靜下來，智能就會在寧靜中萌動起來，如同種子萌芽。處理複雜問題需靜心，達至冥想境界，進而會頓悟。

水至靜則形象明，心至靜則智慧生。「專氣致柔，能如嬰兒乎？」(10) 入靜打坐冥想，意守專注，排除雜念，這樣的行為狀態如同自我放飛了一顆觀察自我的虛擬的天際衛星，能如實地反省觀照記錄自己。最簡單的靜，最簡單的修行，就是專注；更上一層是打坐冥想；再上一層是內觀自我、觀照自我。所謂專注就是，洗衣時就是洗衣，心無雜念，乃至能看到每一個纖維細部的灰塵；洗碗時就在洗碗，專注到能感觸陶瓷碗面的沙粒凸起。心無旁騖，似乎耳塞目閉，心中只有所做的事情，沒有他擾，沒有自擾，周邊無關的一切似乎都不存在。所以，日常的每時每刻、一舉一動，都可以成為謹守大道、以德配天的修煉。

4. 綿拳、綿掌與修煉

按照耗能和強度而言，運動健身可以分為強運動、慢運動、靜運動，代表運動分別為西方體育的拳擊、中國道家傳統的太極拳和綿拳、道家最早創立並傳給海內外各教各界的靜坐冥想。而如果從健身益腦、身心靈修煉的角度評價運動的有效性，則依次為靜運

動、慢運動、強運動。

道家思想衍生出的內家（道家）武術，即內家拳，和道家哲學始終是一個完整體系，其中的典型為綿拳，綿拳起源於武當山，是太極拳的鼻祖。可以這麼說，綿拳是原始的太極拳，目前的太極拳是表演性的舞蹈動作與綿拳剛柔相濟內涵的結合。

綿拳在宋代時就有記載，相傳為一僧人所傳，有習綿拳者救了宋代的某一位皇帝而被御賜匾額「神拳」，此後綿拳即被稱為「神拳」，又被稱為「江湖黑拳」，代代相傳。而綿拳拳譜《絲白經》現已佚亡，早期傳承歷史已無法得知。

綿拳均勻柔和、圓活連貫、剛柔相濟、綿綿不絕，流行於上海等地，人稱「內練一口氣，外練筋骨皮」。2014 年 11 月 11 日，綿拳被批准列入第四批國家級非物質文化遺產名錄。

老子說：「三十輻，共一轂，當其無，有車之用。埏埴以為器，當其無，有器之用。鑿戶牖以為室，當其無，有室之用。故有之以為利，無之以為用。」(11) 人的身心靈也是如此，看得見摸得着的實體身形能給人們體驗大道、修身養性帶來便利，而看似不存在的精氣神等沒有用的「虛無」才是接近大道過程中最有用的。

綿拳的核心是摩肩，其口訣為：「摩動三山六水，通過五湖四海，揉動三百六十五個骨節，打通十萬八千個毛孔。」老子說：「穀神不死，是謂玄牝。玄牝之門，是謂天地根。綿綿若存，用之不勤。」(6)「綿綿若存」為摩肩的關鍵，有心練功，無意成功；用之不勤，最終能「復歸於嬰兒」(28)。

與綿拳類似的還有綿掌。金庸小說中有一招化骨綿掌，被化骨綿掌擊中後，人一開始沒有甚麼感覺，但兩個時辰後掌力發作，全身骨胳柔軟如綿，處處寸斷，苦不堪言，難以救治。這種內家功

夫，其特點是外柔內剛，爆發勁力，舒展大方，動作連綿不絕，內含剛勁，外現綿柔，如棉內醒，藕斷絲連，連而不斷，含蓄待發，平穩如水，快捷迅猛，剛勁有力，身手合一，以意領氣，氣沉丹田，瞬間爆發，擊以寸勁，快慢進退，把控自如，隨心而欲，虛實莫測。

綿掌之所以能夠外柔內剛、綿裏藏針，就在於「無有入無間，善行無跡」的策略，綿綿不絕、恰到好處的施壓，可以讓能量波深入其裏並到達特定位置，形成打擊能量波動的共振聚焦，進而導致精準損傷，並留下表面平靜完好的假像。

練拳健身護身是外表，悟道護道成道是本真；看似練習的是筋骨體形，其實練習的是運行血氧、得大道真諦的「無形之氣」。修煉中的核心是「氣貫長虹、運轉周身」。老子強調「載營魄抱一，能無離乎」，就是要讓魂魄陰陽合一，需要「專氣致柔，能如嬰兒乎」（10）。「專氣」就是凝心聚氣、修氣，專一地修氣，讓氣凝聚，讓肉體和精神都變得像天真爛漫的嬰兒一樣柔軟非常。這樣的嬰兒純淨像水晶，沒有慾望，沒有心機，達到大道般的無心無欲。如此，沒有分別心，自然純樸，心地柔順，肢體柔軟。達此境界，出世而見大道智慧，就修成大道了。

5. 感恩靜心的修煉

「天道無親，常與善人。」（79）人生一世，須常與人為善，且心懷感恩。感恩使得人類心靈得以解放，讓人從自我、自私、妄欲、狂躁中解脫出來，提升靈性。感恩之心是最靈驗的藥，不僅足以改變自己，而且可能改變周邊，改變世界。獲得感恩之心的簡單直接方法就是練習學會感恩，從而成為習慣。

無從感恩是因為心中沒愛。只有練習出充滿欣賞與感恩之心，眼中的一切才會改變，周遭的世界才會與自己產生喜悅的共振，才會產生生命的奇跡。消極的心態、情緒、思想一定會吸引消極的一切；而積極的心態、情緒、思想一定會吸引積極的一切。

　　無論是父母兄弟姐妹，還是夫妻子女好友，既要感恩，也要保持距離分寸感，保留適當的自由空間，才有安全感，也才能保持距離的美感。具體距離或者空間，因人因時而異。可以儘可能近，但前提是不要導致雙方的壓迫感。因為距離太近，缺點會放大；自由度變小，脾氣會暴躁；空間狹小導致擠壓，形象會變形。

　　感恩能改變生命方式。花是植物的笑臉，笑是人的靈魂。要對生命中遇見的一絲一毫的美好心懷感激，哪怕再小，只要願意去表達感激，長此以往就能練出好的習慣，擁有健康的未來。感恩訓練的是大腦的「前額葉皮質」，以保留積極體驗、去除消極信息，進行的是大腦的重塑重構。這對平復焦慮和情緒有諸多幫助，能讓人變得有彈性，不易受到壓力的傷害，還能有助於減輕慢性疼痛，獲得令人神清氣爽的睡眠。每日先感恩令自己感動的人事物，然後再獨自進行自我訓練：靜心、檢視、懺悔、觀想，內心真誠自白：「我理解你，原諒你！」、「對不起，請原諒我！」如果這天沒遇到任何幫助，則可將感恩融化在每天每件小事之中，如對大地、蒼天和空氣等表達感激。喝水時，感恩水；吃飯時，感恩食物。善良的人總是快樂，感恩的人總是知足。如此嘗試 60 天之後，就會發現一個不一樣的自己和世界。

　　大格局、大智慧，無非就是一種平靜平和的內心狀態。格局越大者，越不糾纏；智慧越大者，越不貪婪。

　　最簡單的靜心修煉，就是有時的「慢生活」、「慢工作」，有目

的地「浪費時間」，如適當的發呆、靜暇、遊神、休閒、聊天，就像中國傳統水墨畫需要筆墨留白，我們的物質世界、精神世界也需要留白，從而為寧靜致遠、自我救贖留下空間。

「致虛極，守靜篤。萬物並作，吾以觀復。」(16)老子指出：做到內心平靜，才可洞察出億萬人事物的根本。曾國藩說：心有多靜，福有多深。一個人空明守靜，終能體悟：世界上最健康的長壽藥，就是靜！靜，讓人寵辱不驚。《菜根譚》說：寵辱不驚，看庭前花開花落；去留無意，望天上雲卷雲舒。限制認知的往往不是別人，而是自己。「吾所以有大患者，為吾有身，及吾無身，吾有何患？」(13)與自己和解，與自己的身體和解，是一生的修行。做成最好的自己，才可能遇見更好的別人！靜心的全部秘密是要成為自己的觀照者，靜心的靈魂就是學會怎樣觀照。覺知的第一步就是觀照自己的身體。然後，開始覺知自己的思想。

我們的身體是屬於我們自己的，但從廣義講，又不僅僅屬於我們自己，我們的身體是屬於遠古的、大自然的、人類的。我們擁有非常類近的基因、血緣、習慣，因為機緣巧合，才有了我們每一個人，有了各種差別。

「用其光」(52)告知我們，要讓人類目光難以企及得見的「大道智慧之光」在心中升起，照向我們全部的身心靈，就沒有了貪婪、妄想、虛假。為人做事全面周到，方向明確，一切言行就會「復歸其明」。我們的身心靈就會智慧圓滿、正大光明。

「大道智慧之光」之所以能照向我們，是因為我們身體本身就像大道德行、宇宙能量、人類信息的接收機，並具備連接這些智慧與力量的按鈕。而接收狀態就是老子描繪的「塞其兌，閉其門，終身不勤」(52)的狀態：堵戒貪婪，封閉干擾，終身無憂。有的人接

收不到智慧，是因為慾望過度，制約了智慧接收，屏蔽了身體與大道和宇宙的「抱一」與信息交換，即「開其兌，濟其事，終身不救」（52）：打開通道，放縱無度，終身無藥可救。

　　老子相信人與自然間存在神奇的無形聯繫。幾千年來隨着科學技術發展，人與自然界的無形關聯越來越多，比如射線、電波等被利用發展成電視、廣播、通信、互聯網等。接收外界的大道智慧，一定要求人至少片刻處於「清靜為天下正」（45）的寧靜無欲狀態，即「貴食母」（20）狀態。如此才能「天人合一」，幸福才會常在。「見小曰明，守柔曰強。用其光，復歸其明，無遺身殃，是為習常。」（52）我們都像銀河系裏微小的充電電池，儲電量很少，人生幾十年，消耗很快。老子讓我們「見小」，就是要知道自己的渺小，盡量靜心、收小動作幅度、減少能量消耗。當靜心不受妄欲牽扯，身體就會柔和並神清氣爽，甚至出現各種神奇而不可思議的境界，故而「守柔曰強」。

　　當止息了妄欲貪念，身心靈合一，自性之光就會自然出現，並進而會自動補充體內的各種不足。如果自性之光持續不斷並與大道智慧之光同頻共振的話，輸入會源源不斷，人就不會出現禍根或陷入死地的情況，生命也就健康和諧了，即「無遺身殃」（52）。讓我們感恩自己神奇的身體吧！它是大道天地自然的賜予。當人們突破了自我的封閉小空間，擁有內心的寧靜，接收擁抱大道的智慧之光，智慧就會流經全身，進而明白自己的使命，健康與幸福就會伴隨終身。

6. 合於道德的修煉

老子從來不教人「人為的」價值觀，並要卸載掉人們固有的成見，或者已有的世俗價值觀系統，強調一切以道為根本準繩。依照道去解決問題、對待人事物，才是真正的德，如此即為道德，進而身心能永續。如果為修煉而修煉，為長壽、去病而修煉，效果不一定很好，因為這是慾念下的有為，甚至是逆天道而為；最好的修煉就是，少私寡欲、悟道為要、與道合一，修煉的順帶收穫，就是長壽、去病。

老子曰：「上德不德，是以有德；下德不失德，是以無德。上德無為而無以為，下德無為而有以為。上仁為之而無以為，上義為之而有以為。上禮為之而莫之應，則攘臂而扔之。故失道而後德，失德而後仁，失仁而後義，失義而后禮。」(38)

「下德無為而有以為」：雖然「無為」是源自「道法自然」，但「有以為」是有原因、有用心的。「上德無為而無以為」：「無以為」是沒有意識的，沒有緣由、念頭、用心、目的等，純粹出於本性，到達了「自然而然」的境界，既排斥外力的迫使或者「他然」，也排除內力的自我欲使或「我然」。「無以為」的上仁，是真正的仁。「上義為之而有以為」，就是義。

修煉的第一原理，是不偏離道，才能擁有「德」，此是準則。因為「孔德之容，惟道是從」(21)，即「上德」、「大德」、「孔德」守的是道的規矩。從高尚到低俗降序，依次為德、仁、義、禮等，而每個人的修煉，就應該是升序，依次為以禮明義，以義成仁，以仁養德，以德和道。

符合道德的修煉需要練就內觀的能力。內觀的境界，如同進

入波粒二象性的量子思維狀態。「當你不知道你，所以你是你；當你知道了你，你就不是你。」其含義是，當你對自己缺乏了解和把握，隨波逐流，完全生活在自我的自然物性慾望之中，就是一個生物的、社會的、善惡皆備的人；當你了解把握了你自己，能細微地把握自我的用心起念，你就不再是從前那個被妄欲、貪婪、不知足等原罪所完全束縛住的自我，而是一個新的、具有多種可能性的自我，一個趨近大道，將擁有德善信慈愛的自己。

老子說：「小國寡民。使有什伯人之器而不用；使民重死而不遠徙。雖有舟輿，無所乘之；雖有甲兵，無所陳之。使民復結繩而用之。甘其食，美其服，安其居，樂其俗。鄰國相望，雞犬之聲相聞，民至老死，不相往來。」(80) 老子推崇的自然安詳狀態，恰恰就是與工業化、人類異化相衝突的，傳統的工業社會需要人們貪婪、焦慮、亢奮、恐懼，如此便於煽動與控制。

合於道德的修煉，就是向內要種好心田，建好心境；同時向外要注意合適地為人處世，即遠離聰明而不厚道之人，接近平凡而智慧之人；遠離規避由自己或者他人所造成的危境、貪婪、妄欲。把平凡、平淡做到極致，就是不平凡、不平淡，就是道。好的人品、性格、習慣就是好的風水。心情好，心臟才好，心臟不是沒有感情的機械泵。樂觀和愛，即善良感恩、有生活目標追求、開朗豁達、樂於助人，是治療心臟病的最好藥物，而將人們送往死亡之路的常常是一時激動而不可控制的憤恨敵意。

《史記‧老子列傳》記載：「蓋老子百有六十餘歲，或言二百餘歲，以其修道而養壽也。」[6] 老子強調：道法自然、致虛守靜、知足知止、如嬰純真。心境達到恬淡，健康自然上佳。豁達大度者比內心陰暗者健康，良知德善者比惡貫滿盈者健康。

老子認為，人的生命類近於天地之道。尊「道」而為，生死皆合「道」，不僅承認死，更要珍視「生」。「無死地」(50)就是珍惜生命的原則，就是尊道的結果。

對道信心不足，就會失道。信道是回歸大道的首要。老子教導做人修煉，首先從最底層開始，依次上升，即不動兵，反戰，禮儀，仁義，下德，小我轉化成大我，上德，無為無我，與道玄同。無為、不得的修行，才能讓人跳出生死問題的煩惱。

人的成長是不斷生長的狀態，也是慢慢死亡的狀態；是不斷收穫的狀態，也是慢慢失去的狀態。長大往往意味着孤單，長大往往意味着煩惱，原因在於我們習慣做加法，不願意做少許減法，而世界很複雜，人情很糾纏。如想返老還童、返璞歸真，就難了。「含德之厚，比於赤子。蜂蠆虺蛇不螫，攫鳥猛獸不搏。骨弱筋柔而握固。未知牝牡之合而朘作，精之至也。終日號而不嗄，和之至也。知和曰常，知常曰明。益生曰祥。」(55)嬰孩擁有一種超然、簡單、純樸和快樂。所以，我們要向嬰孩學習，做足減法，剔除歲月的累加，修養性命，歸真保全，回歸到生命之初的喜悅圓滿狀態。

總而言之，道的形象代表，就是水、嬰、樸。而樸，就如同粗糙而多裂紋的樹皮。

善男信女與得道者談修煉

觀悟的最高境界，就是突破一切表像、幻象、假像，進入空無寂靜的狀態，得見並融入大道運轉，無私無欲、無生無死、無牽無掛。世俗的善男信女，許多人非常虔誠，希望早點得道，於是與得道者有了一番對話。

修煉者：「我天天打坐、抄經、讀經、敬拜、懺悔、祈禱，希望早點得道，能成嗎？」得道者：「成不了。」修煉者：「我已如此努力，為甚麼成不了？」得道者：「這一切均是輔助手段，得道不能單靠冥想靜坐等。」修煉者：「那您是如何得道的？」得道者：「得道者從沒想過自己得道。」修煉者：「那得道者每天在想甚麼？」得道者：「得道者在幸福地感悟並謙卑匍匐在大道之下，在奉獻服務一切中，不炫耀德行的感悟永恆永存，與宇宙天地河流山谷自然生態融為一體。得道者沒有想為自己獲得甚麼，成為甚麼，只想着如何無我地真心付出，成就生態和眾人，幫助人們脫離苦難、煩惱和生死恐懼。」修煉者又問：「天天想得道，而得不了道，因為太偏執於想得到。那我捨己，這不就得道了？」得道者：「不！為得道而去捨，不是真正的捨，隱含着得失之心、交換之心。」修煉者：「那該如何捨？」得道者：「若你還有捨得心，認為捨便是得，說明你是好人，但未達道者境界，還不是真正的捨。得道者首先捨棄的是『我欲』，就能看見世界的真相；隨後捨棄的是『功德福壽』，感知到大道的運行和無形；最後服從的是『道欲』，德行內外就會降落在你身上，並由內而外地呈現出來。具體而言，就是不為自己，服膺大道，超脫實誠，積德行善，物我平等。做到樸素若拙、無為不爭、功成身退，不執着、偏執、執迷於形形色色的虛假表像。捨下私心和慾望，生活、工作、修行中，全然付出，無求無期，煩惱將越來越少，逐漸進入清靜，回歸道德自性，會頓悟到萬事萬物都是你的化身。知道自己從哪來，到哪去，沒有死亡恐懼，那時低層次的二元獨立意識消失，對生命充滿尊重和愛！回歸道德自性的瞬間，會發現

一切都不用解釋，因為所有的言語文字描述，都是一種扭曲，偏離了真相。回歸道德自性時，成為一個點燃生命之光的人，自照並照人。內心充滿愉悅和光明，有一種發自靈魂和細胞的快樂！」

參考文獻

[1] 許琦敏 .「有之以為利，無之以為用」[N]. 文匯報，2016-05-05.

[2] 波特蘭‧羅素 . 中國問題[M]. 田瑞雪，譯 . 北京：中國畫報出版社，2019.

[3] 阿諾德‧湯因比 . 人類與大地母親[M]. 徐波，譯 . 上海：上海人民出版社，
    2019.

[4] 李約翰 . 中國科學技術史：第二卷 科學思想史[M]. 何兆武，譯 . 北京：科
    學出版社，2018.

[5] 陳健 . 天道之祖：老子的故事[M]. 北京：華文出版社，1997.

[6] 王崇靜 . 老子的傳說[M]. 銀川：寧夏人民出版社，2006.

[7] 酈道元 . 水經註：卷 23[M]. 陳橋驛，葉光庭，葉揚，譯 . 陳橋驛，王東，
    注 . 北京：中華書局，2020.

[8] 司馬遷 . 史記：卷 63[M]. 北京：中華書局，2009.

[9] 秦新成，劉升元 . 老子的傳說[M]. 鄭州：海燕出版社，1999.

[10] 秦新成，劉升元 . 老子傳[M]. 北京：中國社會出版社，2005.

[11] 翟應徵，谷連民 . 老子與洛陽[M]. 中共洛陽市老城區委，老城區人民政
    府，2005.

[12] 譚偉雄 . 老子[M]. 北京：中華書局，2019.

[13] 杜先福，劉官銀，秦照明 . 萇弘演義[M]. 成都：電子科技大學出版社，
    2011.

[14] 餘世存 . 老子傳[M]. 海口：海南出版社，2010.

[15] 鮑鵬山，衣撫生 . 老子傳[M]. 合肥：安徽人民出版社，2019.

[16] 方勇 . 莊子[M]. 北京：中華書局，2015.

[17] 張興海 . 聖哲老子[M]. 鄭州：河南文藝出版社，2007.

[18] 張帆 . 論語[M]. 北京：北京燕山出版社，2002.

[19] 王肅 . 孔子家語[M]. 楊博，譯 . 北京：北京聯合出版公司，2015.

[20] 王天海，楊秀嵐 . 說苑[M]. 北京：中華書局，2019.

[21] 方勇．孟子［M］．北京：中華書局，2015.

[22] United Nations Environment Programme, Parliament of the World's Religions. Faith for Earth: A Call for Action[R]. Nairobi：UNEP, 2020.

[23] 高長武．20世紀80年代末90年代初鄧小平對中國國際戰略的思考［J］．理論學刊，2013（9）：14-19.

[24] 泰勒・本・沙哈爾．幸福的方法：哈佛大學最受歡迎的幸福課［M］．汪冰，倪子君，譯．北京：中信出版社，2013.

[25] 亞伯拉罕・馬斯洛．動機與人格［M］．3版．許金聲，譯．北京：中國人民大學出版社，2012.

[26] 埃爾溫・薛定諤．薛定諤生命物理學講義［M］．賴海強，譯．北京：北京聯合出版公司，2017.

[27] 吉姆・艾爾・哈利利，約翰喬・麥克法登．神秘的量子生命［M］．侯新智，祝錦傑，譯．杭州：浙江人民出版社，2016.

[28] 亞歷山大・溫特．量子心靈與社會科學［M］．祁昊天，方長平，譯．上海：上海人民出版公司，2021.

[29] 吳海威．淺析「精緻的利己主義者」［C］.// 教育部基礎教育課程改革研究中心．2021年基礎教育發展研究高峰論壇論文集，2021：312-313.

[30] 趙國求．老子「道」自然觀的科學屬性［J］．武漢工程職業技術學院學報，2005（3）：49-56，87.

[31] 卡普拉．物理學之道：近代物理學與東方神秘主義［M］.4版．朱潤生，譯．北京：中央編譯出版社，2022.

[32] 馮友蘭．中國哲學史新編：上卷［M］．北京：商務印書館，2020.

[33] 列夫・託爾斯泰．列夫・託爾斯泰文集：第15卷［M］．馮增義，宋大圖，倪蕊琴，等，譯．北京：人民文學出版社，1989.

[34] 李曙華．三生萬物：「3」是宇宙常數嗎？［J］．系統辯證學學報，1997（4）：34-37.

[35] 侯志華．毛澤東為啥愛讀《道德經》［J］．政府法制，2011（5）：37.

[36] 傅國涌．金庸眼中的鄧小平［J］．領導文萃，2013（24）：53-57.

[37] 王華玲，紅娟．《道德經》的世界性［N］．光明日報，2020-04-18（11）.

[38] 理查德・加納羅，特爾瑪・阿特休勒 . 藝術：讓人成為人 [M]. 11 版 . 郭峰，張萌，譯 . 北京：北京大學出版社，2023.

[39] 本傑明・霍夫 . 小熊維尼之道 [M]. 趙永華，王一鳴，譯 . 重慶：重慶大學出版社，2011.

[40] 陳成吒 . 先秦老學考論 [D]. 上海：華東師範大學，2014.

[41] 森舸瀾 . 為與無為：當現代科學遇上中國智慧 [M]. 史國強，譯 . 北京：現代出版社，2018.

[42] ADAMAS G S，CONVERSE B A，HALES A H，et al.People systematically overlook subtractive changes [J].Nature，2021，592（7853）：258.

[43] 羅安憲 . 老子「水幾於道」思想解說 [J]. 社會科學戰線，2022（6）：9.

[44] 陳鼓應 . 老子今注今譯 [M]. 北京：商務印書館，2003.

[45] 楊鵬 . 楊鵬解讀《道德經》[M]. 上海：上海社會科學院出版社，2017.

[46] 湯漳平，王朝華 . 老子 [M]. 北京：中華書局，2014.

附　錄

1. 源自《老子五千言》的成語

天長地久	天大地大	出生入死	禍福相倚	知足常樂
慎終如始	自勝者強	知足者富	上善若水	天網恢恢
大器晚成	金玉滿堂	哀兵必勝	暴風驟雨	輕諾寡信
寡信輕諾	知者不言	言者不知	和光同塵	視之不見
聽之不聞	恍恍惚惚	六親不和	芸芸眾生	目迷五色
多言數窮	少私寡欲	少思寡欲	餘食贅行	見素抱樸
以德報怨	玄之又玄	有無相生	前後相隨	不言之教
功成身退	功成不居	功遂身退	功成事遂	無知無欲
寵辱若驚	寵辱不驚	絕聖棄智	絕仁棄義	企者不立
跨者不行	道法自然	知雄守雌	知白守黑	知榮守辱
大方無隅	多藏厚亡	知足不辱	知止不殆	大成若缺
其用不弊	大盈若沖	其用不窮	大直若屈	大巧若拙
大辯若訥	不行而知	不見而明	不為而成	為學日益
為道日損	深根固柢	長生久視	不爭之德	被褐懷玉
木強則折	小國寡民	鄰國相望	虛懷若谷	相差無幾

相去幾何	無中生有	無為自化	無為而治	天道好還
聽而不聞	天道無親	恬淡無欲	疏而不漏	受寵若驚
思歸其雌	若存若亡	如登春台	戎馬生郊	若烹小鮮
去泰去甚	去甚去泰	飄風驟雨	狂風驟雨	民不畏死
來者不善	善者不來	進寸退尺	佳兵不祥	儉故能廣
雞犬相聞	將奪固與	進道若退	渙然冰釋	禍福倚伏
福倚禍伏	根深蒂固	革凡成聖	獨異於人	大音希聲
不可名狀	抱樸含真	自然天性	兵強則滅	被褐懷珠
安居樂業	不皦不昧	甘食好衣	無名之樸	淡而無味
若存若亡	綿綿不絕	方而不割	廉而不劌	直而不肆
光而不曜	明道若昧	進道若退	夷道若類	上德若谷
大白若辱	建德若偷	質真若渝		

廣德若不足

天網恢恢	疏而不漏	將欲歙之	必故張之	將欲弱之
必故強之	將欲廢之	必故興之	將欲取之	必故與之
合抱之木	生於毫末	九層之台	起於累土	信言不美
美言不信	善者不辯	辯者不善	知者不博	博者不知
有德司契	無德司徹	天道無親	常與善人	千里之行
始於足下	知人者智	自知者明		

雞犬之聲相聞，老死不相往來
禍兮福所倚，福兮禍所伏

2. 《金人銘》

周以前的箴銘，以黃帝名義流傳下來的《金人銘》最為有名。它用金人三緘其口的形象來警告世人莫妄言、莫妄為，慎言慎為，明察秋毫，前瞻有備。以金銘表示萬世之則。

我古之慎言人也。

戒之哉！戒之哉！

無多言，多言多敗；

無多事，多事多患。

安樂必戒，無行所悔。

勿謂何傷，其禍將長；

勿謂何害，其禍將大；

勿謂何殘，其禍將然。

勿謂不聞，天神伺人。

熒熒不滅，炎炎奈何；

涓涓不壅，將成江河；

綿綿不絕，將成網羅；

青青不伐，將尋斧柯。

誠能慎之，福之根也。

曰是何傷，禍之門也。

強梁者不得其死，好勝者必遇其敵。

盜憎主人，民怨其上。

君子知天下之不可蓋也，

故後之下之，使人慕之。

執雌持下，莫能與之爭者。

人皆趨彼，我獨守此。

眾人惑惑，我獨不從。

內藏我知，不示人技。

我雖尊高，人莫害我。

夫江河長百谷者，以其卑下也。

天道無親，常與善人。

戒之哉！戒之哉！

後　記

　　日有所思，夜難長眠，凌晨醒來，無法入睡。窗外漆黑一片，已是風聲雨聲交織的入冬時節。與其怕白天工作無精打採而強迫自己再次入睡，還不如起身伏案工作，抓緊時間，完成這最後的寫作，也算是完成了一個心願。

　　擱筆細想，關上電腦深思：幾十年的大學行政領導生涯，幾十年的科研教學育人生涯，幾十年的人生經驗閱歷，我都已經逐漸淡忘，好像沒有甚麼是印象特別深刻或者頗有收穫的。但目前為止，我的人生所經歷的一切，讓我完成了一件這一生中可能最大的事情：基本看懂了《老子五千言》，即《道德經》；並在老子精神的激勵下，將幾千年來古今中外眾多名家所理解的老子及其思維含義呈現在讀者面前。

　　老子的學說，猶如讓我們回到了「元宇宙」，回到了「鴻蒙」，來到了「靈境」；如同開「天眼」、打開「第三隻眼」，看到了「虛無」與「實有」；如同圓弧循環、說遠又近、互變互生，同時又讓我們降臨凡間，踐行道德，和光同塵。2022 年的所有經歷，均一一證明老子學說的預見性、超前性、可靠性。即便如此，我也為這一年發生的許許多多悲喜而瞠目結舌；同時，不忘辛勤工作，迎接又一

年春暖花開的到來。

　　無論我們是在「有」的世界裏，還是在「無」的世界裏，我們永遠在道的規範下輪迴轉化，遵道悟道當然是永遠的本分和主張。呼與吸共存，循環遞進，就是活力所在，呼出對大道的體悟，吸入別人對大道的感悟，就能不斷進化。大道無涯，我生有涯，願與諸君共悟同修，願與讀者一起道說天下。

　　我要早早地讓道耀天下，德進萬家，善送吉祥！我希望「送禮不如送道」將來能成為永遠的時尚。

　　雖說年底快到，但疫情與社會情形仍在互動變化。

　　　　　　　　　　　—— 2022 年 11 月 28 日凌晨散記，初稿

可就在新年即將到來，本書即將完成之時，12月23日，如驚天霹靂，我突然失去了一位親密的摯友。他學術卓越、多才多藝、勇於擔當，是著名的藥學院士。正當壯年，他領導並與合作者共同研發的抗新冠病毒的兩款新藥正等待上市批准，曙光已現，他卻驟然離世，使我陷入無限悲痛！

2022年，我們承受和失去的已經太多太多了。我正在慶幸過不了幾天，這一年即將結束，新年即將到來。真的沒想到，最後竟然還失去了我最珍貴的摯友！我傷心欲絕、夜夜流泪！彼此約定的風花雪月、風輕雲淡、世外桃源何以得現？一年前，即2021年12月，他用優美的書法手寫了我校核的《道德經》，並贈送給我。他還謙虛地和我說，這次匆忙，寫得尚不夠滿意，等到有空時，他將再次認認真真地重寫一遍。未曾想，這已永遠不可能！我沒有告訴摯友我在寫這本書，我是想寫好並出版此書後，在第一時間贈送給他，並請他指正。我希望到時給他一個意料之外的驚喜，現在看來，這已成了不可實現的願望。

人們常說：「為眾人抱薪者，不可使其凍逝於風雪；為世界辟路者，不可使其困頓於荊棘。」救人者首先要自救！他的英年早逝，使我想起老子託付給後人的使命。我要站出來，要將老子的「道」當成禮物，送給億萬民眾、千家萬戶，送給每一個人。這當然讓我有了更強烈的緊迫感，我要在一切沒有變得無可挽回時就未雨綢繆，要加緊此書的寫作出版，減少一些之後的人生遺憾。筆者期盼並相信老子思維，能夠救自己、救親友、救民族、救文明、救人類、救自然！

與第一次世界大戰、第二次世界大戰、冷戰時期不同，瘟疫、戰爭、民粹、極端、愚昧、貪婪在同一時期在全球每一個角落疊加

震盪，並在無處不在的網絡、人工智能、基因編輯、合成生物學等高科技的加持下，對人類文明的威脅更甚於任何時候。人類似乎正在走向自我毀滅的道路，此時好像唯有經過幾千年風浪的老子，能夠悲天憫人地幫助人類……

2022 年 12 月 31 日早晨 5:00，醒來無法入睡，立即起牀，開始書稿的最後修改，到深夜 23:45 方才收筆結稿。此書正式寫作整整花費了一年，從元旦到年底的最後時刻，心情和感悟隨着今年的一切跌宕起伏，感恩有老子在我內心幫我把關，否則我無法完成這一切。感慨這是灰暗的一年，缺少美好的一年，永不想回憶的一年……

忙了一天，看着外孫女燦爛的笑臉，想起老子類似「嬰孩如道」的話語，我心中才有了迎接未來的一絲暖意。希望否極泰來，希望每個人的 2023 年都比 2022 年幸福吉祥！

花費一年的寫作，終於基本完成。新的一年又將開始，明天是公曆新年，後是陰曆春節。

—— 2022 年 12 月 31 日 23：45，正式稿

我們絕大多數人均染疫而病，甚至大病一場，而身邊的一些親朋好友因為瘟疫及其關聯的原因而永遠留在了這個歲末年初的冬天。眾人從此深切感悟到，過去的歲月靜好，並不是可以一直擁有，慘痛的教訓應引以為戒。感謝我英年早逝的摯友！你常說的話「忠言逆耳、良藥苦口」，你用自己的生命為人世間留下了最後的禮物：數個獲准上市的廣譜的抗新冠病毒良藥，為人類面對眼前這一惡魔，留下了天道之劍！

　　疫情三年的血的教訓，喪失眾多生命和活力的教訓，永遠不能忘懷。我們如不對人類自身的根本缺陷，如妄欲、貪婪、不知足等保持警醒，如對天道、地道缺乏敬畏，無形不可見的大道平衡之手必將會重現降臨，那人類離下一次另一類全球瘟疫或者災難，就不會太遠。

—— 2023 年 1 月 31 日，補修終稿